日本仏教の教理形成

法会における唱導と論義の研究

蓑輪 顕量

第二部　資料篇

凡　例

一、本文中の表記は常用漢字を用いた。引用文等も原則として常用漢字を用いるが、「辨」「餘」など一部例外もある。なお、人名の表記は慣用に従った。

一、書名は『　』、章名・論文名は「　」を用いて表記した。

一、引用文には適宜、句読点を付した。

一、引用文は、長いもの、または重要度の高いものは改行して二字下げにし、短いもの、または重要度の低いものは「　」内に表記した。また、引用典拠は引用文末尾に（　）で頁数のみを挙げ、どのテキストから引用したかは最後に「参照テキスト一覧」としてまとめた。

一、漢文を引用する場合、できるだけ現代語訳と原漢文を並記するようにした。ただし、現代語訳する必要性の薄いものは適宜判断し、原漢文、もしくは書き下し文のみを挙げるにとどめた。

序論　法会という営み——唱導・論義へ——

一　法会の東漸

遠くインドから日本に伝えられた仏教の営みには、どのようなものがあったのだろうか。そもそも仏教は、歴史的には釈尊の体験の宗教として始まった（今、仏教と呼び習わしているが、歴史的には仏法との言葉が用いられた）。体験の宗教として始まったことから考えれば、その中心は体験としての修行道にその出発点があったといっても過言ではあるまい。しかし、時が経つにつれ、釈尊の説かれた教説に関心があつまるのは当然の成り行きであった。説かれた教説を集成し、また注釈する事態が生じるようになったのである。これが経・律・論の三蔵の成立を促すことになる。そして、それらの経典や律、論を暗誦する機会も設けられるようになっていった。

三蔵が成立すると、それをさらに吟味、研究する動きも生じた。そのような研究も、仏法の持つ営みの一つとして重要なものとなった。特に、テキストという形を通して中国社会に紹介された仏教は、そのようなものであったに相違ない。やがて、南アジアの言語で暗誦された、あるいは記された資料を翻訳する時代が訪れ、中国で漢語になった仏教経典が成立する。

中国では、仏典そのものを理解するために、さまざまな営みが工夫された。その一つが、中国の儒教経典を講じる講経の伝統に則った仏典の講説であった。中国においては、仏典は成立の順に紹介されたわけではなかった。時には経典相互の間に矛盾する記述も存在した。そこで経典の主張を整合的に理解するために、さまざまな観点からの整理が試みられた。それが教相判釈であり、講説の場では盛んに論じられた。このような講説はだんだん整備され、一定の形式を持つようになり、やがて日本にも伝えられた。これが、現代の我々が「法会」と呼んでいるものとなった。

東アジア世界においては法会がいちじるしく発展した。このことについて少しく考えてみたい。

まず、中国世界は儒教を中心として発展した国である。儒教にとって大切なものは、周知の如く人間関係であった。その基本は君臣、親子、朋友、夫婦、兄弟関係にあり、大切にすべき倫理の中核として「仁」を説いた。なかでも重要な関係は親子、君臣関係に置かれたが、もっとも重視されたものが親子の間に存在すべきとされた「孝」であった。

また、仁に「義」「礼」「智」「信」を加えたものが五常である。五常のうちの「礼」は、仁の実践が社会的な形式に従うことを前提としたもので、冠・婚・葬・祭などのさまざまな儀礼を通して、その仁が外に示されると考えた。なかでも典型的な儀礼が葬送であった。そのために規矩に乗っ取った葬送を行い、残された子息は三年間の喪に服した。このように、人間関係の中に設定された「仁」を形に表出するために「礼」が置かれ、さまざまな具体的な儀礼が生まれたのである。その心情的な徳目である「仁」を表すために、中国世界は細かく儀礼を整備したと言い換えることもできる。中国が「儀礼の国」と言われる所以である。

そのような中国の人々が好んだ思考の方向性は、仏教にも大きな影響を与えた。仏法の会座に、一定の手順と作法が備わるようになったのも、この儀礼を重んじる文化伝統があったからであろう。経典を講説するにしても、講説する講師やそれを聞く聴衆など、さまざまな役割が設定され、またさまざまな所作が決められていった。こうして、法会は儀式張ったものとのイメージが定着し、また実際に細かい規矩を伴った儀礼となっていくのである。

しかし、法会はそのようなものばかりであったのだろうか。そもそも、法会は「仏法の会座」を意味する語である。これを広義にとらえれば、それは仏典の講説に留まらず、簡単な教説の説法の場なども含めて仏法への誘いの場すべてを法会と呼んで良いであろう。

また、インド世界の伝統から考えれば、インドにおいて僧侶が集まって行う定例の儀礼のようなものは、おそらくは布薩や受戒儀、夏安居明けの自恣など律の執行に関わるものが中心であっただろう。布薩は正式な出家者である比丘たちが黒月、白月に一度、執行しなければならない行事であった。現前サンガに所属する比丘達は全員、ある決められた場所に集まり、律の違反が無かったかどうか、確認しなければならなかったのである。正式な出家者である比丘たちは、病気など特別な場合を除き、かならずその布薩に出席しなければならなかった。これは、上座仏教圏の東南アジアや大乗仏教圏の大陸、台湾、朝鮮半島においては、現在にも継承されている。受戒の時も、一定の手続きである白四羯磨形式で、具足会の授受が執行された。このように、中国で行われたような格式を持ったものではないにせよ、儀礼的な法会はすでにインドの段階でも幾つか指摘できる。

また、在家の信者たちも一定の場所に集まり、出家者と同じような体験をすることが行われた。在家の信者たちの集まる日は、月の八日、一四日、一五日、二三日、二九日、三〇日の六日であり、それは六斎日と呼ばれた。その時、守られたのが一日一夜限りの八斎戒であった。このような集まりは斎会と呼ばれた。そこにおいては出家者の説法なども行われたであろう。インド世界においては、斎会は、出家者と在家の仏教信者とを結ぶ重要な場の一つであったと考えられる。

中国世界に仏教がもたらされ、漢民族が仏教を信奉するようになって、同じように斎会が行われるようになったことは夙に指摘されるところである。(1)そのような斎会は、信者同士を強く結びつける役割も果たしたであろうし、また一般の人々を仏法に誘う役割も果たしたと考えられ、広義では間違いなく法会の一つと言える。

このように、仏法に関心を寄せる人々が集まる場を指して、すなわち「仏法の会座」を指して、「法会」との語が生まれたと推測される。素朴に考えれば、そこに一定の手順があったことは想像に難くないが、しかし、初めはそれほど儀式張ったものではなく、緩やかな手順が存在しただけであろう。しかし、儀礼を大切にする中国世界であったればこそ、それがまさしく格式張った儀礼として整備されていくようになったことは当然の流れであったと考えられる。

中国で経典の講説がさかんに行われたのは南北朝時代の南朝においてである。南朝の時代に経典を講説する場が登場し、その伝統は仏教界で重んじられるようになった。そのような場が「法会」と一般に呼び習わされるようになったのである。もちろん、北朝の諸国が興亡した北地においても、同じような営みがあったと想像されるが、北地においては、経典の講説よりは修禅の伝統が重んじられたという。

講説が重んじられるようになった証拠の一つとして、建築の上でも特徴があることが指摘できる。それは、ミャンマーを初めとした東南アジアの上座仏教圏の国々では、講説専門の建築物が僧苑の中に見出だされないのである。実際には ṣīmā と呼ばれる布薩堂が中心に置かれ、僧侶の居住空間としての kuṭī（庫裡）、食事をするための食堂などがその周りに存在するのみである。ところが、東アジア世界では、南朝の頃から講説専門の道場が「講堂」として古代寺院伽藍の中に存在するようになったのである。ここに講説が重要な営みとして存在した、東アジア世界の仏教の特徴を垣間見ることができる。

次に日本に視点を移してみよう。日本の仏教は中国南朝の影響を受け、法会を重要な要素として発展してきた。日本の仏教の存在形態の方向性が、その導入の時から決められていたと言っても過言ではない。時代が下がって日本の仏教の現在を考えた場合でも、仏教に接する機会として法会が重要な役割を果たしている。実際に既存の寺院に行われている法会の種類は夥しい。もっとも現代に存在する宗派の幾つかは、法会とは呼ばずに法要や式との用語を好むところもあるが、その実体は変わらない。もっとも法要は読んで字の如く「法の要」であり、中心的な要素と認識された儀礼的な部分を指すこともある。正月の修正会に始まり、修二会、彼岸会、誕生会、施餓鬼会、盂蘭盆会、成道会、涅槃会など、数え上げればきりがない。それ以外にも、通過儀礼と結びついた法会、祖師を讃嘆する法会、為政者を護持する法会、個人の祈願、祈禱を目的とした法会など、多くのものが存在する。なかでも、普通の人々にとって最も身近なものは葬儀の法会であろう。通過儀礼の一つである葬儀の法会は、一般に葬式と呼ばれるが、日本人であれば、仏教徒であると否とを問わず、仏教式の葬式に出席したことのない者など居ないであろう。これほどまでに、法会は日本仏教の特徴の一つとなっていると言うことができる。(2)

では、日本においてその法会の初期の形態はどのようなものであったのだろうか。最初期の日本仏教は中国南朝から百済を通じて伝来されたため、中国的な形式を持った法会も仏教伝来の初期から存在していたと推定される。古来、奈良の地においては、さまざまな法会が執行されていた。『日本書紀』等に「設斎」「大斎」「大会設斎」「無遮大会」と呼ばれる記事が頻出するが、これらは食事の供与を伴った法会と推定されている。また『法華経』や『金光明経』『仁王般若経』の講説のための法会なども登場する。(3)いずれにしろ、法会が飛鳥、奈良朝期から存在していたことは間違いない。やがて、八世紀の後半頃より、南都で格式の高いとされる法会が成立するようになった。それらは興福寺維摩会、宮中御斎会、薬師寺最勝会の三つであり、南都三会と称されるものになった。そして、平安期の半ば以降、南都三会が南都出身僧によって占められるようになると、北京（京都）にも同様な三会が設けられるようになる。それらは北京三会と呼ばれ、円宗寺法華会、同最勝会、法勝寺大乗会であったが、院権力によって主催された法会であったことが指摘されている。(4)またこれらの法会の聴衆や講師を務めることが、僧綱に任命されるための条件となっていたのである。(5)

以上、インド以来の法会について概観したが、法会という言葉の定義を広げれば、前述のようにインド仏教以来の布薩や受戒儀までも含むことになる。

さて、本書は、日本の古代・中世前期における法会の言説資料を分析し、法会が日本の仏教においてどのように機能していたのかを解明しようとするものである。法会はインドに始まって中国で形式が整えられ、それを日本が継承したと考えられるが、以降、本書では、日本において格式を持った儀礼として行われたものに限定して「法会」という用語を使用したい。

現在では形骸化してしまった感のある法会であるが、古代・中世前期における法会は、単なる儀礼というよりも、日本仏教の教理の形成のされ方にまで大きく影響し得る有機的な機能を持ったものであると言える。以下、順を追って論証していきたい。

二　唱導と論義

法会の研究は、すでに多くの蓄積が歴史学や国文学の分野からなされている。(6) 法会で用いられた言説の研究を挙げてみれば、それは願文や表白の研究、経典講讃の記録である「経釈」の研究、論義の研究などである。日本仏教における経典の講讃は「唱導」とも呼ばれる。唱導との語は、経典を講説することによって人々を教え導くところから命名されたものと考えられるが、その内実は、概略を記せば、表白、経釈、願文に分けられる。表白は出家の人々が作成する、法会を荘厳する言説であり、その法会がどのような意味を持っているかを知らしめ、法会の場にあつまる人々に感動をもたらすものであった。よって、表白の文言は、僧侶にとって如何に記述するかが重要な関心事となっていった。そのため、模範となる雛形が出来上がっていく。また経典を講説し、解釈を施す経釈の部分も、聴聞の人々を感動させるため、多くの工夫が施されるようになっていった。具体的な修辞法として、対句表現を多く用いたり、美辞麗句を連ねたり、四六騈儷文を用いたり、とその方法は多岐に渡ったようである。願文は、表白が出家の人々により作成される文言であったのに対し、僧侶以外の人々、特に中世に至るまでの時代は、貴族階級の人々によって主に著作されたものであった。今に伝わる『本朝文粋』『本朝続文粋』に収載される願文や『江都督願文集』六巻に納められる願文などは、それらの中でも代表的なものである。

やがて、表白や経釈を作成することに長じ、後の模範として位置づけられる唱導が成立した。その代表が安居《あぐ》院《い》の唱導である。安居院の唱導は、澄憲（一一三六～一二〇三）、聖覚（一一六七～一二三五）の親子二代の尽力によって大成され、後代に大きな影響を与えた。澄憲の晩年に彼自身によって編集されたと伝えられる『釈門秘鑰』、真弟子の聖覚によって編集されたという『転法輪鈔』や『言泉集』などは、その集大成である。

ところで、『元亨釈書』音芸篇によれば、安居院の唱導と並ぶものとして三井寺《みいでら》の唱導が挙げられているが、しかし平安末期から中世にかけては、東大寺には弁暁（一一三九～一二〇〇）や円照（一二二一～一二七七）が唱導の名手として存在していた。また、中世室町期の記録になるが『烏亡問答鈔』に「澄憲、聖覚、清範、永昭、院源、静照等、説法之名誉、奇代之巧弁也」（四四七頁）との注目される記事が存在する。ここに掲げられる僧侶の内、永昭（九八八～一〇三〇）は興福寺の僧侶であり、説法の名手とされていた。このことから推測して、興福寺にも模範とされたであろう唱導が存在したことはまず間違いあるまい。法会が寺院の中で行われる重要な行事であり、古代から存在し続けたものであることに思いを馳せれば、中世の時代に有力寺院として位置づけられた四箇大寺（延暦寺・三井寺（園城寺）・興福寺・東大寺）において、それぞれ独自の唱導の雛形が存在していたであろうことは容易に想像されるところである。

そして、経典の講説が行われた法会には、質疑応答が付き物であったと思われるが、それはやがて論義へと発展する。論義とは、読んで字の如く「義を論じる」ことであり、仏教の教義に関する議論のことを意味する。時に「論議」と書かれることがあるが、これは動詞二字が一語になったもので、多少ニュアンスが異なる。本来は仏教の「教義」について、二人の間で「論じる」ことであったので、論義が正しい。また談義という言葉もあるが、「談」は盛んに話す意が原義であるから、論じあうにしても堅苦しくなく、三人以上で論じる場合を指すのが原義であったと考えられる。

この論義や談義を通じて仏教の教理学は進んだものと推定され、それが盛んに行われるようになったのは、中世に至る直前の頃から、すなわち院政期頃からであった。ちなみに南都の伝統から考えれば、教学的な進展は平安時代初期にも存在したことが知られる。よって院政期頃からの展開は、第二回目の隆盛と位置づけられる。

平安初期の展開においては、最澄（七六七〔一説に七六六〕〜八二二）と徳一（生没年不詳、八世紀後半〜九世紀前半）の論争が有名であるが、それらの論争は諍論《じょうろん》と呼ばれた。また作成された資料も、たとえば『守護国界章』『法華秀句』など比較的まとまった分量があり、またテーマ別で作成された場合には、『二諦義私記』など「私記」と呼ばれる資料として残されていることが多い。

ところが、院政期頃からの論義や談義の資料は「短釈（短尺とも）」と呼ばれるものが多くなり、ここには教理の細分化が見て取れるであろう。たとえば、法相宗においては、解脱房貞慶（一一五五〜一二一三）の周辺において談義や論義が盛んに行われ、教理的な整理が進んだ。これは『成唯識論』の理解を助けるために論義、談義が継続的に行われ、短い短釈が数多く製作されたことに端的に表れている。その集大成が、貞慶が中心になって集めた『唯識論尋思鈔』や『成唯識論本文抄』、中でも重要な役割を果たした人物が良算（生没年不詳、一三世紀）であったと推定されているが、やがて貞慶の弟子達によって編纂された『成唯識論同学鈔』である。(7) 散逸した論義の集成も数多く存在したようであるが、『同学鈔』には、それらの逸文が存在することが古くから指摘され、貴重な資料となっている。このように、中世初頭において教理学的な新たな展開が確認される一例として、南都の法相宗の場合が挙げられる。

また、真言宗においては、仁和寺僧であり法関白と呼ばれた寛助（一〇五二〜一一二五）、興教大師覚鑁（一〇九五〜一一四三）や中性院頼瑜（一二二六〜一三〇四）の修学が大きな意味を持ったことが報告されている。(8) 南都では院政期頃から盛んに論義や談義を通じて教理の研鑽がなされるようになったが、真言密教系においては一三世紀後半頃から、南都と同じく論義や談義を通じて真言教学の深化が計られたことが知られる。(9) このように院政期から中世にかけて、論義や談義を通じて教理的な理解と整理が進んだことは間違いない。そして、そのような論義は、僧侶の登龍門となった法会においても実施されていたのである。東大寺や興福寺、延暦寺や園城寺に執行された寺内法会、それから格式の高い法会、また経典を講じる講など、修学及びその成果の披露の場が数多く存在したのである。

論義は大きく分けて講問論義と竪義論義とに分けられる。竪義論義は、竪義に選ばれた者が、複数の問者から出される質問に答え、教理の理解度を試すために行われる論義であるが、講問論義は、一人の講師と一人の問者の間で問答がやりとりされる論義である。中世の時代には、講問論義が付随した格式の高い講という場が存在した。そのもっとも格式の高いものが三講と呼ばれたのであるが、それらは法勝寺の御八講、宮中の最勝講、仙洞の最勝講であった。

また、戒律の復興で名高い遁世門の一人であった覚盛（一一九四〜一二四九）は論義を通じて学んだことが知られるが、叡尊（一二〇一〜一二九〇）の残した『興正菩薩御教誡聴聞集』には「彼（＝覚盛）は論義のために学したり」（二〇七頁）と批判的な言辞が見える。この記事から推察して、論義には、出世に繋がるものがあったことは間違いない。僧侶世界の出世という名聞利養に繋がる論義の場が存在したのであり、それらは格式の高い法会で行われた論義や、それに繋がる寺内法会であったと推定される。

三　法会の形式

ここで、法会を簡単に分類し、法会とはどのように行われるものなのかということを述べておきたい。

法会は、形式による分類と、目的による分類が可能である。形式上は一日に何度行われるかによって分類が可能である。現在では、一日に一度が一般的であるが、古代においては六時に行われるもの、二時に行われるもの（朝座と夕座と呼ばれる）、三時に行われるもの（後七日御修法など密教修法に多い）に三大別された。

六時型の法会とは一日を六時に分け、その各々の時に行われるものである。二十四時を六つに分類するので、計算上は四時間毎になり、それぞれ日中、日没、初夜、中夜、後夜、晨朝の六つに分けられた。この六時型は、東大寺修二会（十一面悔過法、別名、お水取りとも）など悔過法会に特徴的で、その残存例は奈良周辺一帯に限られ、またその悔過法会は、「悔過作法」と「大導師作法」が中心に構成されたものという。

また、二時型は東北から九州まで広範囲に存在し、初夜と後夜に修されている。初夜に諸尊の前で懺悔を意味する「悔過作法」、後夜に法会の大導師が自ら導師を勤める「大導師作法」が行われたという。[10]なお二時がどの時間であったかは時代によって変化があったようで、たとえば法進によって作成された『東大寺受戒方軌』には「朝座は巳の時の上分を以て始めと為し、夕座の時は未の時を以て始めと為す」（『東大寺要録』三二四頁）との記述が見え、朝座が九時～十時頃、夕座が午後二時頃に始まるものとされている。よって二時は晨朝と日中である。ところが、現存する二時型の法会は、夕方の初夜に朝座が始まり、夜も深まった後夜に夕座が始まるものが多い。法会の開始時間が遅くなるのは、貴族の生活が夜型になっていった平安時代一〇世紀半ば以降の反映であろうと考え、現存する法会の夜執行型は、新しいものと推定されている。[11]また朝座と夕座の二時型は、院政権によって日本各地に伝播したものであるとも考えられるという。[12]さらには修される内容によって、すなわち唄、散華、梵音、錫杖という構成要素の有無によっても分類され、四つが揃った法会は、四箇法要とも呼ばれている。

また、目的によって分類すれば、悔過のための法会、経典講讃のための法会、論義のための法会など数種類に分けられる。ただし、論義のための法会といっても、経典講讃が最初にあり、論義がその後に付属したものであったと考えられる。そのような視点から眺めれば、実際には経典講讃のための法会と論義のための法会とは、論義が付属するだけで、あまり大きな相違は存在しなかったとも言える。

四　本書の構成

本書の第一部では、法会における唱導・論義の資料を解読していくが、そもそも唱導がどのような形で発展し、日本に伝わったのかというところから論述を出発させたい。第一章・第二章では、前述のように、法会や唱導の前身となる営みはインド仏教の時点からあったと想像されるが、これが中国南朝に至って儒教の伝統儀礼の影響を受けて一定の形式を持った儀礼へと変容した。それが仏教伝来とともに日本へもたらされ、現在にまで続く法会の基盤となったということを関連資料を読みながら確認する。続いて、第三章では法会の言説資料を概観する。

次いで、第四章以降は、唱導の中でも教理に関わる経釈の資料の内容を検討する。それぞれの寺院に開催された法会において、披露された経典の講説の内容はどのようなものであったのだろうか。その記録が経釈と呼ばれるものであると考えられるが、その経釈は、所属する宗によって異なっていたのであろうか。昨今の研究成果によれば、その教理的な解釈内容が宗ごとに異なっており、[13]その具体的相違が明確に指摘できるのは、法華会であるという。大島薫氏の指摘によれば、天台系の寺院においては天台三大部に基づいた経典解釈が、法相系の寺院においては法相系の注釈である『法華玄賛』に基づいた経典解釈がなされていたと推測されている。また、現在知られている経釈の記録の多くは、法会で実際に講説された言説そのものの記録ではなく、その雛形として作成された「擬草」であったろうとも推定されている。本書では従来の研究成果であまり取り上げられなかった『華厳経』や『薬師経』などの経釈資料も扱い、唱導の中でも教理的な言説資料である経釈に基づく講経が、どのような意味を持っていたのかということを見ていきたい。

続いて、第九章からは論義の資料を検討した。資料としては、院政期から中世にかけて行われた、「三講」と呼ばれて最も格式が高かった法会のうち、法勝寺御八講の記録を扱った。論義に出題されたテーマにどのような約束が存在したのか、法会においては経典の講説があって次に論義が行われたのであるが、そこに何らかの関連があったのかどうかという点を探りつつ、合わせて論義の内容を検討していき、論義がどのような意図で行われていたのかを見ていきたい。御八講においては、叡山系の僧侶（具体的には延暦寺と三井寺）と、南都系の僧侶（具体的には東大寺と興福寺）とが対論するように組み合わされていた。南都及び北嶺の僧侶が御請によって出仕して行われた、当時、もっとも格式の高いと考えられた講における講問論義には、その出題において、どのような特徴が見て取れるのであろうか。また、応和の宗論以来、諸宗の融合が目指されたという見解が示されているが[14]、その傾向は院政期から中世にかけて開催された法会においても続いていたのだろうか。

続く第二部は、唱導・論義の資料の翻刻である。東大寺に行われた法華会、華厳会の経釈の資料を翻刻した。また、石山寺に所蔵される法華経釈の翻刻も行った。これは、大島氏の指摘により、日本大蔵経に収蔵される天台系の経釈であることが明確になったものである。石山寺のものは順番に錯誤が生じているので、それを経典の品に合わせて復元した。また、法勝寺の御八講と最勝講の論義の資料も一部分を翻刻した。

以上、法会と、そこに営まれた唱導と論義について概観したが、次章より具体的検討に入っていきたい。

注記

（1）船山徹「六朝時代における菩薩戒の受容過程――劉宋・南斉期を中心に――」（『東方学報』京都、六七、一九九五年）。
（2）永村眞『中世東大寺の組織と経営』（塙書房、一九八九年。一九九六年再版）第一章第四節「平安前期東大寺諸法会の勤修と二月堂修二会」参照。
（3）堀一郎『上代　日本仏教文化史』上・下（臨川書店、一九七五年）。
（4）横内裕人『日本中世の仏教と東アジア』（塙書房、二〇〇八年）、二〇五頁。
（5）宮中の最勝講と仙洞の最勝講は、毎年行われたものでもなかったらしく、時にはどちらかしか開催されていない場合も存在するようである。この点については今後の研究が待たれる。
（6）法会の持つ政治的な機能は、上島享氏の研究が注目され、「中世前期の国家と仏教」（『日本史研究』四〇三、一九九六年）が有用である。また、法会の表白などに代表される言説の研究では、早くは永井義憲氏・清水宥聖氏により金沢文庫所蔵の『転法輪鈔』『言泉集』などが翻刻された（永井義憲・清水宥聖編『安居院唱導集』上、貴重古典籍叢刊六、角川書店、一九七二年）。最近では、名古屋大須文庫の共同研究による成果である国文学研究資料館編『真福寺善本叢刊』（臨川書店、一九九八年以降）の刊行が注目される。また法会の重要な構成要素の一つである論義に関しては、法勝寺御八講に関するものが、国文学研究資料館の共同研究がもととなった、『南都仏教』第七七号（「法勝寺御八講問答記」特集号、一九九九年）が注目される。
（7）北畠典生編著『日本中世の唯識思想』（永田文昌堂、一九九七年）を参照。同書は短釈のテーマを幾つか取り上げ詳細に報告しているが、法相の論義・談義の集成資料も簡潔に紹介している。なお楠淳證「日本仏教の展開Ⅰ　法相唯識について」（『仏教学研究』〈龍谷大学仏教学会〉五〇、一九九四年）がその全体像を分かりやすく解説している。
（8）苫米地誠一「興教大師覚鑁の著作とその聖教としての伝承」（佐藤彰一・阿部泰郎編『中世宗教テキストの世界へ』21st Century COE Program「統合テクスト科学の構築」第一回国際研究集会報告書、名古屋大学大学院文学研究科、二〇〇二年）を参照。

(9) 上島享「真言密教の日本的変遷」(『洛北史学』創刊号、一九九九年)。

(10) 佐藤道子「悔過会　中世への変容」(『中世寺院と法会』法蔵館、一九九四年)、二〜一〇頁。同「法会と儀式」(伊藤博之・今成元昭・山田昭全編『唱導の文学』仏教文学講座第八巻、勉誠社、一九九五年)。

(11) 上島享「大規模造営の時代」(『中世的空間と儀礼』シリーズ　都市・建築・歴史3、東京大学出版会、二〇〇六年)を参照。

(12) 上島享「シンポジウム基調報告　院政期仏教の歴史的位置——〈日本仏教〉の形成——」(『仏教史学研究』四三—二、二〇〇一年)。

(13) 大島薫「『花文集』解題」(国文学研究資料館編『法華経古注釈集』真福寺善本叢刊2、第I期、臨川書店、二〇〇〇年)、六四五〜六四六頁を参照。

(14) 横内裕人『日本中世の仏教と東アジア』(塙書房、二〇〇八年)。

第一部 論述篇

第一章　中国における講経と唱導

はじめに

日本の法会の直接的な起源は、設斎や経典の講説である。設斎や講経はすでに中国に存在し、日本の法会はその影響を受けていると考えられるため、ここで中国の古代からの展開を把握しておく必要が生じる。このような関心から、本章ではまず、横超慧日氏、荒牧典俊氏、福井文雅氏等の先行研究に導かれながら、日本の法会に先行する中国の儀礼と、そこで行われた唱導、特に開陳された演説の次第について概観してみたいと思う。

まずは手がかりとして、唱導という語の中国と日本での使用のされ方の違いについて見ていきたい。日本で唱導という言葉が一般に使用されるようになるのは、院政期以降のことのようである。もっとも注目されるのは、虎関師錬の『元亨釈書』巻二十九、志三「音芸七」の中に現れる「唱導」の項の次のような文章であろう。

唱導とは演説である。昔、満慈子は応真の間で有名であった。私たちの法が東に伝わってから、師たちは皆、論道に一生懸命であった。そして廬山の遠公は、独り其の美を擅いままにし、やがて大法が瓜裂するに及び、斯の道も亦た分かれた。だから梁伝は立てて一科としたのである。我が国においても最初は、やはり中国と同じようであり、さらに分かれることはなかった。だから慶意は先泣の誉れを受け、縁賀には後讃の議があっても、未だに名門の家柄はなかった。治承、養和の間、澄憲法師は、朝廷に仕える家としての学問を身につけ、智者大師の宗綱を依りどころとした。台芒（天台の先端的な教え）は儒林を射て花は鮮やか、性具は舌端に出でて泉が湧くようなもの。一たび高座に昇れば、四衆は耳を清ましたのである。晩年、戒法を慎まず、屢しば数子を設けた。長嗣の聖覚は家業に耐え抜き、唱演を自らに割り当てた。此より数世、継承する者は脈々と続いたのである。

唱導演説也。昔、満慈子鳴于応真之間焉。自従吾法東伝、諸師皆切於論道矣。而廬山遠公、独擅其美、及大法瓜裂、斯道亦分。故梁伝立為科矣。我国向方之初、尚若彼、又無剖判焉。故慶意受先泣之誉、縁賀有後讃之議、而未有閥閲矣。治承養和之間、澄憲法師挟給事之家学、拠智者之宗綱。台芒射儒林而花鮮、性具出舌端而泉湧。一昇高座四衆清耳。晩年不慎戒法、屢生数子。長嗣聖覚、克家業課唱演。自此数世、系嗣瓞瓞。

（『大仏全』一〇一、四八八頁上）

唱導と呼ばれる言説は、遠くインドにおいては説法の名手といわれた満慈子（すなわち富楼那Pūrṇamaitrīyaṇiputra の意訳語）に始まり、中国においては廬山の慧遠に注目が集まり、日本においては平安中期の慶意や縁賀の後に、治承、養和の頃すなわち院政期の後半期（一一七七〜一一八一）に、比叡山延暦寺の里坊であった京都の安居院を拠点に、澄憲（一一三六〜一二〇三）を中心として唱導の一家が成立したことを伝えるのである。『元亨釈書』のこの箇所では「寛元の間、定円なるものあり、園城の徒なり。唱説に善みなり」とも記し、「方に今、天下の唱演と言うは、皆、二家に効《なら》う」とも伝えている。園城寺（三井寺）にも同様に説法の名手が存在し、延暦寺（安居院）と園城寺の二つが唱演の名手として並び立ち、多くがそれに倣ったというのである。

『元亨釈書』では「唱導は演説なり」と位置づけている。しかし逆は必ずしも成立しない。たとえば大隅和雄氏によれば、無住の著作した『沙石集』は鎌倉時代後半期、一般の庶民を対象にした説教の記録ではないかという興味深い見解が提示されているが[1]、このようなものも唱導に含めてよいのだろうか。演説すべてが唱導として位置づけられるわけではなく、唱導は法会における、ある言説に特定されて使用されるものであるとするのが昨今の定義のようである。小峰和明氏は「法会で遂行される言説が唱導である。唱導とは、あくまで法会という明確な形をそなえた仏事の場で展開されるものだ[2]」という明快な定義を与えている。

本書の中では、この小峰氏の限定された定義を採用し、「法会の場で行われた」「仏法または仏法に関連する内容を伝えるために」行われた言説が唱導であると位置づけ、法会以外の場で行われた言説は異なるものとして触れないことにするが、中国で用いられた「唱導」という語は、意味するところが若干異なる。

日本では院政期以降に定着した「唱導」という用語は、実は中国でも早くから用いられていた。『高僧伝』巻十三の中には唱導について詳しく説かれているので、まずそれから検討しよう。

周知の如く、『高僧伝』には僧侶のそれぞれの業績の特徴から、訳経、義解などの十科の分類が立つが[3]、巻十三には、分類の最後の二つとして「経師」「唱導」という区分けが立てられている。「唱導」について検討する前に、比較対照としてまず「経師」について見ていきたい。

経師として掲げられる人物は「帛法橋一　支曇籥二　釈法平三　釈僧饒四　釈道慧五　釈智宗六　釈曇遷七　釈曇智八　釈僧辯九　釈曇憑十　釈慧忍十一」（大正五〇、四一三頁中）のわずか一一人である。まず経師の特徴を幾つかの伝記を見ることから考察しよう。

帛法橋の伝によれば、彼は若いときから転読を楽しんでいたが、声が乏しくそれが悩みであった。そこで、穀類を断ち七日七晩の懺悔をしたところ、験があった。そして、「第七日に至って喉の中がからりとするのを覚えた。すぐさま水を求めて口を漱いで『私に感応があった』と言った。此処で三契経（調子を分けて諷誦すること）を作したところ、その声は里を貫き渡り、遠近の者は驚いて、悉くやって来て観聴した（至第七日、覚喉内豁然。即索水洗漱云、吾有応矣。於是作三契経、声徹里許、遠近驚嗟悉来観聴）」（大正五〇、四一三頁中〜下）という。声が通るようになり、遠近のものが感心し、聴きにやってきたというのである。

また、支曇籥の伝記によれば、彼は若くして出家し菜食をつねとしていたが、晋の孝武帝（在位三七三〜三八五）から請いを受け都に出、五戒を帝に授けた。彼は、「特に美しい声色を授かり転読に巧みであった。嘗て天の神がその声法を授けてくれるのを夢に見、覚めてから新たな声法を作った。梵（唄）の響きは清らかに靡き四方に飛び広がりまた戻ってきた（特稟妙声善於転読。嘗夢天神授其声法、覚因裁製新声。梵響清靡四飛却転）」（大正五〇、四一三頁下）とあり、妙なる音声の持ち主で、経典を詠唱することに長けていたことが知られる。そして、夢の中で天神よりその声法（発声法か）を授かり、醒めてからそれに基づいて新たな声法を制定したというのである。

これらの記事から、経師というのは、声に勝れ、経典を読誦詠唱する上で、非常に上手な人を指したものであったことが知られる。(4)

では、次に「唱導」について見ていきたい。唱導の科段に掲げられた人物は「釈道照一　釈曇穎二　釈慧璩三　釈曇宗四　釈曇光五　釈慧芬六　釈道儒七　釈慧重八　釈法願九　釈法鏡十」（大正五〇、四一五頁下）の合計十人である。まず道照の伝記を検討してみよう。

道照は、姓は麴、平西の人という。「若いときから文章が上手であり兼ねて経学や歴史に詳しかった。十八歳で出家し、都の祇洹寺に留まった。群典を開き閲覧し、宣唱を仕事とした（少善尺牘兼博経史。十八出家、止京師祇洹寺。披覧群典、以宣唱為業）」（大正五〇、四一五頁下）とあるから、若くから仏教にも儒教にも親しみ、その知識を生かして仏法を宣唱していたことが知られる。そして、「音色は寂寥を醸し、穢れた心を洗い悟らしめる。事を指しては時に合致しており、言葉は独り起こるのではない。宋代の初めにおいて独り勝れていた（音吐寥亮、洗悟塵心。指事適時、言不孤発。独歩於宋代之初）」（大正五〇、四一五頁下）と表現されるので、その声色は澄んだ音色で響き渡り、人々の煩悩に染まった心を洗い清め、また「指事適時、言不孤発」とあるから、その言葉も時宜を得て単におもむくままの発言をしたのではなかったのであろう。また「宋の武帝が以前に内殿に斎会を設けたときに、照は最初の夜に要約して述べた（宋武帝嘗於内殿斎、照初夜略叙）」（大正五〇、四一五頁下）ともあるから、宋の武帝に請ぜられ内殿において初夜に講説をする（人の命の無常であり苦楽は因果によることを説いた）という栄誉にも浴している。そして彼は南朝宋代の初期には並ぶ者がなかったというのである。

次に、釈曇穎の伝を見てみよう。曇穎は「性格は恭しく質素で、ただ巧みに導くことを先とした。だから心にまかせて宣べ唱えたが、自然に独り他を絶していた（性恭倹、唯以善誘為先。故属意宣唱、天然独絶）」（大正五〇、四一五頁下）と伝える。彼も幼少から「戒行に勤しみ」「誦経十餘万言」（同前）であったと記されるので、大いに知識を持ち合わせた人物でもあったようである。

また釈慧璩も同様に博学であったと伝える。彼は出家して瓦官寺に留まったとされるが、「経論を読み閲覧し、経書や歴史書を渉猟した。多くの技芸に慣れていたが唱導にもっとも巧みであった。語を出せば文章となりすぐに文辞を製作した（読覧経論、渉獵書史。衆技多閑而尤善唱導。出語成章動辞製作）」（大正五〇、四一六頁上）という。第四番目の釈曇宗も同様であり、出家して霊味寺に留まったが、「若くして学問を好み多くの典籍に広く通暁した。唱説の功績が独り今の世に知れ渡っている（少而好学博通衆典。唱説之功独歩当世）」（大正五〇、四一六頁上）と記され、彼も若い頃から学問を好み、博学であった。

五人目の釈曇光も同様に知識を持つ人物であった。伝記には「その性質は五経や詩賦を嗜み、算数や卜筮に至るまで貫徹して理解しないものはなかった（性意嗜五経詩賦、及算数卜筮無不貫解）」（大正五〇、四一六頁中）とあり、儒教の典籍である五経や詩賦を嗜み、算数や卜筮に及ぶまで深い知識を持ったという。

半数の五人を見たに過ぎないが、「経師」に比して、そのどれもが博学であったことを伝えるのであり、唱導をする法師に共通する要素として、博学であることが一つの条件として浮かび上がる。

この唱導の一〇人を挙げる最後の「論曰」の箇所に、唱導の性格が次のように明確に示されている。有名な箇所であるが、繁を厭わず引用する。

論じて曰うことには、唱導とはおそらくは仏法の理を述べ唱え、衆生の心を開き導くことであろう。

論曰、唱導者蓋以宣唱法理開導衆心也。（大正五〇、四一七頁下）

ここでは仏法の理を宣唱し、人々の心を開き導くことが唱導であると定義しているが、特に講経の場という限定は付されていない。しかし実際に講説の場を考えれば、それは講堂という場における経典の講義が一般には想定されるであろう。また続けて、唱導に必要な要素も挙げられている。

そもそも唱導の貴ぶところ、その事は四つである。声色（声）、弁舌（辯）、素質（才）、博識（博）である。声色が勝れていなければ衆をはっとさせることはできない。弁舌にさえていなければ時宜に適うことはない。素質がなければ言葉に採るべきものがない。博識でなければ語に拠るものがない。もし声の響きが鍾鼓のようであれば四衆は心を動かす。これが声色の働きである。言葉を述べた後に啓発し時機に適い誤ることがない。これが弁舌の働きである。綺麗に字句を飾り立て文章をつくる才能にとめどがない。これが素質の働きである。比べ考えるのに経論を抱き経学の典籍や歴史書に言葉を求める。これが博識の働きである。

夫唱導所貴、其事四焉。謂声辯才博。非声則無以警衆、非辯則無以適時、非才則言無可採、非博則語無依拠。至若響韻鍾鼓則四衆驚心。声之為用也。辞吐後発適会無差。辯之為用也。綺製彫華文藻横逸。才之為用也。

商推経論採撮書史。博之為用也。（大正五〇、四一七頁下）

唱導に欠かすことのできない資質として、声色（声）、弁舌（辯）、素質（才）、博識（博）の四つが挙げられるのである。これらの四つを兼ね備える者が唱導する法師に相応しいと『高僧伝』の作者である慧皎は述べている。また慧皎は、次のように対告衆によってその唱導の内容を説き分けることも勧めている。

この四つの事を巧みにすることができれば、人と時とに適う。もし、（聞き手が）出家の五衆であれば、真心から無常や苦を語り懺悔について述べるのがよい。もし君王や長者であれば、兼ねて世俗の典籍を引用し綺麗な言葉で統一し美辞を成すのがよい。もしノンビリとした一般庶民であれば、具体的な事実を指して目に見えるようイメージさせて直接に見たり聞いたりしたことを盛んに話すのがよい。もし（その場所が）山民の野処であれば、身近な言葉を用いて罪目を斥けるよう述べるのがよい。およそこのように変化する様態が、それぞれの場に興る。これを時を知り衆を知ることだと言うことができよう。

若能善茲四事、而適以人時。如為出家五衆、則須切語無常苦陳懺悔。若為君王長者、則須兼引俗典綺綜成辞。若為悠悠凡庶、則須指事造形直談聞見。若為山民野処、則須近局言辞陳斥罪目。凡此変態与事而興。可謂知時知衆。（大正五〇、四一七頁下）

慧皎の述べる唱導の対象者、すなわち対告衆は王侯貴族に限定されず、「凡庶」すなわち平凡な一般人を含んでいる。またその場所も「山民野処」、おそらく講説のための施設のないような場所においても、唱導が可能であることが暗に示されている。この記述は『法華経』如来神力品の「もし経巻の在るところであれば、園中であっても、林の中であっても、木の下であっても、僧坊であっても、在家の人の家であっても、殿堂であっても、山や谷、荒れ野であっても、その中に皆、塔を建てて供養するのがよい（若経巻所住之処、若於園中、若於林中、若於樹下、若於僧坊、若白衣舎、若在殿堂、若山谷曠野、是中皆応起塔供養）」（大正九、五二頁上）の記述を予想させるが、山民野処を含めるとすれば、日本のように、唱導が法会において行われた言説であると限定をつけるのは、中国においては適切ではない。唱導のための四つの資質が満たされた者が仏法を演説する場合には、どのような場においてもそれは唱導であったと考えた方がよいと思われる。中国において唱導という用語は、日本のように寺院の特別の場における法会に限定する必然性はなかったのである。

本書では日本の寺院で行われた法会に限定して考察を進めるが、中国では唱導という用語は山林野処の説法までも含めるものであり、本来は広汎な意味を持っていたことを一応、念頭に置いておく必要があろう。

一　中国における講経の伝統

中国に仏法が伝播したのは後漢の頃と考えられる。では仏法はどのように中国社会に広まっていったのであろうか。初期においては外国の僧侶が渡来し、異質な生活をするところから始まったと想像されるが、中国人による出家が行われるようになると、出家者と在家者の交流も始まったであろう。その交流形態の一つが講経であったと考えられる。南北朝時代から隋唐時代を通じて仏法は文化の一翼を担うようになり、「文化活動の場として講経会が成立した」と考えられている。(5)

そもそも中国には古典を論義、講説する伝統が存在したといい、前漢の成帝の時に金華殿において朝夕に『尚書』と『論語』を説いたという記事が見え、(6)後漢の明帝の時には明帝が堂に昇り法を説き、諸儒は経を取り問難したことがあったという。(7)中国においては、天子が明堂にある辟雍、所謂太学において経典を講じる儀式があったが、(8)それが一般化したという背景がまず考えられる。この講義の形式がどのようなものであったのか伝える資料を寡聞にして知らないが、いずれにしろ、漢の時代から師は経を持たずに南面して座り講説を行い、子弟等の問難に答える、弟子は経を手に持ち北面して座り、一段一段朗読して聴講し、質疑応答し論義するという伝統が存在したと考えられている。[9]

時代は少し下るが『世説新語』上之上の中に「孝武、将に孝経を講ぜんとし、謝公兄弟は諸人とともに私庭に講習す」（二五頁上。原文は巻上之上、四五丁左）との記事が見え、東晋の孝武帝（在位三七三～三九六）が『孝経』を講じたとの記事が見える。割注によれば「続晋陽秋の曰く、寧康三年九月九日、帝は孝経を講ず。僕射謝安は侍坐し、吏部尚書陸納は侍を兼ね中下に耽読し、黄門侍郎謝石、吏部袁宏は執経を兼ね、中書郎車胤、丹陽尹王は摘句を混ず」（同前）と記述されている。孝武帝の講経は寧康三（三七五）年九月九日のことであり、謝安、謝石、陸納、車胤等が関与した。文中の「耽読」「摘句」とは、経の文章を詠読し、また句を取り出して質問したということであろうか。また「車武子、苦を難じ謝に問う車胤は別に見ゆ袁羊に謂いて曰く、問わざれば則ち徳音に遺すこと有り。多問すれば則ち二謝を重労す」（同前）とも記され、質問は必要と考えられていたが、適当な分量の質疑が望まれたことを彷彿させる。この記述からすれば、東晋代ではすでに、講経には一定の形式が存在していたように推測される。

また、仏教の方でもインド伝来の斎会において、経典が講ぜられるという形式があったと考えられる。[10]在家の人々と出家の人々が共同で戒を守り、その信仰を鼓吹したと想像されるのであるが、この斎会の場において、講経が行われたと考えられるのである。そもそも大乗の宗教体験とは、「講座に登った法師が、始め三昧に入っていてやがて出て、かぎりなく大乗経典をうたいつづけていく、そこにあつまった聴衆たちも、引き込まれて三昧に入り、空などの真理を悟り、じきじきに仏に触れていたのであろう」[11]と言われるが、とにかく仏に相見えるという体験がまず根本にあったのだろう。そして、このような斎会等の場に集まった在家の人々は、まず念仏などを行い、夜になると仏法の教えや仏伝、本生物語などの説法を聴聞したと推定されているのである。

実際にそのようなことが彷彿される記述が『道行般若経』に認められる。たとえば巻四の摩訶般若波羅蜜嘆品第七には、次のような記述が見られる。

もし善男子、善女人で法師であるならば、月の八日、一四日、一五日の説法の時に功徳を得ることは計り知れない。仏が言われた、「その通りである、その通りである、須菩提よ。その功徳を得ることは計り知れない」と。

若善男子善女人為法師者、月八日十四日十五日、説法時得功徳不可復計。仏言、如是如是。須菩提。得其功徳不可復計。（大正八、四四三頁下）

ここでは、法師が月の八日、一四日、一五日に法を説けば功徳を得ることは計り知れないほどであると述べている。そして、これらの日付が六斎日であることを考えれば、そこに集まった人々は八斎戒を守り、説法を聴聞したことと思われる。『道行般若経』が翻訳経典であることを考慮すれば、おそらくそれは遥かインドからの伝統であったと想像しても大過はないであろう。同様の記事は、『大明度経』巻三にも見出だせ、「経師、月八日十四日十五日、経を説く時、諸の闓士は常に大会に来たり」（大正八、四八九頁上）とあり、同じく六斎日に人々が集まった時に、仏法に関する説教がなされたことが想像できる。『小品般若』巻四にも六斎日における説法の記事が存在している。(12)

このように、斎日における講経の奨励が、南北朝時代までに翻訳された経典の中に見出だされることから、インドの斎会における講経の伝統は、当時の中国仏教界においても知られ、講経は重要なものとして認識されていたと見ることができる。実際、その例を一々数え上げることができないが、当時の僧侶の伝記から講経、説教の歴史が確認できる。

この講経が仏法を伝持する人々の重要な義務として意識されたのは、釈道安（三一二～三八五）によってであったと考えられる。(13) 斎会において仏教が講説されるようになったのは、『出三蔵記集』巻八に収載された「正法華経後記」によれば「口に古の読みを言い返しながら奥深い意義を講出する。九月の本斎である一四日に東牛寺において大会を設け、此の経典を講説し誦んじた。日夜を尽くし皆が喜ぶこと限りなかった。重ねての校訂を終える（口校古訓講出深義。以九月本斎十四日、於東牛寺中、施檀大会、講誦此経。竟日尽夜、無不咸歓。重已校定）」（大正五五、五六頁下〜五七頁上）とあり、この日時が永熙元（二九〇）年八月二十八日とあるので、三世紀末のことであり、すでにこの頃には斎会において、経典が講説されていたことが確認される。

このような経典の講説が儀軌として定着させられる時期が、先に述べた道安の教団が襄陽に落ち着いた頃からであると推定されている。道安が講説に預かった記録は『高僧伝』道安伝の中に見える。ここには彼が襄陽に至ってから再び説法を開始したことが記されているが、その講説は次のように記されている。

（道安は）襄陽に到達してまた仏法を宣説した。経典が初めて訳出されてから久しい年月が経っていたが、旧くに訳された時の誤謬が深く蔵されるものを隠没させて、未だに文意を通じさせなかった。講説に至る度ごとに、ただ大意を述べ長く引いて読むだけであった。道安は経典を閲覧することを窮め、その深遠な意を汲み、その注を施した『般若経』『道行（般若経）』『密迹（金剛力士経）』『安般（守意）経』の諸経は、みな文を尋ね句を比べて、起尽の義を作成した。そこでやっと疑いを分析し理解をなしたのである。およそ二十二巻、序は内容に富み、たえに深い意義を尽くしている。全体を貫くものが述べられた以上は、文理は会通している。経典の義がはっきりとしたのは、道安から始まるのである。

達襄陽復宣仏法。初経出已久、而旧訳時謬、致使深蔵隠没未通。毎至講説、唯叙大意、転読而已。安窮覧経典鉤深致遠、其所注般若道行密迹安般諸経、並尋文比句、為起尽之義。乃析疑甄解。凡二十二巻。序致淵富、妙尽深旨。条貫既叙、文理会通。経義克明、自安始也。（大正五〇、三五二頁上）

道安の頃は、経典が中国語に翻訳されてからすでに久しい時間が経ってはいたが、まだ以前の訳の誤りが深義を隠しており、文意の通じない箇所があった。講説するといっても、ただ大意を述べて転読するだけであった。そこで、道安は経典の奥深い内容を窮め、注釈書を作成した。「文を尋ね句を比べ、起尽の義を為」したとあるから、おそらくは、ある主題の起きる段と尽きる段の箇所、すなわち内容的にある纏まりをもった部分に分けたということであろう。

この記述を素直に信ずれば、道安が科段分け、すなわち序・正宗・流通等に分けることを行ったことになろうが、実際にはそう単純には断定できない。現存する最も古い経典の注釈書である『陳氏陰持入経注』や、道安の作成した『人本欲生経注』においても、また羅什の門下生によって製作された『注維摩経』等においても、注経序及び注釈は存在するが科段分けは存在していない。(14) 形式的には、経典の翻訳と同時期から存在すると考えられる注経の形式とほぼ同じであって、その内容は経典の総論的な開題（大意を述べる）を行って、次に経文の一々を注釈するという形式が取られているに過ぎないのである。(15) ただし注目される部分は、この開題に経典の由来と大意らしきものが述べられることである。

ところで、これらの経注に次ぐ成立と考えられるものに竺道生（?～四三四）によって製作された『法華経疏』が存在する。(16) この注釈書には、まず注経序の伝統を引くと思われる部分がまず冒頭部分に存在する。(17) その中には、経疏の製作の由来と大意が述べられ、次に経典の題目の解釈が述べられ、次いで、経典の文章が引用され、解説が付されるのである。若干、その部分を引用しよう。

妙法蓮華経疏。そもそも微かな言葉は奥深く、妙であり耳を澄ましてもじっと注目しても得ることはできない。（中略）私は若いときにその講経の末席に預かった。（中略）また元嘉九年の春三月に廬山の東林精舎において、またこれを修治した。（中略）妙法について、最高の姿には形がなく、最高の音には声がない。（中略）つまりは常住の妙なる旨を説き、余すところがないと謂ったのである。この経典は大乗を宗とする。大乗とは平等の大慧を謂い、一善に始まり究極の慧に終わるのである。（中略）妙とは、如来が言葉を吐き教えを述べることを論じるならば、いずれの経が妙でないだろうか。（中略）法とは、本体が法でないものはなく、真実でありこれに過ぎるものはない。（中略）序品とは、そもそも言葉を与え語を立てるのには必ずその次第がある。（中略）如是とは教えを伝える者の辞である。

妙法蓮花経疏。夫微言幽賾、妙絶聆矚。（中略）余少預講末。（中略）又以元嘉九年春之三月、於廬山東林精舎、又治定之。（中略）妙法夫至像無形、至音無声。（中略）乃説常住妙旨、謂無餘也。此経以大乗為宗。大乗者謂平等大慧、初於一善、終乎極慧、是也。（中略）妙者若論如来吐言陳教、何経非妙。（中略）法者体無非法、真莫過焉。（中略）序品者夫与言立語、必有其漸（中略）如是者伝教者辞也。（続蔵一五〇、三九六丁左～三九七丁右）

この疏の内容は、まさしく大意、経題、入文判釈と次第するものであって、後の日本の唱導文献で多用される三門釈の形式に一致するのである。これは講説の基本的な形態でもあったのだろう。つまり、経典の開題から発展し、竺道生の頃から、ある一定の形式が成立し始めたと推測されるのである。また、それぞれの品の注釈の箇所においても、まず簡単な大意が示される。おそらく三門釈は、経注の中に現れる簡単な大意と一々の文を説明する形式に出発して調えられていったものと考えられる。そして、それは講説における開題の、道生の頃の古い形態を踏襲したものだったのではないだろうか。

ここで再び道安の伝記の中に出る「唯だ大意を叙べ、転読する而已」という言葉にも着目したい。『高僧伝』巻十三経師の文中に「ところで天竺の風俗では歌を歌ったり詠じたりすることを皆、唄と言う。この土に至っては経典を長く伸ばして詠じることを転読と言い、歌のように節を付けて讃ずれば梵唄と言う（然天竺方俗、凡是歌詠法言、皆称為唄。至於此土、詠経則称為転読、歌讃則号為梵唄）」（大正五〇、四一五頁中）とあり[18]、講説の具体的内容は、大意を述べただそれを長く引いて読むだけであったことになる。これに対し、道安が『道行般若経』『安般守意経』などの経典に注釈を施し、文の「起尽」を作成した後には、当然何らかの変化がもたらされたと想像することはできるが、経典の講説が科段分けを踏まえたものになったとは断言できない。ただし、経文を一々に注釈する形式が取られつつも、ある程度の纏まりを意識しつつ講義するように変化してき、やがて竺道生の『法華経疏』に見られるような形態に発展していったという可能性を指摘できる。

二　南北朝時代の講経の伝統

講経の伝統は、南北朝時代を通じて維持拡大された。特に南朝においてもっとも活発になっていったと考えられている。このあたりの事情は、横超慧日氏の研究に詳しい[19]。そこで横超氏の研究に導かれながら、当時の事情を概略、記述してみたい。

中国の南朝において講説が盛んであったことは、魏晋以来の清談の伝統を引き継ぐものであると考えられ、一方、北朝では修禅の伝統が重んぜられた。北朝においては自身の成仏が関心の対象であり、それは修禅によって可能になると考えていた。そのため、自己の機根を自覚し、宗教的な反省の上に仏法が成立していたという。文意を得ることに重点を置き、文相に拘泥することはなかった。宗意の把握に努めたのであり、達意的であったという。

さて、一方の南朝においてはこれとは異なった風潮が存在した。清談の風を残した仏教が伝持されたというのである。そもそも、南朝では、東晋に清談の風で知られた支道林（支遁とも、三一四～三六六）が活躍した。北朝から翻訳された仏典がもたらされても、その研究は、得道のために達意的に根本義を摑むのではなく、まさしく清談的であり、経典は、皆、口と耳の学問であったというのである。その理由として、横超氏は、南朝においては外国の僧侶との交流が少なく、経論の翻訳が一時期は盛んになるが梁陳の頃にはほとんど無くなり、翻訳された経典を撰んでは専門的に考究することしか出来なかったことを挙げる。訳経の衰退が講経の興隆を促したと見ているのである。また、横超氏は次に、仏教思想の統一的理解を求める声が大きかったことも一因となっていると推測する。このような理由から、南朝では、講経が盛んになっていったと考えられる。このような清談的な風潮は時に「衒学的」とも呼称されるが、その反面、文献を言葉にこだわりながら理解する学術的な態度を醸成することになった。以下、南朝における講経の例を幾つか取り上げておきたい。

まず『高僧伝』巻八、義解編に収載される斉の僧宗の伝が注目される。

『大般涅槃経』や『勝鬘経』『維摩経』など（の講説）に巧みであった。講説に至る度ごとに、聴聞する者はまさに千人に近かった。巧みな弁舌は窮まることがなく、その事情の変化を受け止め処理することに尽きることがなかった。

善大涅槃及勝鬘維摩等。毎至講説聴者将近千餘。妙辯不窮応変無尽。（大正五〇、三七九頁下）

僧宗は『大般涅槃経』や『勝鬘経』『維摩経』の講説に巧みであったと伝え、講説の場には常に千人近くが集まったという。また、「（僧）宗は『涅槃』『維摩』『勝鬘』などを講じること、百遍にも達しようとした（宗講涅槃維摩勝鬘等、近盈百遍）」（大正五〇、三八〇頁上）とあり、僧宗は、『涅槃経』『維摩経』『勝鬘経』を百遍近くに渡って講じたというのである。

また、斉の僧印は『法華経』を学び、生涯にわたり法華を講じたと伝えられる僧侶である。『高僧伝』巻八には「『法華経』を講じること凡そ二五二遍。斉の永元元年に亡くなった。春秋六五歳であった（講法華凡二百五十二遍。以斉永元元年卒。春秋六十有五矣）」（大正五〇、三八〇頁中）と伝えられ、『法華経』を講説した回数に夥しい。

さらには斉の宝亮も講説に巧みであった僧侶として著名である。聊か長文であるが引用する。

斉の竟陵の文宣王は、みずから住居に至り法匠に為ってほしいとお願いした。亮はやむを得ずして王の元に赴いた。文宣王は足に額を着け恭しく礼拝し、菩提の四部の因縁を結んだ。後に移って霊味寺に憩った。ここで多くの経典を講説し、都には講経が盛んになった。『大般涅槃経』を講じることは凡そ八十四遍、『成実論』は十四遍、『勝鬘経』は四十二遍、『維摩経』は二十遍、その大小の品（『般若経』）は十遍、『法華経』『十地経』『優婆塞戒経』『無量寿経』『首楞厳経』『仏遺教経』『弥勒下生経』などは皆、十遍近くであった。出家や在家の弟子は、三千人余りであった。

斉竟陵文宣王、躬自到居請為法匠。亮不得已而赴。文宣接足恭礼結菩提四部因縁。後移憩霊味寺。於是続講衆経盛于京邑。講大涅槃凡八十四遍。成実論十四遍。勝鬘四十二遍。維摩二十遍。其大小品十遍。法華十地優婆塞戒無量寿首楞厳遺教弥勒下生等亦皆近十遍。黒白弟子三千餘人。（大正五〇、三八一頁下）

宝亮も講説に巧みな僧侶として記録されており、南朝において如何に講経が盛んであったかが伺われる。これ以外にも慧勇、宝瓊、警韶など講説に巧みであったものの名前は枚挙に暇がない[20]。

以上、簡単ではあるが、南朝においては講経が盛んに行われ、学解が偏重される傾向にあったことが十分に察せられる。

三　講師と都講

中国における講経の基本的な形式は中国古典の講説に従ったものらしい。[21] その形式がいかなるものであったのか、具体的には経典の本文を読み上げる都講と呼ばれる人と講師と呼ばれる両者によって構成されていたと考えられる。そこで、仏教における講説の際の都講に注目して、次に考察する。まず後世の資料から手がかりを求める。

都講とはどのような役を担った人なのであろうか。この都講についての興味深い説明が宋代、賛寧の『大宋僧史略』に見える。この『大宋僧史略』巻上の最初に、同書の内容に関する目次が存在する。その記事に「一仏降生年代　二僧入震旦　三経像東伝　四創造伽藍浴仏行像附　五訳経　六訳律　七訳論　八東夏出家　九服章法式　十立壇得戒　十一尼得戒由　十二受斎懺法　十三礼儀沿革　十四注経　十五僧講　十六尼講　十七造疏科経　十八解律　十九解論　二十都講　二十一伝禅観法別立禅居附　二十二此土僧遊西域　二十三伝密蔵外学附　所立僅六十門。止刪取集伝。并録所聞。以明仏法東伝以来百事之始也」（大正五四、二三五頁中）とあり、第二十番目に「都講」の説明が存在する。聊か長文になるが引用する。

都講。広く知らせる人。撃発の理由とは、傍らに居る人がその端緒を切り開くのでなければ、座にあって独りで興すことは困難であるから。だから梁の武帝は、講経の時に枳園寺の法彪を都講とした。彪公がまず先に一つ質問をする。そこで梁の高祖は舌端を開く。探求したり明らかにしたり、思うにまかせて質問したり答えたり、これが都講の大まかな正体である。また、支遁が会稽に至った時、王内史は『維摩経』を講説してほしいと頼んだ。許詢を都講として講経が行われた。許（詢）が一問を発した。聴衆は考えた、「支（遁）

は答えられないだろう」と。支（遁）は一義をもって答えた。聴衆は考えた、「許（詢）は難じることができないだろう」と。このような問答が連環として絶えなかった。ここに知られよう、都講は正しく講師を難じるものであることを。また、僧伽跋陀羅が講説の席に就いた時には、弟子の法勇、伝訳僧の念を都講とした。また、僧導は京兆の人であるが、沙弥の時に、僧叡が彼を見て他に異なっているのを不思議に思い言われたことには、「おまえは仏法において何になりたいのか」と。答えたことには、「法師のために都講になりたい」と。（僧）叡が言われたことには、「おまえは万人の法主になるのがよい。どうして対揚の小師になりたいなどと申すのか」と。これは姚秦の世にすでに都講があったということである。今の都講が撃問するのを聞いたことがなく、ただ経文を挙げて唱えるだけである。どうやらほとんど古代の都講の真似をしているだけのようだ。

都講　敷宣之士。撃発之由、非旁人而啓端、難在座而孤起。故梁武講経、以枳園寺法彪為都講。彪公先一問。梁祖方鼓舌端。載索載徴、随問随答、此都講之大体也。又支遁至会稽、王内史、請講維摩。許詢為都講。許発一問。衆謂、支無以答。支答一義。衆謂、詢無以難。如是問答、連環不尽。是知、都講実難其人。又僧伽跋陀羅就講。弟子法勇、伝訳僧念為都講。又僧導者京兆人也。為沙弥時、僧叡見而異之曰、君於仏法且欲何為。曰、願為法師作都講。叡曰、君当為万人法主、豈対揚小師乎。此則姚秦之世、已有都講也。今之都講、不聞撃問、挙唱経文。蓋似像古之都講耳。（大正五四、二三九頁下～二四〇頁上）

都講とは、講説をする際にまず質問をする役職であると説明されている。「傍らに居る人がその端緒を切り開くのでなければ、座にあって独りで興すことは困難であるから」という理由から都講が設けられたという。梁の武帝が講説をする際に枳園寺法彪を都講とし、まず法彪が問を起こし、次いでそれに対し講師が舌端を振るう。思うにまかせて質問し、また答え、そして質疑を展開していく。これが都講であると説明する。また、東晋の支道林（支遁）が初めて『維摩経』を講じた時に許詢を都講とした例を出し、許詢は質問を発し支道林がそれに答えるという形式を取ったと伝える。また、僧伽跋陀羅が講経した時にも都講があったと伝え、また、僧導という京兆の人が沙弥であった時、僧叡が「おまえは仏法において何になりたいのか」と聞いたところ、彼は「法師のために都講になりたい」と答えたという。僧叡はこれに対し、「お前さんは万人の法主となるのがよい、どうして対揚の小師になりたいなどと申すのか」と答えたという。

このような文章から、『大宋僧史略』では、東晋の時代からすでに都講が存在したことを主張し、しかも都講に対するイメージが最初は良かったことが知られる。しかし、賛寧がこの記録を書いた宋の時代には「今の都講が撃問するのを聞いたことがなく、ただ経文を挙げて唱えるだけである。どうやらほとんど古代の都講の真似をしているだけのようだ」と述べているので、何時の頃からか、都講は経典の文章を読み上げるだけになってしまっていたようである。

都講についての考察は福井文雅氏の所論に見出だせる。[22] いずれにしろ、東晋の頃にはすでに原初的なものが存在し、質問を発し、講説を導く役割を担い、次第に厳しく講師を難じる役割も付加されていったようであるが、やがては経文の文を読み上げるだけの役に堕してしまったと推測される。しかし、講説に都講と講師が欠かせない要素であるとされていたことは非常に重要であり、日本の法会を考える上で大きな参考になるものである。次章で詳しく論じるが、日本の格式の高い法会において講師と読師とが仏像を前にして相対面するように坐するのは、この都講と講師の伝統に基づくと考えられる。結論を先取りすれば、おそらく日本における「読師」は、紛れもなくこの補助的な役割を担うようになった、「都講」の機能を継承するものと推定されるのである。

四　講説の次第

次に講説の次第について大概を述べてみたい。確証は無いと荒牧典俊氏は述べるが、釈道安の経典の講説の次第は次のようなものであったろうと指摘する[23]。

釈道安は「僧尼規範・仏法憲章」の三条を決めたというのであるが、その第一条に「行香・定座・上講之法」が定められている。これが講義の次第を定めたものと考えられるという。まず初めに「斎主などが煙の立ちのぼる香炉を手にもって、そしておそらくは梵唄をうたいながら、道場を行道しあるいて礼拝する」のが行香である。次に、「定座」とは、「聴衆を押し静める」ことである。この行香と定座の間に、「法師と都講が仏法僧に礼拝してから、それぞれ高座に昇る。仏像の右に法師が坐り、左に都講が坐って対面するというのが制であった」という。都講は美声で経典の一段一段を朗唱して対揚し、法師がそれを解釈していたと推測される。また、都講の方が地位的には法師より下位に置かれていたという。

行香・定坐の後、上講すなわち講義が始まるのであるが、初日には経典の開題が行われたという。この開題の行われる会座は「大会」と呼ばれ、初日は盛大に行われた。この開題が行われる大会の席上、経典の伝来やその思想についての解説が行われた。中でも、その経典が釈尊一代、すなわち四十余年間の説法の中の、どの段階で説かれたものであるのかが一番の関心を集めたという。これが、中国仏教の関心の中心をしめる「教相判釈」になるのであり、講経の場を介して「教相判釈」が深められていき、仏法の総合的解説がなされたのであろうと考えられている[24]。

次に、「如是我聞」に始まる経典の本文が講義される。この時にも都講が一段づつ朗唱し、法師が解釈していくという形式が取られたと推測される。また、経典の一段あるいは一章ごとに質問して論義することが可能であったともいう。おそらくこれも、中国の古典講義の形式を踏襲したものと考えられ、その最初から、論義は必須の要素として存在し、以上のような講会が行われた後には、食事を供することや戒を受けることが行われていたのではないかという。

こうして講説の場において講義され論義されたものは、聴聞、聴講の者たちによって筆録され、それに基づいて注釈書が作成されていったらしい。今、私たちが目にする膨大な数の注釈書は、講経という場を抜きにして考察することはできないのである。

荒牧氏は「都講と法師の掛け合いなども含めて経典講義にかかわるすべて」が中国的であるとさえ指摘している。(25) しかし、それはインドからの伝統を軽視しすぎていないだろうか。筆者は中国に存在した古来からの経典講義の伝統と、仏教がインドから持ち込んだ斎会における説法の伝統が融合する形で、東アジア世界の仏教の講会が成立したと考えている。

このような講会は、実際どのような場を用いて開催されたのであろうか。実は、これが寺院伽藍の中では講堂になると推測される。本来、講堂という講義専門の道場は、インド伝来の仏教の伝統伽藍の中では見出だされない。現在の上座仏教が伝える寺院の形式では、中心となる建物は布薩堂と呼ばれる建物であり、重要な行事は、授戒と布薩である。インド仏教の伝統のなかでは、講説専門の堂宇である講堂は必然ではなく、出家者たちが集まれる場が中心におかれ、講義専門の場は設置されていないのが通例であったと考えられる。布薩堂が様々な役割を担い、それが、説法の場に転用されることもあったのである。

しかし、中国社会ではそうではなく、講堂が伽藍の中に設置された。荒牧氏がすでに指摘することであるが、その良い例が謝霊運（三八五～四三三）の有名な詩文である「山居賦」の中に見出だせる。その一節を荒牧氏の翻訳とともに引用しよう。

西南嶺建経台　西南の嶺に経台をたてて
倚北阜築講堂　北の山を背景として講堂を築き
傍危峯立禅室　けわしい峯峯に相並ぶように禅室をつくり
臨浚流列僧坊　深い谷に望むように僧坊を並べる[26]

この譜の文章中には、経台、講堂、禅室、僧坊が登場するのであり、深山幽谷の中に伽藍が立てられ、しかも講説をする場が設けられていたことが確認される。謝霊運は自ら政治の世界から身を引き、山林に幽居したことが知られる南朝の人物であるが、[27]その山林において確かに講経会が成立していたことが推知されるのである。

さて、中国における講説、すなわち講経は、実際にはどのようになされていたのかを窺い得る資料として、敦煌文献に多く残る「講経文」がある。この名称がテキストに残るものは僅か一例しか報告されていないが、[28]内容的に同質のものと考えられている資料が全て講経文と呼ばれている。また、多少形式を異にするが、ほぼ同類の資料として「俗講」と呼ばれる営為の資料も存在する。

これらに関し、金岡照光氏、平野顕照氏、福井文雅氏等の詳細な研究が存在しているので、[29]これらの先行研究に導かれながら、実際の講経を概観してみれば、それは、都講が経典の文章を唱え、講師がその内容を解説し、最後に聴聞の者たちとともに偈文を唱和する、という三段形式から成り立っていたというのである。金岡氏は、これらを順に「経」「白(散文)」「唱(韻文)」という三つの構成要素から成り立つものであると位置づけている。「白」の末尾、すなわち「唱」の最初には「唱将来(さあ一緒に唄いましょう)」との定型句が来るという。これら講経の実際を伝えるのが「講経文」という名称で呼ばれる資料になるのである。

実際に講経文の例として、金岡氏は『維摩経』を取り上げ詳細に分析を試みている。経典の文章にそって経が読み上げられ、それに対して講師が注釈をつけていること、注釈の内容はほぼ『注維摩』などの先行する注釈文献に基づいているが、時には典拠の見出だされないものがあり、講説の際に講師の当座の巧説によってなされたものであろうことなどが明らかにされている。また、平野氏の研究によれば、敦煌文献の中で、実際に『法華経』を講説した際の資料が認められるが、その多くは慈恩大師基（六三二〜六八二）の『法華玄賛』を参照しており、『法華玄賛』を始めとする慈恩の経疏が敦煌文献の中ではもっとも多く使用されていることを明らかにしている。(30)

ところで、講経の資料として用いられた資料、すなわち注釈文献が先にあり講説がなされたのか、あるいは逆に講説が先にあり、講説のために用いた資料を含め、講説を記録する形で注釈文献が作成されたのか、そのいずれであるかという疑問が生じる。荒牧氏は先に述べたように、講説が先にあり、注釈は後に作られたとみるが、敦煌文献の調査からみれば、逆の場合も多いようである。もっともこれには時代的な問題もあり、幾つかの注釈が揃えば、それらを参照したことは十分に考えられるから、後代の事として別に考えるべきであると思う。たとえば、『法華文句』は章安大師灌頂（五六一〜六三二）が天台大師智顗（五三八〜五九七）の講説を記述したものであることや、『宋高僧伝』巻四、慈恩大師基の伝記に「東に行き博陵に着いた。『法華経』を講説してほしいとの請いがあり、ついに大疏を造った（東行博陵。有請講法華経。遂造大疏焉）」（大正五〇、七二六頁上）との記述があることなどから推察すれば、講経があってやがて大疏、すなわち注釈文献ができ上がったと考えるほうが自然であろう。講説が実際に注釈を作成する動機になったことは容易に想像されるところであり、まず講説の準備のために資料を揃えて草本を造ることは自然な流れである。やがて僧侶達の努力によって講説が纏められ経疏ができ上がれば、後にその経典を講じる人たちは、それらの先行する成果を参考にしながら講説を行ったであろう。おそらくこのように考えるのがもっとも妥当なところではないかと思う。

おわりに

日本における唱導は、南朝において盛んであった講経の伝統をうけたものと考えて良いことは、おそらく何人にも否定することはできまい。また南朝の講経の盛行を、その後の中国仏教の歴史と対比させて考えてみれば、修禅に重きを置いた北朝仏教の伝統と講説に重きをおいた南朝の仏教の伝統とを併せ持った独自の仏教が隋唐代の仏教であったと位置づけることができる。修禅と講説とその相い異なる学風に対する反省があって、隋・唐代の仏教が生まれたのであるという横超氏の指摘は、忘れてはならない視点であろう。そして「（浄影寺）慧遠には講経に兼ねて禅の賛美があり、智顗には止観双修、解行不二の確信があった[31]」という状態が現出されていくのである。また「学理の研鑽は修道の灯明として不断になされるべく、解行の乖離は、仏教究竟の目的が何であるかを反省する時、自ずから批判されて常に新たなる生命力の前に統一される[32]」のであろう。横超氏の指摘は、インド仏教が、瞑想体験を重視する森林住の僧侶と、経典の理解を重視する僧園住の僧侶という両者によって伝持されてきたことを連想させるものであり、まことに傾聴に値する言葉であるように思う。

なお、『高僧伝』の「経師」と「唱導」の相違が示す如く、唱導はその担い手が博識であり才覚にあふれた人であるということが条件として備わっていたようである。実際には、声色（声）、弁舌（辯）、素質（才）、博識（博）という四つの資質が注目されたのであり、単に法理を唱え、人々を教導するだけでは唱導とは呼べなかったことが彷彿される。その説法者の資質が著しく問われるものであったことが強く感ぜられるのである。また、経典に対する開題が発展し、やがて大意、題目（経題）、入文判釈という三門分別が成立したこと、その起源は竺道生の頃にあったらしいことを確認することができる。

さて、ここに興味深い記録が存在する。それは慈覚大師円仁（七九四〜八六四）の『入唐求法巡礼行記』である。この中に円仁が在唐中に見聞した講経の記録が存在する。円仁の見た法会・行法は、斎会を主とした儀式、講経と論義を中心とした儀式、及び念仏と誦経を主とした儀式に三区分されているが、[33]ここでは特に講経と論義の儀式に限って見てみたい。

講経の記録が登場するのは、開成四（八三九）年十一月二十二日の条である。赤山法華院における法華経儀式と一日講式が詳述されているのであるが、その法会の次第の大概は次の通りである。[34]

まず、講経儀式であるが、開講の合図の鐘が打たれ、暫くして大衆（僧侶と信者）が講堂に入る。着席の合図の鐘が鳴らされ、講師が入場して高座に昇る。この時大衆は同音に仏名を称嘆する。講師が座に座れば仏名は終わりとする。下座の一僧が梵唄をなす。梵唄が終われば、講師は経の題目を唱え、開題をする。開題は三門分別をもって行われる。

この三門分別は、大意、題目、入文解釈の三つである。題目が終われば維那が高座の前に出でて会興の由を述べる。次にその書状を講師が受け取り、麈尾を取り、[35]施主の名前を挙げ、独自に誓願をする。この誓願が終われば、論義が始まる。まず問者が論端を挙げて問を発する。その間、講師は麈尾を挙げ、問者の質問を聞く。質問が終われば問を謝して答える。この時の作法に「問を帖し答を帖することは本国に同じ」[36]との記事が見える。これは「牒問牒答」の事であり、問者の質問をもう一度講師が繰り返し、その内容を確かめてから答えをなす方法であるという。[37]論義が終われば、経を読み講を終える。このような次第で、講経が行われたことを伝えるのである。

ここで注目されるのは、円仁の在世中に、すでに「牒問牒答」の形式が日本に存在していたこと、及び唐には講師のみの講経であり補助的な役割の都講が存在しない形式が存在したこと、開題の部分に三門分別が行われていたことなどが明らかになることであろう。

この講経の次第を同じく『入唐求法巡礼行記』に記載された新羅の一日講の儀式と比較してみよう。新羅の一日講では、まず開講の鐘が打ち鳴らされ、講師と都講の二人が堂中に入る。大衆は先に着座して待つ。講師と読師が入堂する時には大衆は同音に仏名を称嘆し、長く引く。講師は北座に座り、都講は南座に座る。下座の僧が梵唄を行う。梵唄が終わった後、南座の都講が経の題目を唱え、また経を長く引きながら唱える。この時、大衆は三遍散華する。唱経が終わった後、講師が題目を開し、三門に分別して経の大意を述べる。経の題目を説き終えると、維那師が事興の由を述べる。この後の終了の仕方は記されていないが、ほぼ先ほどの円仁が見た講経と同じであろうと考えておきたい。

さて、新羅の講式は講師と都講の両者が存在した講説であったことが知られる。しかも都講は経文を長く引いて読む役割を果たしており、円仁の記録では読師とも言い換えられている。読師は日本風の呼び方であると考えられるが[38]、いずれにしろ、新羅の一日講は、講師と都講（読師）の両者で行われたことが明確である。

このように講経の場には、講師のみが高座に登壇するものと、講師と都講（または読師）の両者が登壇して行うものとが存在していたのである。そして、このことは、次章より日本の講経法会を考える上でも大いに参考となるであろう。

注記

（1）大隅和雄『日本の中世――信心の世界、遁世者のこころ――』（中央公論新社、二〇〇一年）。
（2）小峰和明「仏教文学のテキスト学――唱導・注釈・聞書――」（『ハンドブック　日本仏教研究』日本の仏教⑤、法蔵館、一九九六年）、六〇頁を参照。

(3) 牧田諦亮「高僧伝の成立」(『中国仏教の研究』第三巻、大東出版社、一九八九年)を参照。牧田氏は十科等の分類は先行する僧伝資料である『名僧伝』を踏襲したものではないかと推測する。

(4) 経師は、日本では経文を書写する人のことを指し、その相違に留意すべきである。牧田氏、前掲書、第三巻、四八頁を参照。

(5) 荒牧典俊「南朝前半期における教相判釈の成立について」附論「襄陽の道安教団における講経会の成立」(『中国中世の宗教と文化』京都大学人文科学研究所、一九八二年)、三九八～四一三頁を参照。

(6) 『漢書』列伝、巻一百上、叙伝第七十上。「時上方郷学、鄭寛中、張禹朝夕入説尚書、論語於金華殿中、詔伯受焉」(四一九八頁)。

(7) 荒牧氏、前掲論文、四〇三頁。

(8) 『晋書』巻二十一、志第十一礼下に「魏正始中、斉王毎講経遍、輒使太常釈奠先聖先師於辟雍、弗躬親。及恵帝明帝之為太子、及愍懐太子講経竟、並親釈奠於太学、太子進爵於先師、中庶子進爵於顔回」(六七〇頁)との記事が見え、辟雍における講経を伝える。また明堂に関しては『後漢書』志、志第八祭祀中に「蔡邕明堂論曰、『明堂者、天子太廟、所以崇礼其祖、以配上帝者也。夏后氏曰世室、殷人曰重屋、周人曰明堂。東曰青陽、南曰明堂、西曰総章、北曰玄堂、中曰太室。易曰離也者、明也、南方之卦也。聖人南面而聴天下、嚮明而治。人君之位、莫正於此焉、故雖有五名而主以明堂也。其正中皆曰太廟」(三一七七頁)との記事が見える。

(9) 天子が南面する記事は『史記』にすでに見える(本紀、巻二、夏本紀第二「南面朝天下、国号曰夏后、姓姒氏」八二頁)。

(10) 船山徹「六朝時代における菩薩戒の受容過程——劉宋・南斉期を中心に——」(『東方学報』京都、六七、一九九五年)。本論文は、八斎戒等が中国社会に仏教が根付いていくときに大きな役割を果たしたものであることを指摘し示唆に富む。

(11) 荒牧氏、前掲論文、四〇〇頁。

(12) 「若月八日十四日十五日二十三日二十九日三十日、在在処処、説般若波羅蜜、其福甚多。仏言、如是如是」(大正八、五五三頁上)。

(13) 宇井伯寿『釈道安研究』(岩波書店、一九五六年)、横超慧日『中国仏教の研究』第三巻(法蔵館、一九七九年)等を参照。
『高僧伝』巻五、道安伝「所制僧尼軌範仏法憲章。条為三例。一曰行香定座上講経上講之法。二曰常日六時行道飲食唱時法。三曰布薩差使悔過等法。天下寺舎遂則而従之」（大正五〇、三五三頁中）。
（14）横超氏、前掲書、第三巻、一六五～一七三頁を参照。横超氏は『法華経疏』の注釈の形式にすでに注目しており、この箇所の所述は横超氏の研究に負うところ大である。また工藤雅也「『注維摩』道生注における経典注釈法」（『印仏研』四八―二、二〇〇〇年）は道生の注が経注の形式ではなく義疏の形式であったろうと述べる。
（15）大正大学綜合仏教研究所注維摩詰経研究会『注維摩詰経』（山喜房仏書林、二〇〇〇年）を参照。冒頭の注経序の部分は、翻訳の由来と大意らしきものが述べられ、すぐに一々文々の注釈になる。
（16）竺道生『法華経疏』については横超慧日「竺道生撰『法華疏』の研究」（『大谷大学研究年報』五、一九五二年）、塩田義遜「道生の法華経疏について」（『日本仏教学会年報』二〇、一九五四年）、三桐慈海「竺道生の思想」（『大谷学報』四六―一、一九六六年）、菅野博史「道生『妙法蓮花経疏』の研究」（『中国法華思想の研究』第一篇第二章、春秋社、一九九四年）、三一～一一五頁などを参照。
（17）経典の注釈の形式が注から義疏の形式へと変化した転換点が道生にあることはすでに菅野博史氏が指摘する。Hiroshi Kanno；Chinese Buddhist Sutra Commentaries of the Early Period（『創価大学国際仏教学高等研究所年報』六、二〇〇三年）、三〇一～三二〇頁を参照。
（18）牧田諦亮『中国仏教の研究』第二巻（大東出版社、一九八九年）、四八頁。
（19）横超慧日「中国南北朝時代の仏教学風」（横超氏、前掲書、第一巻）、二五六～二八九頁、荒牧氏、前掲論文、福井文雅「講経儀式の組織内容」（『敦煌と中国仏教』講座敦煌七、大東出版社、一九八四年）など。
（20）ちなみに横超氏は、このような風潮の中で講説に巧みであるのはこの世の生存に始まるのではないという説までも生み出されるようになったことを明らかにする。横超氏、前掲書、第一巻、二六一～二六二頁を参照。やがて法雲は灯明仏の時にすでに経典を講じていたとされ、僧旻も、毘婆尸仏の時にすでに経典を講じていたので、その弁舌の巧みさと理解の深さは、一朝一夕になされたものではないとされるように至ったという。
（21）講経の伝統が中国文化の特徴なのか、はたまたインド文化の特徴なのか決着は付かないように思う。福井文雅氏の「都講の職能と起源――中国・インド交渉の一接点――」（『櫛田良洪博士頌寿記念　高僧伝の研究』山喜房仏書林、一九七三年）によれば、儒教、仏教、道教の三つにおいて講説の伝統と都講の存在が知られるという。また、教説を詩文的に歌い上げる伝統はインドから存在し、彼らはdharmabhāṇakaと呼ばれ読誦が専門であり、中国世界においては法師または説法者と訳されたという。また氏は都講が日本の法会の講師に繋がるものと推測するが、しかし、道安の頃より講師と都講があって都講は補助的であったことを考えると、都講は講師ではなく読師に繋がると考えるべきではないだろうか。

(22) 福井氏、前掲論文「講経儀式の組織内容」、三七六～三七八頁、及び前掲論文「「都講」の職能と起源——中国・インド交渉の一接点——」などを参照。都講の原語はdharmakathikaであろうと言い物語り的に法を宣説する人を指し、説法者のdharma-bhāṇakaとは異なりがあるという。

(23) 荒牧氏、前掲論文、四〇五頁。

(24) 荒牧氏、前掲論文、四〇六頁。

(25) 荒牧氏、前掲論文、四〇七頁。

(26) 「山居賦」は『宋書』巻六七、謝霊運伝に所収される。荒牧氏、前掲論文、四〇九頁を参照。

(27) 謝霊運は『辯宗論』を著し頓悟説を主張し、竺道生もその頓悟説に賛同したという。小林正美『六朝仏教思想の研究』（創文社、一九九三年）、一五二～一六二頁を参照。

(28) 金岡照光「I総説」（金岡照光編『敦煌の文学文献』講座敦煌九、大東出版社、一九九〇年）、三五頁を参照。「講経文」という名称がテキストの上に確認できるのは、敦煌文献P三八〇八の「長興四年中興殿応聖節講経文」の一つだけであるという。

(29) 平野顕照「講経文の組織内容」、福井文雅「講経儀式の組織内容」（いずれも牧田諦了・福井文雅編『敦煌と中国仏教』講座敦煌七、大東出版社、一九八四年）、金岡氏、前掲論文を参照。

(30) 平野氏、前掲論文、三二五～三三〇頁を参照。

(31) 横超氏、前掲書、第一巻、二八九頁。

(32) 前注に同じ。

(33) 小野勝年『入唐求法巡礼行記の研究』第四巻（鈴木学術財団、一九六九年）、四九一～五〇二頁。

(34) 小野氏、前掲書、第二巻、一四三～一六〇頁を参照。

（35）麈尾は法会の講説に欠かせない機能を持った道具であったという。福井文雅「講経儀式における服具の儀礼的意味」（『日本仏教学会年報』四三、一九七七年）を参照。
（36）小野氏、前掲書、第二巻、一四六頁。
（37）小野氏、前掲書、第二巻、一五三頁、注一一を参照。
（38）小野氏は講師等の呼び名が日本のものであり、中国では単に法師とか法主の名称が一般的であることを示す。小野氏、前掲書、第二巻、一四九頁、注二を参照。

第二章　日本における講経と唱導

はじめに

『日本書紀』には、欽明天皇一三（五五二）年、百済の聖明王から経論や若干の幡蓋、仏像が渡されたと記述されている。いわゆる仏教の公伝である。しかし『上宮聖徳法王帝説』や『元興寺伽藍縁起并流記資材帳』によれば、それは、もう少し早い五三八年の出来事であったと伝える。(1) おそらく仏教そのものは、六世紀の前半頃には伝来されていたのであろうと思われる。当時の受容は、願い事を叶えるのに仏法に如くものはないという聖明王の渡し文がその特徴をよく捉えている。また、その後に登場する日本最初の僧侶が善信尼という尼僧であったことも、シャーマニズム的に仏教が受容されたことを想像させるところである。

さて、仏教が日本に定着していく際には、やはり講経が重要な要素となった。飛鳥の都に法興寺が建立され仏寺が成立し、やがて寺院において、経典の講説が行われるようになっていったと推定されるからである。日本の仏教が中国大陸で言えば南朝の仏教を百済を介して導入していったことを考えれば、講経が実施されていくことはさほど驚くには当たらない。

前章でも触れたように、中国南朝の仏教の有りようは講経を特徴とするものであったと推測されるが、その影響を受け日本にも講経が整備されていったと考えられるのである。では、その講経の中で、どのようなことが言及されたのであろうか。ここでは、日本の法会における講経やそこで行われた言説の実際、すなわち唱導の有りようを、古代から中世の安居院に至るまで簡潔に鳥瞰してみたいと思う。

日本における講経の記録が最初に登場するのは、『日本書紀』においてである。古代において、仏教との関わりを最初に示す記事は「設斎」であると考えられる。[2] 僧尼に食事を施すことが設斎と表現されたのであるが、食事の席を設け、僧尼を招いて食を施すことは、在俗の者にとって重要な布施行と考えられていた。現在でも上座仏教が信奉されている諸国では、食事を施すことが日常的に行われている。敏達紀一三（五八四）年条には蘇我馬子が三人の尼を供養した記事が見え、「仏殿を宅の東の方に経営《つく》りて、弥勒の石像を安置《ま》せまつる。三つの尼を屈請《いま》せ、大会の設斎《をがみ》す」（下、一四八頁）と記述されている。

この「設斎」がやがては斎会へと展開した。やがては「設斎」「大斎」「大会設斎」「無遮大会」などと記述されるものが『日本書紀』等に頻繁に登場する。[3] その規模も種々であり、斎主が功徳を積むために食事を施すものであったという性格は、そのまま踏襲されていたと考えられる。

さて、このような斎会の中に、経典の講説を伝えるものが登場してくるのであるが、注目される記事は、舒明天皇の一二（六四〇）年五月丁酉のものである。

五月の丁酉の朔、辛丑に大きに設斎《をがみ》す。因りて、恵隠法師を請《ま》せて、無量寿経を説かしむ。（下、二三四頁）

これ以外にも燃灯供養や経典読誦の記事が見えることから、七世紀の中葉には、すでに僧衆が出仕し合同で勤修する法要の形式が存在したと推定されている。[4] また、講師や聴衆の存在したことが知られる注目される記事も、同じく『日本書紀』の孝徳白雉三（六五二）年四月壬寅・丁未条に登場する。

夏四月戊子の朔壬寅に、沙門恵隠を内裏に請せて、無量寿経を講《と》かしむ。沙門恵資を以て、論議者《ろんげしゃ》とす。沙

門一千を以て作聴衆《さちやうじゆ》とす。丁未に講くこと罷む。（下、三一八頁）

この講会は、壬寅から丁未に及ぶ、すなわち六日間にわたる本格的な講経法会であったと想像され、論議者なる役職と、作聴衆なる役職とが確認されるのである。

舒明天皇一二年といい孝徳天皇の白雉三年といい、招請された僧侶はどちらも恵隠であり、彼は当時、講説の第一人者であったのであろう。また、講師と論議者が存在することから、講師の講説に対し、あらかじめ決められた論議者が質問したことが想像され、論議者の質問によって経典の理解を深めようとしたものであったに相違ない。しかし、それがどのような形式で進展したのかは、想像の域を出ない。また、資料の上では設斎は天皇の忌日追福の目的をもったものと、祈願・慶祝の目的を持ったものとに大きく分かれることが指摘されているが、(5)その後の法会の中には、悔過のためのものなどが生じている。

一　東大寺の講経

さて、古代の設斎の中でも大きな規模を持ったものが、天平勝宝四（七五二）年に行われた東大寺の大仏開眼供養会であることは衆目の一致して見るところである。この時の行事は「斎会」と呼ばれ、『続日本紀』には次のように記されている。

夏の四月乙酉、盧舎那大仏の像成りて始めて開眼す。是の日、東大寺に行幸す。天皇親《みず》から文武の百官を率いて設斎大会す。（中略）仏法東帰より、斎会の儀、未だ嘗て此の如く盛んなるはなきなり。（巻十八、天平勝宝四年四月九日条、二一三〜二一四頁）

この時の設斎の様子が、『東大寺要録』供養章の中に記されているので、講説に注目して整理してみよう。まず出仕の僧侶が朝廷（孝謙天皇）によって決定された。朝廷によって招請された僧侶の氏名と果たした役職名を挙げれば次のようになる。

開眼師　菩提僧正
講師　隆尊律師
呪願　大安寺道璿律師
都講　景静禅師（四六頁）

ここには、講師と共に都講が存在することが注目される。実際の開眼会は、四月四日に太上天皇や太皇太后が東大寺に行幸し、六、七、八日と準備が進められ、九日に執行されたのであるが、この時には、『華厳経』の講説が行われたという。この講説には講師と読師が存在したことが次の記述から確認される。

次、講師　隆尊律師　輿に乗り白蓋を差し西より入る。（中略）
次、読師　延福法師　輿に乗り白蓋を差し東より入る。（中略）
並《み》な堂幄に着し、即ち開眼師、仏前に進む。筆を取り開眼す。また筆には縄を着け、参集の人等をして開眼せしめ了んぬ。即ち講・読は共に高座に登り花厳経を講説す。（四八頁）

講師と読師がともに高座に登り、講説を行ったのであるが、先に孝謙天皇によって招請された都講の景静禅師はその後、全く名前を見せず、どのような働きをしていたのか一切不明である。中国の都講の役割を継承しているのであれば、講師の講説に先立ち、経典の文章を章節毎に読み上げたのであろうと推測されるが、まったく分からない。

なお、この開眼会に関与した布施の詳細が「講師の施　絁三百疋　綿三百疋　布三百疋」と記されているのに対し、「開眼師の施　絁十疋　綿十疋　布十疋」「読師并びに呪願師　施物　開眼師に同じ」（四九・五〇頁）とあり、開眼師、呪願師、読師への布施の額は講師の三〇分の一と非常に少額であり、その差があまりにも大きい。これは読師の役割に対する評価が講師より低かったことを物語ると考えられる。

さて、講師、読師の実際の役割を彷彿させる記事が、同じくこの供養章の「化人講師事」中に見出だせる。これは東大寺の華厳経の講説にまつわる説話であり、ある鯖を買う翁（僧侶か）を大会の講師とし、その老人が鯖を経台の上に置いたところ、鯖が八十巻の『華厳経』に変じた、という内容を伝えている。ちなみに、この話は「化人講師譚」としてすでに注目されたものである。(6)

彼の華厳会請定の事に云く、講師とは前に囀するを名づく。読師とは後に囀するを名づくるものなり。昔、鯖翁、高座の上に於いて梵音を吐く。人、之を知らず。鳥の囀する音に似たり。時の人、前囀後囀と名づく。後代、又、之を摸して前囀後囀と名づくるなり。又、件の会の講読師、法会の中間に秘かに高座を下りて後戸より出るは、化人の高座に失するを摸するなり。（五二頁）

ここに述べられる講師は「前囀」であり、読師は「後囀」であると表現される。囀は小鳥が玉を転がすようにさえずることを意味するので、人が小鳥がさえずるように言葉を喋ることを指すと考えられるが、ここで注目されるのはその順序である。講師が先に喋り、読師が後に喋ると位置づけられているのである。読師の役割が現在では消失している法会が多いと思われるが、読師が講師の述べたことを復唱する役割を担った可能性があろう。これは、後の「複講（復講とも）」の役割に近い。(7)

さて、先に指摘した東大寺の大仏開眼会で登場する役職である都講について一応の私見を述べておきたい。都講は先の孝謙天皇の招請の文章中に確かに登場するのであるが、その後の記述の中には登場せず、その役割をはっきりとさせていなかった。中国の講経の歴史では、経典の文章を都講が章節毎に読み上げ、その後、講師が講説するという形式であったが、日本においてもそうであったのだろうか。残念ながら、都講の記事は他に例が無く、推測することすら困難であるのが実情である。ただし、開眼会に登場する都講を担った景静が「禅師」と記される点を重視すれば、修禅に巧みであった僧侶の可能性が高く、実際の講説には関わっていないと推測される。

東大寺の大仏開眼会は、古代を代表する格式の高い法会であったことは疑いなく、そこに揃った僧侶の役は、講師、読師、呪願師、三礼師、唄師、散華師、堂達師であり、七僧が揃った七僧法会であった。(8)盛大な法会で、中国から伝来した法会の形式が理想として目指されていたと考えられるので、都講と読師の両方が『東大寺要録』の中に確認されるのであろう。しかし、実際の開眼会の職名の中には都講の名前は登場しない。ただ、都講の役割は読師に継承されたと考えられるので、この時の都講は講説を導く導入的な役割を担ったか、あるいは単に形式的に設けられたに過ぎないと推測しておきたい。

東大寺の講経については、『華厳経』の講説を見れば比較的正確にその全体的な事情をつかまえることができる。『華厳経』の講説はまず審祥による講経が知られ、天平一二（七四〇）年のものが嚆矢と考えられる。すなわち『東大寺要録』諸宗章、華厳宗の項に収載された「東大寺華厳別供縁起」によれば「天平十二年庚申十月八日、金鍾山寺に聖朝の奉為、審祥師を請い初めて花厳経を講ぜしむ。其の年、御年四十、満賀の設講なり」（一五六頁）とあり、この時には審祥を講師に、慈訓、鏡忍、円証を複講とし、聴衆を一六人として三年に渡って六十巻華厳を講じた。そして、審祥が亡くなった後には複講の三人を講師として請じ、それぞれ二十巻を講じたという。さらに次には厳智を講師に、標瓊、性泰を複師（複講）として講説がなされたことを伝えるのである。「縁起」の文章は、「此れより以後、古経及び疏、新経及び疏、講演は繁多にして数量すべからず」（一五七頁）と述べ、六十巻『華厳』及びその注釈書である法蔵（六四三～七一二）の『華厳経探玄記』二十巻、または八十巻『華厳』及びその注釈書である澄観（七三八～八三九）の『華厳経疏』六十巻の講説が屢々行われたという。また、「諸寺六宗中、華厳を説くは皆、東大寺の後に初めて起こる所なり」（一五七頁）とあり、東大寺以外の寺院における『華厳経』の講説は皆、東大寺の例に倣ったものであったと伝えるのである。

また、『東大寺要録』によれば、講経の具体的な記述が幾つも散見される。『東大寺要録』の中では、経を「読む」と記されるものと「講ず」と記されるものがあり、その両者には厳然とした区別が存在したようである。たとえば、諸会章第五の正月の八日から一四日まで国分寺の僧を国庁に招請し吉祥悔過を修せしめるという記事の中では「国分寺僧は専ら最勝王経を読み、此の法に預からず」（一二二頁）とあり、また一二月の晦日には「山稜に読経す」（一三三頁）とあり、経を読むのであるが、四月の八日には「羂索院に於いて浴像経を講ず」（一二四頁）、一五日の夏講の記事に「並《み》な四月十五日に起り七月十五日を尽くし、経を分かち講説す」（一二五頁）とある。「講じる」つまり講説をしたという場合には、経典を講じた、すなわち内容を解説し講説したと考えられ、ただ単に読誦したものとは異なることが示されているのであろう。すなわち「講じる」場合と「読む」場合との間には、大きな相違があったと考えられる。

ここで、煩を厭わず『東大寺要録』諸会章第五の中に経典を講じた、すなわち講経であることが確実な記事を、月を追って抜き出してみよう。

二月　八幡宮御八講　二十日より始むる四ケ日。御社礼殿に於いて之を修す。（一二三頁）

三月　三月十六日　法華会（中略）縁起に云く、（中略）法筵を敷設し、名僧を屈請し、方便門を開き、真実の相を示す。（一二三頁）

四月　八日　羂索院に於いて浴像経を講ず。

十五日　夏講。（一二四頁）

五月　二日御斎会　（中略）梵網の奥旨を講ぜしむ。（一二八頁）

七月　盂蘭盆講　羂索院に於いて之を行う。（一三一頁）

十九日　梵網会　戒壇院北堂に於いて之を修す。縁起の文に云く、(中略)梵網の奥旨を講ぜしむる者なり。

八月　十一日、功徳経を講ず。羂索院に於いて之を行う。但だ、華厳宗のみ之を講ず。

御八講。八幡宮に於いて之を修す。(一三一頁)

十一月　十六日華厳講。

三十講　政所房に於いて吉日を撰んで諸宗の学徒、相い共に之を修す。(一三二頁)

十二月　十五日　方広会　講堂に於いて之を行う。竪義在り。学衆の始役なり。三ヶ日なり。(一三三頁)

経典を講じると記載されたものが八つほど見出だされるのであるが、残念ながらこの場合にも、この記事だけからでは、具体的な形式がわかるものは一つも存在しない。大仏開眼会の時には、講師、読師が存在したことが明らかであるので、その講説も読師が経典を読み、講師が解説するという形式であったと推測されたが、しかし、そのような情報が記されない法会においては、どのようであったのか確証はなく、おそらく講師と読師が設けられたのであろうと推測するのみである。

なお、経典を読むまたは経典を転ずと明記されたものは、経典を転読することを主体としたもので、その読み方も中国の伝統を踏まえ、長く余韻を残す形での読誦であろうと推測される。いずれにしろ、明らかに読誦する場合と経典を講ずる場合とに区分されるのであって、経典を講説するものが後に唱導と呼ばれるようになっていくことは、まず間違いない。

しかしこの時にも講師のみの形式で講説をするのか、あるいは講師と読師の両者が居て講説をするのかという問題が残る。結論を先に述べれば、前章の最後に触れた円仁の『入唐求法巡礼行記』の記事から推測されるように、講師のみが講説をする場合と講師、読師が存在して講説をする場合との二つのパターンが存在したと考えられるのである。

二　八・九世紀以降の法会と講経

日本においては、東大寺以外にも古代より夥しい数の法会が存在するようになったと考えられるのであるが、まず八世紀末の講経の記事を伝えるものの一つに『叡山大師伝』がある。これによれば、最澄（七六七〔一説に七六六〕～八二二）は「延暦十七（七九八）年冬十一月に十講の法会を始立し」（三八五頁）たと伝え、延暦二〇年一一月中旬には「比叡峯一乗止観院において、勝猷、奉基（中略）等の十箇の大徳を延請」（三八五頁）し、『法華経』を講ぜしめたという。また、この『法華経』の講説は、次なる段階へと進んだと見え、和気朝臣弘世及び真綱が発願し、最澄を「会の主」として「善議、勝猷、奉基、寵忍、賢玉、安福（中略）観敏等十有余の大徳を延て、高雄山寺において、天台の妙旨を講ぜし」（三八六頁）めることになった。八世紀末の時点で、法華経の講説を確認できる一つの事例であるが、この時の講経の実際を知る手がかりは、残念ながら伝記の中には残されていない。しかしこの時の講説が、和気弘世という有力貴族の一人によって招請されたことから考えれば、比較的、格式の高い講経であったろうと推測される。

ところで、その講説の内容はどのようなものであったのだろうか。資料が残らない現在では正確に把握することは困難であるが、経典の講説であれば、当然、経典そのものの開題が行われたであろうことは推測される。そして、その開題の草本と思しきものが存在する。実は、『伝教大師全集』巻三（新版）に収載されている伝教大師作とされる二十八品に対する開題『法華経二十八品由来各品開題』は、このような性格を持つものではないだろうか。同書は、その形式が三門分別であり、かつ整理されており、湛然（七一一～七八二）の『法華経大意』

に似通うところから、後人の作ではないかとする偽作説が存在するが、実際の講経、それも開題の箇所で行われた講経のエッセンスを拾い上げた物として注目することができるように思う。

次に、九世紀初頭、世俗社会への仏教の浸透を示す『日本霊異記』と、一〇世紀の初頭、源為憲（?～一〇一一）によって製作された『三宝絵詞』を参考にしながら、法会における講経の実際について検討してみよう。というのは、先に述べた、読師が存在する場合としない場合の二つの形式が彷彿される記事が散見されるからである。『日本霊異記』には、実際の経典の講説の状況が幾つか見られ、また『三宝絵詞』下巻には当時の代表的な法会が列記されている。

まず『日本霊異記』から見ていきたい。下巻「閻羅王、奇しき表を示し、人に勧めて善を修せしむる縁第九」に藤原広足が急逝し、三日の後に蘇生した話が登場する。彼は閻羅王の元に召され、自分の先に亡くなった妻が、夫の子を身ごもったために亡くなったので夫と共に死後の世界での苦しみを受けたいと望んでいるということを聞かされる。それに対し広足は、『法華経』を書写し講読し供養いたしましょうと述べる。そして、実際に蘇生した後に「彼の死せる妻の為に、『法華経』を写し奉り、講読し供養し、福聚を追贈し、彼の苦を贖ひ祓いへき」（三四三頁）という話が載っている。また、同じく下巻「産み生せる肉団の作れる女子、善を修し人を化する縁第十九」には、豊服の広公の妻が肉団を産み落とし、その肉団から独りの女性が生まれた。この女性は下あごが無く女性器も無い姿であったが、利口であり、やがて出家した。ある時、肥前の国佐賀の郡の大領正七位上、佐賀君兒君が「安居会を設け、戒明法師を請けて、八十華厳を講ぜ令むる時に、彼の尼闕かさず、衆中に居て聴く。講師見て、呵責して言わく『何くの尼ぞ、濫しく交わるは』といふ」（三七一頁）とのことがあったと伝える。

また同じく下巻の「重き斤に人の物を取り、又法華経を写して、現に善悪の報を得る縁第二十二」には、他田舎人蝦夷という信濃国小県郡の跡目の里の人は財宝豊かな金持ちであり、「法華経を写し奉ること二遍、遍毎に会を設けて、講読すること、既に了はりぬ」（三七五頁）との記述が見える。この後、他田舎人蝦夷は死ぬのであるが、経を書写したけれどもまだその供養を済ませては居なかったという理由から蘇生する。そして、実際に蘇生して後、「写せる経を戴きて、増信心を発し、講読し供養」（三七九頁）したという。

これらの記述は、どれもが経典の講説に関わる記述であるが、講師が登場するのは、第十九話のみであり、その他の二話には、講師が登場するかどうかは明記されていない。ただし、この二話で講読したとされるのは在俗の人である。経典の書写はできても、経典の講読は専門的な知識が必要とされようから、困難であったろう。とすれば、経典の講読は専門の僧侶を講師として招請し、在俗の人を施主として行われたものと推測されよう。

しかし、三話とも講師の存在はまず間違いないとしても、読師の存在は全く不明である。特に、第二十二話などのように、地方の有力者の主催する安居会に読師も存在したとは、あまり積極的には考えられないであろう。もし、関わっていたとすれば、何らかの記述があっても良いはずである。しかし、そのような記述が見出だしがたいことから判断して、様々な法会において講経は行われていたが、読師が居る場合は稀であったのだろう。

法会には、僧侶たちが公請によって招請される格式の高いものと、寺院の内部において、その寺院所属の寺僧によって担われる格式の低いものと大きく分けて二種類が存在した。寺内法会から勅会へと、すなわち非常に格式の高い法会へと続く修学の階梯が存在したことは、夙に山崎誠氏、永村眞氏、上島享氏等によって指摘されるところである(9)。たとえば、興福寺を例にとってみれば、興福寺の寺僧となったものは、寺内で行われる様々な法会や講に出仕して学問の研鑽に励まなければならなかった。なかでも菩提院の三十講、興西院の三十講、勧善院の三十講は、僧侶の最初の登龍門として重要なものであった。そして、これらの寺内法会で研鑽を積んだ僧侶が、始めて格式の高い法会に望んだのである。それら格式の高い法会の中で竪義に立つことは、僧侶にとって名誉あることであり、特に維摩会の竪義に立つことはこの上ない慶事とされ、寺院世界の出世の登龍門とされていた。[10]同様に、東大寺、延暦寺、園城寺においても、事情は同じであったと考えられるのである。

次に『三宝絵詞』を検討する。同書は源為憲によって永観二（九八四）年に、冷泉天皇の第二皇女、尊子内親王のために製作されたものである。実際に『三宝絵詞』に挙げられた法会の中で、経典を講じると明確に記されたものは以下のものである。

三月　薬師寺最勝会

此寺は、ことに七日のほど法会を行ひて、雨のしたをいのらしめむ。ながく最勝王経を講ぜん。（一六七頁）

法花寺花厳会

すなわち此の寺に花厳経を講ぜしめて、会を行はせ給ふを花厳会となづく。（一六九頁）

ここでは様々な法会が存在していたことを知ることはできるが、その具体的な内容については、やはり情報が乏しく明らかにしがたい。『最勝王経』や『華厳経』を講じたことは知られるが、講師と読師の双方が存在したのかどうかも、この資料だけでは判然としない。しかし、薬師寺の最勝会は格式の高い法会であり、後述するように、講師、読師が存在したことが『延喜式』等の資料から知られる。

そもそも興福寺、薬師寺という藤原氏、天皇家にとって重要な寺院に格式の高い法会が整備されていくことはすでに先行研究が明らかにする通りであるが、[11]中でも南都において重要な法会となったものは、興福寺維摩会、宮中御斎会、薬師寺最勝会の三つであった。これらの法会は、朝廷の関与する格式の高いものである。

維摩会の起源は太職冠藤原鎌足公が『維摩経』問疾品の読誦により病が癒えたことに起源する。やがて鎌足の忌日に合わせ行われるようになったが、延暦二〇（八〇一）年、勅命によって永く興福寺において行うことが定められた、南都を代表する法会である。宮中御斎会は天平神護二（七六六）年または神護景雲二（七六八）年創始の二説が存在するが、正月八日から一四日まで宮中の大極殿に行われる法会であった。薬師寺最勝会は天長七

（八三〇）年に創始され、三月七日から一三日まで行われる『最勝王経』を講じる法会であった。これらは、南都を代表する法会として位置づけられ、やがて延長五（九二七）年には撰述され、康保四（九六七）年より施行された『延喜式』の中に細かく規定が設けられるに至った。

そこで、しばらく『延喜式』の規定を見てみよう。まず巻十五「内蔵寮」の規定の中に「正月の最勝王経の斎会では、講読師及び僧綱に、それぞれ蘇を一壺、干した生姜を三両布施する（正月最勝王経斎会講読師及僧綱、各施蘇一壷干薑三両）」（中篇、四二一頁）との記事が見え、また興福寺維摩会への施料や薬師寺最勝会の講師に対する布施料の規定が存在する。この事から、これら三会が朝廷が関与する格式の高いものであったことが確認される。

次に、巻二十一「玄蕃寮」によれば、冒頭に最勝王経斎会の規定がなされ、大極殿に斎を設けることが示され、「金光明最勝王経を講説する。僧三十二名を招請する（講師・読師・呪願はそれぞれ一人、法用は四人、聴衆は二十五人である）。（中略）その講師は、興福寺維摩会の講師を経た者を招請する。読師は内供奉十禅師及び持律持経の久修練行の三色の僧を、代わる代わるに招請して用いる（講説金光明最勝王経。請僧三十二口講師読師呪願各一口、法用四口、聴衆二十五口（中略）其講師、経興福寺維摩会講師者、便請之。読師者、内供奉十禅師及持律持経久修練行三色僧、逓以請用）」（五三二頁）と記される。講師、読師の存在とそれぞれの規定が見出だされる。

また、十五大寺の安居（四月一五日から七月一五日まで）に際しては寺毎に講師、読師及び法用僧三口が請われるべきであり、また講説すべき経論が規定されている。これらの規定によれば、それらの寺院と講説すべき経論は次の通りである。

（東大寺・法華寺）最勝、仁王般若経、各一部。理趣般若、金剛般若経各一巻。

（興福寺・元興寺・大安寺・薬師寺・西大寺・法隆寺・新薬師寺・本元興寺・唐招提寺・西寺・四天王寺・崇福寺）

法華、最勝、仁王般若経各一部。

（弘福寺）法華、最勝、維摩、仁王般若各一部。

（東寺）法華、最勝、仁王般若、守護国界主陀羅尼経。（五三三頁より整理して列挙。括弧内は筆者が補った）

十五箇所の大寺において『法華経』『最勝王経』『仁王般若経』『理趣般若経』『金剛般若経』『守護国界主陀羅尼経』など、顕密合わせて、護国の内容を説く経典が講説されるよう求められたのである。と同時に、彼らの服装や布施に対する詳細な規定も登場する。この規定の中で注目されるものは、朝廷より支弁される施物に関する次の記述である。まず法服の規定の中に、急な招聘で間に合わない場合の扱いとして次のようなものが見える。

右、講読二師の三衣什物、件に依りて儲《たくわ》え供す。若し倉卒《にわか》にして縫作に堪えざれば、即ち絁、綿等を以て相い換え之に供す講師の絁三疋、庸綿二十斤。読師絁一疋、庸綿十斤なり（五三二頁）

この場合の講師と読師の絁の割合は三対一である。また布施に関する規定には次のようにある。

講師、絹五疋、綿十七屯、調布二十五端。読師、絹四疋、綿十屯、調布二十端。法用三口、別絹二疋、綿四屯、調布四端。定座沙弥（中略）。講読師沙弥（以下略）。（五三二頁）

講師、読師、法用、定座沙弥、講読師沙弥に対する施物の料の割合が、講師対読師の場合、絹で五対四、綿の場合一七対一〇、調布五対四となっている。

また天皇即位に関わり開催される一代一講の仁王経講会においても、講読師の法服、布施の料が次のように決められている。

布施

三宝布施、細屯綿十疋唯供大極殿講堂。自余不須　講師絹三疋、調布十端或庸綿五十斤、代之　読師絹二疋。調布六端或以庸綿三十斤、代之　法用調布二端或以庸綿十十斤、代之　定座沙弥商布一段或以庸綿二斤、代之（五三七頁）

一代一講の仁王会における講師、読師の布施の割合は絹で三対二、調布で五対三である。この割合は、先にみた東大寺大仏開眼会における講師、読師への布施の料であった三〇対一の割合と比較してみると、その差はかなり縮小している。これは、両者の質的差異が減少したと考えるのがもっとも妥当であろうと思う。

このように講師と読師の間の布施の料において、その差額が縮小してきていることは、読師の地位の向上、あるいは講師の地位の下落が想定されるであろう。どちらとも決しかねるが、講師、読師ともに登壇することを考えると、両者ともに重要な役職であることは間違いない。ここでは読師も法会で注目されるものとして、その地位を向上させたと考えておきたい。

さて、このように見てきた場合、格式の高い法会には講師、読師の二師が存在する例が多い。ところで、『三宝絵詞』にも記された比叡坂本勧学会にも講師の存在が知られる。この勧学会は、やがて二十五三昧会に展開したと推定されている歴史上著名な法会であったが、[12]この勧学会の具体的な内容を伝える資料が現存する。これは、康保元（九六四）年の九月の記録で、賀茂茂能（後の慶滋保胤）の手になるものと推定され、『勧学会記』と命名されているものである。本記事は興味深い内容を伝えている。

此の時、会する者、茂興なり。卯の二点、堂に入る。講師賢寂、講師明遍なり。半ばは真半ばは俗、仏を礼し経を礼す。午上は講説、午後は竪義あり。竪義の僧は清義なり。作法、例の如し。但し中和をして其の短籍を授けしめ、茂能をして其の記録を勤めしむ。（九九頁）

勧学会には出家の者と大学の北の堂の学生、すなわち在俗の貴族子弟との半々が集まったと記され、これは勧学会のメンバーの一人であった源為憲の『三宝絵詞』の記事に「僧は山よりおりてふもとにあつまり、俗は月に乗りて寺にゆく」（一七二頁）とあることとも合致する。そして「十五日の朝には法華経を講じ、夕には弥陀仏を念じて、その後には暁にいたるまで、仏をほめ、法をほめたてまつりて、その詩は寺にをく」（一七三頁）とあり、午前中には『法華経』を講説し、午後には阿弥陀仏を念じ（おそらく観想念仏したのであろう）、そしてその後は讃仏を行い、また詩句を作り、それらは寺に置いたというのである。

『勧学会記』のこの記事には「講師賢寂、講師明遍」とあり講師として二人が連続して記されている。しかし、講師を連続して二人記すに際し、講師、講師と挙げるのは例がないわけではないが、不自然であり、後藤昭雄氏がすでに疑問符を付すように、おそらく後者の「講師」は「読師」の誤りである可能性がある。[13]

勧学会は康保元年から開始されたことが『三宝絵詞』より明らかであるので、『勧学会記』に記された「作法、例の如し」の記事は、他の法会の作法と同じであるとの意と考えられる。勧学会は貴族子弟の大学に学ぶ二十歳代の俗人と、出家した同じく二十歳代の若手が参加して行われたことがすでに指摘されているので、[14]おそらくこれは、勧学会が登龍門として存在した当時の格式の高い法会の作法と同様であったということであろう。とすれば、当時の格式の高い法会の代表である維摩会や最勝会などの作法を念頭に思い浮かべることはあながち間違いではないと考える。そして維摩会や最勝会は講師、読師を置く法会であった。おそらく勧学会も講師と読師を置く法会であったと推測される。よって勧学会における『法華経』の講説も、読師が経文を読み、講師が解説するというものであり、「講師賢寂、講師明遍」という記述も誤りで、どちらかが「読師」であったと考えておきたい。

三　読師の機能

さて、ここで話を転じ、読師の役割を実際に記す史料に当たり、読師の機能を考えてみたい。読師の機能を考えるときに、参考になるのは、法会の式次第の中の記述である。時代はかなり下り、三講の一つであった最勝講

（ただし、仙洞で行われたか、あるいは宮中、またはその他の場所でなのかは特定できない）の講師次第に登場する記事が参考になる。この次第書は、仁和寺に伝承されたもので「最勝講講師初日次第」と記されたものであり、守覚法親王（一一五〇〜一二〇二）に関わる史料である。ちなみに宮中最勝講は、良保四（一〇〇二）年に創始され、毎年五月吉日に五日間を撰んで宮中に催された『金光明最勝王経』を講説する法会である。

この次第書には、講師及び読師が登壇した後、勧請が行われた次に読師の役割が記されている。一部分ではあるが抜き出して記す。

講師　表白（中略）
次勧請（中略）
次読師唱経題
次講師置香炉執如意
次釈教
次問経初文講師問其文。読師唱之
次揚経題（一二一七頁下）

ここに明らかに読師の機能が述べられており、読師が経題を唱え、また講師が経典の文を問うた後、読師がそれを唱えたことが知られるのである。この読師が経題を唱えるのは古の都講の役割を継承するものであろうし、また講師の述べた経文を唱えるのは、同じく古の複講の機能を継承するものであろう。これは東大寺に伝わる化人講師譚に出る前囀、後囀との記述とも符合する。

「最勝講中間講師次第」においてもほぼ同様のことが繰り返し記されている。講師が勧請を行った後に「次、読師唱経題」（一二二三頁上）と記されており、読師が経典の題目を唱えたことが分かる。最後の日の「最勝講結座講師次第」においても同様であり、講師の発願の後に「読師唱経題」（一二三八頁上）とある。しかし、それ以上のことは記されていない。いずれにしろ、読師の役割は非常に限定されていたようである。

守覚法親王の時代の御斎会の記録にも、同じく読師の作法が若干記されるが、こちらの場合には、講師とともに登壇することは記されるが、読師の行為として特記されるものは残念ながら存在しない。[15]

次に、高倉院の崩御に伴い養和元（一一八一）年に開催された「高倉院御斎会講師次第」なる史料が存在する。皇族の崩御に伴い、追善のために御斎会が開催されることがあったというが、高倉院の崩御の後に修された御斎会の記録が本「高倉院御斎会講師次第」である。本御斎会にも講師及び読師が設けられ、読師の役割が彷彿される記事が見える。その記事は次の通りである。

次揚経題

講師曰、新写妙典、可奉拝題名。

読師揚法華第一。

諸僧同音揚自餘巻々。

開結経等

講師揚第八

次執如意。（一二九六頁上～下）

これ以上の詳細は不明であるが、講師が「題名を奉拝すべし」と述べるのに続き、読師が経典の題を揚げて唱え、諸僧がそれに続いていくようである。おそらく読師が「揚」げると記されるので、調子を長く引きながら唱えたのであろう。いずれにしろ、澄憲（一一三六～一二〇三）が活躍する院政期後半頃、読師の役割は経題を唱える、あるいは講師が経典の文章を取り上げた際に、それを再度唱えるという補助的な役割を果たしていたようである。ここから考えれば、読師にはあまり重要な役割は期待されていなかったのであろう。おそらく奈良朝期の読師ほど冷遇されてはいないが、それでも補助的な役割であり、注目されるのは講師の方であったことは間違いない。結局のところ、読師は複講の機能も継承したものであったと思われるのである。

おわりに

以上、飛鳥、奈良朝期から鎌倉期にかけて、法会がどのようなものであったのか縷々探ってきた。法会の席では経典が講説されたのであるが、そこに注目して講経という言葉が存在した。その講説を行う人物は講師とよばれ、その言説を聞いて発心し仏法に誘われる点から、それらの講説は唱導とも呼ばれるようになったと考えられる。その法会の場には主に講師と読師という二種類の役職が存在したが、読師は講師の説法を再説する役割を担っていたと推測される。このような立場は中国大陸や朝鮮半島の講説の場で用いられた複講の役割に近いように推定される。しかし、まず最初に経題を唱える所は都講の役割に近く、両者が継承されているのかも知れない。

いずれにしろ、仏教は法会を媒介として、すなわち経典の講説と（次章以降で触れる）論義を軸に展開したことは間違いない。

注記

（１）大山誠一、吉田一彦氏の説に従えば、仏教の公伝は『日本書記』の記述する五五二年説の方が蓋然性が高い。吉田一彦「元興寺伽藍縁起并流記資材帳の研究」（『名古屋市立大学人文社会学部研究紀要』一五、二〇〇三年）、大山誠一「『上宮聖徳法王帝説』成立試論」（大山誠一編『聖徳太子の真実』平凡社、二〇〇三年）を参照。また『扶桑略記』によれば、五二二年には司馬達等が大和の高市郡草堂に仏像を安置したとの記述があり、仏教を信奉していたとの記事が見える。おそらく帰化人系の氏族の中には六世紀の前半にはすでに仏教を信奉していた者があったと推測して良いと思われる。

(2) 佐藤道子「法会と儀式」(伊藤博之・今成元昭・山田昭全編『唱導の文学』仏教文学講座第八巻、勉誠社、一九九五年)を参照。

(3) 堀一郎『日本仏教文化史』(大東出版社、一九四一年)、二二三〜二二七頁。

(4) 佐藤氏、前掲論文、九二頁を参照。

(5) 佐藤氏、前掲論文、九四頁を参照。

(6) 阿部泰郎「唱導——「唱導説話」考——」(『説話の場——唱導・注釈——』説話の講座三、勉誠社、一九九三年)、一六〜一八頁。

(7) 「復講」は、「複講」とも記される。経典の講説において、前日に述べた内容を確認するためにその内容を復唱したことから、「複講」との名称が付いたと推定される。国分寺の創設や九世紀になって各国に置かれた「国講師」「国読師」「復講」も、その機能から付された職名であると推定される。

(8) 七僧は『延喜式』巻二十一玄蕃寮の一代一講の仁王般若を講じる規定の中に「請七僧講師、読師、呪願、三礼、唄、散花、維那」(中篇、五三六頁)との記述があり、格式の高い法会に揃えられたものと推定される。なお、『東大寺要録』諸院章第四の「日本感霊録」では七僧の内、維那が堂達になっている。

(9) 山崎誠「学侶と学問」(『説話の場——唱導・注釈——』説話の講座三、勉誠社、一九九三年)、永村眞『中世東大寺の組織と経営』(塙書房、一九八九年。一九九六年再版)、上島享「中世前期の国家と仏教」(『日本史研究』四〇三、一九九六年)など。

(10) 上島氏、前掲論文。

(11) 上島氏、前掲論文。

(12) 勧学会がそのまま二十五三昧会に展開したのかどうかは論争の対象となった点であるが、現在では勧学会を継承するものであるという位置づけが支持されている。

(13) 後藤昭雄「『勧学会記』について」(『国語と国文学』六三、一九八六年。後に同著『平安朝漢文文献の研究』吉川弘文館、一九九三年に再録）。

(14)　後藤氏、前掲論文。

(15)　『守覚法親王の儀礼世界』本文編二（勉誠社、一九九五年）、一二三四〜一二三八頁。

第三章　法会にみる資料

はじめに

一般に仏法の営みに関する資料は聖教と呼ばれ、きわめて幅広い内容を持ち、「寺院社会による広範な教学活動の所産[1]」であるとされるが、その聖教の中において昨今、徐々に研究の蓄積が進められているものが、古代から中世、近世にかけて僧侶が書き残して来た論義や唱導に関する記録である。これら法会における言説の資料が注目されるようになって久しい。法会には様々な形態が存在するが、その基本は、経典を講じる講経法会である。序章でも述べたが、この講経法会に仏教教理に関する議論をする論義の部分が附加されたものが論義法会である。四章以降では講経法会、論義法会の資料の内容を詳しく検討していくが、本章ではその資料としてどういったものがあるのかということを概観したい。

経典を講じる法会においては、経典の文章を平易に、また簡潔にその主題を提示することが求められた。そのために一定の形式が出来上がり、いわゆる三門釈という形式が成立した。それが「来意（あるいは大意）」「釈題目」「入文判釈（または入文解釈）」である。このような形式を持ち、経典を講じる際に使用された文章が経釈であるが、その嚆矢は中国における『法華経』の注釈資料に求められる。第一章に見たように、注目されるものは鳩摩羅什門下の一人であった竺道生（?～四三四）による『法華経疏』である。『法華経疏』以前の注釈資料は「注」と呼ばれ、簡潔なものが多かったが、やがて「疏」と呼ばれる形式の注釈資料が成立し、その注釈内容が充実する傾向にあったという。この「疏」と呼称される注釈資料が後代に影響を与え、一定の形式が成立したと考えられるのであるが、その典型が先に述べた三門釈である。

奈良、平安、鎌倉期にかけて盛んに講説された経典は、護国三部経に位置づけられた『法華経』『金光明経』（やがて『金光明最勝王経』に取って代わられる）『仁王経』などであった。もちろん、その他の経典に対する経釈が無かったわけではなく、様々な経典の経釈も残されている。それらは、時代は少しく下るが、院政期に唱導の一家をなした天台安居院の澄憲（一一三六～一二〇三）や聖覚（一一六七～一二三五）により編纂された『釈門秘鑰』や『転法輪鈔』などに残されている。

さて、唱導に関する研究はすでに先学によって明らかにされていることも多く、充分に述べ尽くされているようにも思われる。しかし、それらは安居院に集中しており、他の寺院の僧侶による唱導の研究は、まだ緒に就いたばかりである。また若干、総体的な視点から附加することのできる部分もあるように思う。本章では中世に至るまでの時代に、天台系及び南都系に、どのような唱導資料が存在したのか、またどのような特徴が見て取れるのかという視点から考察を加えてみたい。

一　唱導資料の概観

まず、法会の言説を伝える唱導資料を概観しよう(2)。現在に残る、法会に関わる言説の資料として最古の部類に属するものは『東大寺諷誦文稿』である。同書は、国語学的に注目され、かつては「昔世殖善の文」とも呼ばれた。東大寺において開催された法会の講説を伝える貴重な資料の一つであり、そこには法会の直接の言説のひとつである教化の跡を窺うことができる。この諷誦文稿は法華八講の記事を載せること、仮名を区別することなどから、平安時代初期の大同（八〇六～八一〇）、弘仁（八一〇～八二四）、天長（八二四～八三三）の頃に製作されたと考えられ、説法の際の覚え書きのような性格のものであったと推定されている。[3]

次に著名なものが法隆寺で開かれた一百日の『法華経』講説に対する『法華修法一経百座聞書抄』（別名『法華経百座法談聞書抄』、『法華百座聞書抄』とも）である。同書は、天仁二（一一一〇）年二月二八日に、内親王の発願によって始められた三所（亡父母及び一人の縁者）の追善のために行われた講経の記録である。『法華経』に関する法会の記録であるが、実際には閏七月十一日の条に「日ごとに講ぜられ給ふところの般若心経、阿弥陀経、妙法蓮華経一品」（一二一頁）とあることから、『般若心経』『阿弥陀経』『法華経』の三経が毎日、講ぜられたことが知られる講経法会であった。[4]この法座は、初めは百座を予定していたが、後に延長され三百座にわたるものになったという。この講座の説法を聞き書きしたものが同書である。全座の記録を詳細に取ったものではないが、実際の法会の言説を間接的に窺い知ることのできる貴重な資料である。

以上、二書は古代の法会における講説の資料として、もっとも早い時期に属するものである。しかし、それ以降の資料は意外に乏しい。そして次なるピークは、院政期の安居院の資料となるのである。

さて、唱導と言えば安居院と連想されるほど、安居院は唱導に関して非常に有名であり、また残された資料も他に比較して多く、中でも澄憲による唱導は名高い。しかし、実際には澄憲が有名になる前に、安居院以外でも唱導において傑出した人物が存在したことも忘れてはならない。

彼らは唱導という言葉よりも「説法の名手」という言葉で記されることも多い。たとえば、後代の資料であり、成立の上限として応安三（一三七〇）年が考えられている『鳥亡問答鈔』には次のような注目される記事が見出だされる。

爰に亡之公、問て曰く、澄憲、聖覚、清範、永昭、院源、静照等は説法の名誉、奇代の巧弁なり。（四四七頁）

ここに挙げられた人物の内、まず注目されるのは、藤原道長（九六六～一〇二七）の師匠として有名な院源（九五一～一〇二八）である。彼は、叡山の僧であり道長が主催する法会において屢々講師を務め、その説法の才で著名であった僧侶である。静照も延暦寺の僧であるが、残念ながらその伝記をつまびらかにしない。次に興福寺の寺僧であり、法華八講にその才を発揮したが、惜しくも夭逝した永昭（九八八～一〇三〇）も注目される。

彼らは澄憲よりも少し先行して活躍した僧侶たちであり[5]、唱導の名手が安居院に限られた訳ではないことが確認される。ちなみにここに挙げられた清範以下の四名は、後に引用する澄憲の東寺宝菩提院の『公請表白』の中にも登場する説法の名手である[6]。

また、唱導の名手として忠胤（生没年不詳、一二世紀前半）も忘れることはできない。忠胤は説法に巧みで、その才学が物語化された比叡山の僧侶であり、『宇治拾遺物語』『故事談』巻五には彼の唱導説話が収載されている[7]。説法の名手として人々の記憶に留められた代表的な人物の一人と言って良い。実際の言説を伝える資料として、金沢文庫所蔵の『言泉集』には忠胤の「説法」「説法詞」が収載されている[8]。

また、東大寺には『普通唱導集』や『春華略抄』『春華秋月抄』『春華秋月抄草』などの唱導資料が残っている。これらの資料は宗性（一二〇二～一二七八）との関わりが指摘されており、特に後者の三つは、宗性の願文や表白などの抄録であることが報告されている[9]。そして、東大寺にも説法の名手と伝えられる人物が居たことは間違いない。その例を挙げれば、東大寺尊勝院を付属され、その尊勝院を東大寺華厳教学の中心道場とした弁暁（一一三九～一二〇〇）である。彼は維摩会講師を務めたことが知られ、一一八三年、権律師に任ぜられている。

なお弁暁に関わる唱導の資料が最近、金沢文庫に収蔵されていることも明らかになりつつある。(10)

また三論の名匠として名を馳せる中道聖守（生没年不詳、一三世紀）も、凝然の手になる『円照上人行状』には「房号は中道、密教は奥を罄くし、唱導は倫に絶えたり」（二頁下）とあり、唱導の名手として記されている。そもそも、東大寺においては一三世紀中葉、円照（一二二一～一二七七）の一族が唱導の名手であるとされていたことが知られる。同じく円照に関する次の記述を見てみよう。

照公は説法開導して道俗を教化す。聞く者、信を起こして心を開き、滄る人、旨を得て法に入る。唱導の能、益を獲ること倫に絶えたり。半月の布薩、臨時の仏事、聴徒市を成し、投輩林を作す。照公の一族、唱導の徳あり。親父厳寛大法師は当時の抜群の唱導なり。才は内外を包ね、誉れ遐邇に通ず。智海深広にして、涯底を知らず。辨河縦横にして敵対を致すもの罕し。（中略）東大寺の信禅擬已講語りて曰く、厳寛得業は弁説第一なり。言を出す時には則ち山野を動かすに似たり。音を騰ぐる時は則ち草木を揺うるが如しと云々名僧の唱導は必ず対偶を用う。法を以て法に対し、喩を以て喩に対す。方角違わず、黒白背くこと無し。厳寛の説道深く此の事を窮めたり。厥の嫡真子、聖守上人、生年十八、始めて説道に入る。厳寛の躅を伝えて、唱導比い無し。年往いて更に巧みなり。齢闌けて弥よ昌んなり。名声遠く聞こえ、称誉遥かに通ず。対偶の詞、任運に感を彰かにす。大いに人の耳を悦ばし、深く物の情を催す。照公の唱導は、未だ必ずしも対を事とせず、時に随いて旨を獲、節に任せて意を得たり。只だ責むるに道理を以てし、顕するに所由を以てす。兄弟両盤、事義少しく異なるとも、遠近に独歩して、各一人のみ。（四頁上）

聊か長文の引用となったが、厳寛、聖守、円照と繋がる家系は唱導の名手であったと伝えるのである。しかも、厳寛、聖守の親子は、唱導の通例に随い、文章表現に対偶を用いていたという。ところが聖守の弟に当たる円照の唱導は、必ずしも対偶表現を用いてはいなかった。「只だ責むるに道理を以てし、顕するに所由を以てす」との表現から考えれば、時宜に適ってその趣旨を得、道理をもって理詰めで押し、内実を重視するという特徴を持っていたと推察される。

こうして、律門の大会である唐招提寺で行われる舎利会は、聖守と円照の二人が勤めることが多かったと伝える。因みに東大寺戒壇院も唐招提寺もともに遁世門の律僧たちによって復興されていた。一三世紀中葉の律門は遁世の一門であり、名利に繋がる寺内法会等には出仕しなかったことが知られるので[11]、必ずしも格式の高い伝統的な法会において唱導を行った訳ではないようであるが、唱導の名手が東大寺にも存在したことは間違いなく確認される。彼らの唱導の記録が、安居院ほどは残っていないことが惜しまれるが、幸いにも東大寺僧である懐紹の『法華経』の経釈、同じく凝然の『華厳経』に関する経釈の存在が東大寺図書館に残された資料から新たに知られたので、これらを第五章・第八章において検討する。

以上、時代的には多少前後するが、院源や忠胤、弁暁、厳寛などの存在から考えて、安居院は確かに著名であるが、安居院だけが説法に長けた代表であった訳ではないことが確認される。院政期には、すでに四箇大寺と呼ばれる寺院において、それぞれ説法の名手と呼ばれる人々が存在していたことに注意しなければならない（ただし、三井寺の例は後の研究を待ちたい）。安居院の澄憲は、次に述べるように、その記録を文章として残すことに力を注いだ、という点が他者と異なるのであり、それだけに、一層、後代への影響を大きくしたということなのであろう。もっともそれは澄憲の述べる言辞であって、実際にはそれ以前の忠胤にも、言説の資料は存在するのであるから、多少は斟酌して考える必要があることは言うまでもない。結局のところ、安居院の資料が多く残る理由は、澄憲が積極的にその説法の記録を留めようとしたという一事に尽きるのであろう。

なお、唱導の記事が注目されるようになるのは、藤原道長が活躍した一一世紀の前半頃を嚆矢とし、一二世紀から一三世紀がピークのように考えられる。時代は貴族から武士へと政治の中心が移りゆく頃であり、大きな転換期である。この時期に唱導が注目されるようになることも興味深い点である[12]。
それでは、次に、実際に澄憲やその子息である聖覚が残した資料について概観してみよう。

二　安居院澄憲・聖覚の残した唱導資料

さて、安居院の資料が比較的多く残ることに関し、澄憲自身の興味深い言及が東寺宝菩提院蔵の『公請表白』の中に見える[13]。

夫れ説法道とは、往哲の古賢と雖も、多くは是れ当座の巧弁なり。故に清範、永昭、静昭、隠源等、絶当の芳誉たりと雖も、後代の記録に及ばず。仍りて、後輩は其の妙詞を聞かず、末代は彼の麗句を知らず。小僧の度々の愚説は、多くは以て禁闕に注進し、頻りに以て叡覧に備う。（一一三頁）

以上の言及は、「奥注状安」に見える記述であり、それは安元三（一一七七）年の高倉院宸筆御八講の結願における表白が後白河法皇の賞賛を蒙り、勅命によって後日に、それぞれ「説法詞」または「説法の草案」を提出するよう依頼され、その命に随い、「説法の草案」を注進したように、記録を残すことを行ったという記述に続く。説法は当座の機知に富んだ弁舌の巧みなことが尊ばれたのであるが、当座の巧みな弁舌が記録されることは無かったというのである。この記述を文字通りに信じることは阿部泰郎氏が指摘するように安易には出来ないのであろうが[14]、澄憲自身が「小僧の度々の愚説は、多くは以て禁闕に注進し、頻りに以て叡覧に備」えたとも記しているところは注目される。これ以外にも澄憲は説法の記録を自ら残したらしく、それらが集成されて現在に伝わるのである。

安居院の澄憲の資料は数多くにのぼる。これらの資料はすでに安居院の唱導文献として櫛田良洪氏によって報告されているが、おそらくは櫛田氏の研究が本格的研究の最初である。[15] これらの資料は、大きく分けて単行の資料と編纂資料とに二分される。まず編纂資料として注目されるものが、『釈門秘鑰』『転法輪鈔』『言泉集』の三つである。[16]

『釈門秘鑰』は、澄憲が自らの草本を集成して編纂した唱導文集である。金沢文庫に収められる写本二十六帖が存在することは、早くに櫛田氏によって報告されていたが、未だに全編の翻刻はない。そのタイトル名には空海の『秘蔵宝鑰』との関連が容易に想起されるが、釈門に秘蔵される宝鑰（宝を開ける鍵の意）との意から『釈門秘鑰』と命名したものであろう。内容的には、仏菩薩や先師に対する「釈」や経典の解釈になる「経釈」を中心に、澄憲自身が遺す必要性があると考えたものを集成したようである。阿部泰郎氏が仁和寺所蔵本によって示した『釈門秘鑰』の復元的構成によれば、[17] 巻十三之四から巻二十一之三までが経釈である。全体が残存しているわけではないので、正確を期すことは困難であるが、全体で二十七巻以上、各巻は二帖から七帖に及ぶ複数帖で構成され、全体でほぼ百数十帖を下らないものであったろうと推定されている。また、その成立年次は、「楊柳観音釈」の中に「正治二（一二〇〇）年」の識語があることから、その頃を上限とし、澄憲が入寂する建仁三（一二〇三）年頃までのことと推定されている。澄憲が自ら編纂した唱導資料は、おそらくこの『釈門秘鑰』のみであろうと思われ、それ以外は単行の資料として伝えられている。

次に重要な編纂資料は『転法輪鈔』である。これは澄憲の息子である聖覚の手によるものであり、『釈門秘鑰』の体裁に習いながら編纂されたものと考えられる。[18] この『転法輪鈔』には、清水宥聖氏による詳しい研究が存在する。[19] 同書に対しては金沢文庫本、東寺宝菩提院本、彰考館本、田中忠三郎氏蔵本、東大寺図書館本などの五本の存在が報告されている。本来は、歴史上に存在した祖師たち、たとえば高野大師（空海）などに対する讃歎を内容とする文章も含んだ集成書であったと推定されているが、現存のものは表白を中心に集めたものである。

それは、『転法輪鈔』が個別に書写されていった時、表白のみが『転法輪鈔』の名前で通行し、その他経釈等は、おそらく作者名を付した個別の資料名で通行したことによるのではないかと推測されている。[20]なお金沢文庫には同書に関する目録である『転法輪鈔目録』も存在し、全体の構成が把握できる。

最後に『言泉集』であるが、これも聖覚の手による編纂物である。現存する『言泉集』についてはすでに野田孝成氏による内題の諸本対比表が作成されている。[21]同書の写本として金沢文庫本、真如蔵本、東寺宝菩提院本、龍谷大学本、大谷大学本が知られているが、相互に異同が多くあり、その原型を抽出することは困難であるという。しかし、金沢文庫所蔵の『転法輪鈔目録』の中に『言泉集』の目録が収められており、それにより『言泉集』の原型を復元することは可能であり、実際に七結五十七帖のものであったことが示されている。[22]内容的には、最初の一結には「最勝王経釈」「同惣釈」「四巻経」「大般若」などの経釈が登場し、第二結は「八幡」「住吉」「高野山」など、神祇に関する釈が登場し、第三結は「法親王」「僧追善等」「出家次第」などが続き、第四結以降は、「執柄家」「亡父」「亡母」「亡夫」「亡妻」「亡主」などが続く。これらは、法会の目的に添って相応しい説法が出来るように細かく分類されていると考えられ、経釈を初めに置きつつも因縁中心の説法の記録であることが明らかにされている。『釈門秘鑰』と比べてみれば、先行する唱導資料や典拠の本文を明らかにし、正確な引用をしていることが特徴であろうという。[23]

また、三書の成立順序は、まず澄憲によって最晩年に『釈門秘鑰』が集成され、次に聖覚によって『転法輪鈔』が編集され、最後に『言泉集』が編纂されたと考えられている。[24]『転法輪鈔』が膨大な分量であり、古来、伝わった唱導に関する資料を蒐集したものであることは、まさしく日本の仏教界における「転法輪」の記録であり、『転法輪鈔』と呼ばれるのに相応しいと言えよう。この中から、聖覚が何らかの意図を持って抽出しようと試みたものが、本来の『言泉集』として編纂されていったのではないかと推定したい。[25]

さて、その他の記録としては、単行のものが数多く報告されているが、代表的なもののみを列記してみよう。まず清水宥聖氏が指摘するのは『讃仏乗鈔』『鳳光抄』である。『讃仏乗鈔』は諷誦文、願文等を集成したもの、『鳳光抄』は『法華経』『金光明経』『最勝王経』の経釈である。名古屋の真福寺文書の中に伝わる安居院の資料も最近では『真福寺善本叢刊』として刊行されており、その中に澄憲の『法華経釈』が「花文集」として報告され、その文言の典拠を明らかにしている。(26) また、同じく法華経釈であるが、村上美登志氏によって大谷大学に所蔵される『妙法蓮華経釈』が紹介されている。(27)

以上、縷々、先行研究を纏める形で述べてきたが、唱導に関する資料を積極的に遺そうと努めた代表的な人物が、安居院の澄憲・聖覚親子であったと言うことができるであろう。そして、実際には、澄憲の頃まで残存していた唱導の資料を蒐集し、編集していくという気の遠くなるような作業に手を染めたのが、彼ら二人であったと位置づけることができる。説法の名手、唱導の家と呼ばれた澄憲、聖覚であるだけに一層、その作業は精力的になされたのに違いない。その編纂の作業を思い立ったのは晩年の澄憲であったのだろう。こうして、『釈門秘鑰』が成立する。やがて、父澄憲の死後、聖覚がその作業を継承し、全体資料を一つの叢書として命名を行った。これが『転法輪鈔』なのであろう。そして、最後にその『転法輪鈔』の中から、講説の便に用いるという目的をもって、典拠等も明らかになる資料を中心に、別の叢書を編纂した。これが『言泉集』であるように推定される。これら『釈門秘鑰』『転法輪鈔』『言泉集』という三つの資料が、安居院を代表する三部作として幸いにも現在に伝わったのである。そして、それらが一つの資料として独立すれば、やがて付加増広も起こり得る。実際には、安居院の関係者あるいはそれ以外の者たちによっても付加がなされ、実際に我々が今見ることのできるような形態の資料として存在することになったのであろう。また、『転法輪鈔目録』は、聖覚によってその全ての作業が終わった後に作成された目録であったと考えられる。これらの資料は、表白、願文、経釈等、その内容から幾つかの種類に分類できるように考えられる。
さて、東大寺及び安居院系の唱導資料を概観してきたが、では次に、南都におけるもう一つの雄、興福寺に関連する資料を見てみよう。

三　法相宗寺院関連の唱導資料

法相宗の寺院として著名な興福寺にも様々な法会が開催されたことは周知の通りである。とくに有名な法会は一一月に開催される維摩会であった。『三宝絵詞』によれば、維摩会は竪義論義を伴った格式の高い法会であったが、維摩会において行われたであろう『維摩経』の講説に関連する経釈資料は寡聞にして知らない。また、維摩会が衰えた後には、法華会が重要な法会となったが、興福寺に行われた法華会の経釈資料も殆ど知られていないのが実情であろう。

東大寺に伝来する『法華経』の経釈資料からは、三論宗の吉蔵（五四九～六二三）の『法華義疏』『法華遊意』などが用いられていることが知られ、東大寺の法華会の講説は、三論教学に基づいたものであったことが明らかであるが（第五章で詳説する）、では、興福寺の法華会ではどうであったのだろうか。

そもそも、興福寺法華会は何時、どのような経緯で始まったのであろうか。一条兼良によって応永三〇（一四二三）年頃には完成されたと伝えられる『公事根源』に次のような興味深い記述がある。

九月三十日より七ケ日の間、南円堂にして、妙法の大会をひらかしむ。これは十月六日、長岡大臣内麿の御忌日によてなり。閑院贈太政大臣冬嗣公は、かの大臣の御子たるによて、父の御ために、始めて行はせ給ひけるにや。さても興福寺南円堂の本尊、不空羂索観音の像、幷に四天王の像、長岡大臣の造立し給ひしを、

後に閑院大臣の南円堂を建てて、この本尊を安置し給ひしなり。（九四〜九五頁）

興福寺に法華会が設けられたのは、この記事の登場人物から考えれば平安時代の初めのことと推定される。ほかの資料でも、『釈家官班記』下には「法華会。弘仁八年閑院左大臣冬嗣、先考長岡大臣内麿の為に興福寺において之を修す」（四六頁下）とあり、弘仁八（八一七）年から始まったと伝えられ、『年中行事秘抄』にも「（弘仁八年十月）六日、興福寺法華会の事 内麿大臣御忌日。忠仁公、之を始む」（五四〇頁下）と、同様の記事が見える。これらのことから、興福寺の法華会は、藤原冬嗣（七七五〜八二六）により、その父の内麻呂（七五六〜八一二）の追善のために南円堂において修されるようになった法会であったことがわかる。[28] 興福寺の学匠を講師とし、研学竪義五人が設置されていたが、後に三論学の竪義が二人、添えられるようになったという。この興福寺法華会は、室町時代末までは恒例の行事として営まれていた。

興福寺に行われた法華会の経釈資料は、寡聞にして知らないが、同じく法相宗僧侶の手になると推測される経釈が存在する。それは仁和寺塔中に蔵される『法華経釈』であり、表紙に「南都新薬師寺本」と識語が書かれ、南都系の法相宗寺院に伝来したものという。そこには「初めの来意は、凡そ慈恩大師の玄賛の中に（初来意者凡慈恩大師玄賛中）」とあり、それは主に慈恩大師基（六三二〜六八二）の『法華玄賛』に基づくものであることが報告されているが[29]、詳細は未だに明らかにされていない。

法相宗の『法華経』経釈は必ずしも『法華玄賛』にのみ基づくものではない。院政期末期に、興福寺に活躍した解脱房貞慶（一一五五〜一二一三）が、『法華経』に関する注釈である『法華開示抄』（以下『開示抄』）を述作している。実は、そこから法相宗における『法華経』経釈の大方を推測することが可能であるように思う。よって、『開示抄』を中心にしながら、法相宗における『法華経』経釈がどのようなものであったのかを、最後に推測してみたい。

『開示抄』は全部で二十八帖より成立する資料である。『法華経』二十八品に対する注釈書であるが、形式は問答を中心としている。文中に「付之（之に付いて）」「進云（進めて云わく）」「重意云（重ねたる意に云わく）」「会云（会して云わく）」「私云（私に云わく）」など、論義独特の表現が登場することから、論義に基づいた注釈であると推定される。その骨子になるものは慈恩の『法華玄賛』である。

本抄に用いられている資料は、まず頻繁に登場するものは慈恩基の『法華玄賛』であるが、それ以外には、「決択記」「鏡水鈔」「鏡水抄」「慶順記」（慶順私記とも）「水抄」「翼賛」「義決」「解節記」『法華秀句』などが記され、日本人僧侶の手になる資料も利用されている。また、『開示抄』巻三に「会云、以三天配三光。玄賛、文句、義疏、其意皆同」（大正五六、二七二頁上）とあることから、『法華経』の注釈書は、宗派を問わず天台、法相、三論の、すなわち慈恩基、智顗（五三八～五九七）、吉蔵の注釈書を見ていたことが知られる。ところで、この中で注目されるものは、「鏡水抄」あるいは「水抄」と呼ばれる資料である。

この「鏡水抄」は、『東域伝灯目録』に「同玄賛要集三十五巻鏡水寺栖復撰本末七十巻」（大正五五、一一四九頁下）とあることから推測するに、唐の鏡水寺の僧侶による注釈を指すことは間違いなく、法相宗の僧侶であった栖復（生没年不詳、七世紀）の『法華経』に対する注釈書の別名と推測される。また『注進法相宗章疏』にも「同経要集三十巻鏡水寺沙門栖復撰」（大正五五、一一四〇頁中）とあり、法相宗僧侶の所依の経典であったことが明らかである。同書は、具名を『法華経玄賛要集』と言い、慈恩の弟子であった栖復が、師の『法華経』講説の場にあって、その聞法に基づき注釈を施したものと伝える。[30] つまり、『開示抄』の中に「鏡水鈔」「鏡水抄」「水抄」あるいは「栖復釈云」という形で引用されるものは、栖復の『法華経玄賛要集』（以下『鏡水鈔』）なのである。

『法華玄賛』は、第一章で少し触れたように慈恩基が『法華経』講説に際して製作した資料と目されるものであるが、栖復の『鏡水鈔』も、同じ慈恩基の講演に侍して記録したものと考えられている。[31]『鏡水鈔』の内容は、まず『法華経』の翻訳に前後十六訳があったことを明かし、題目の解釈、玄賛の序文を解釈し、次いで『玄賛』の六門分別を明かしている。第六巻以降は、経典の一々の文句に対して問答形式で注釈したものである。

このように、貞慶の『法華経開示抄』は、中国法相宗の中心人物である慈恩基及びその弟子の栖復の資料を頻繁に用いている。この点から推測すれば、日本において、法相宗に属した僧侶による法華会の経釈は、法相教学を反映した資料に基づいたものと推定することが可能である。それも、『法華玄賛』と『鏡水鈔』の二著が、その主要な参考資料とされていた可能性が高い。

四　論義の資料

最後に、本書九章以降で扱う東大寺の論義の資料についても概観しておきたい。

東大寺に付置された東大寺図書館に所蔵される資料に関しては、その大枠が簡潔に紹介されてもいる。[32]東大寺に所蔵される古経巻・古写本・古版本等の資料に関する、その全体像を示す目録は『東大寺和本目録』と命名され、仏教学及び歴史学的な見知に基づいて分類されている。[33]函号順に、古経巻写経・版経、宗性凝然両師図書目録、巻子本論疏等、古写本粘葉装及折本、古版本折本、袋綴旋風様装、宗性実弘両師図書目録、雑部、法相部・律部、華厳部、倶舎部・起信論、三論部、因明部、記録部、地図、拓本、次第本、影写本、写真部、薬師印文庫目録などに分類される。これらの中の後半の分類が仏教学的なものである。法相、律、華厳部などは、凝然（一二四〇～一三二一）の示した八宗のうち、成実、天台、真言の三者を除いたものである。よって南都六宗を基準に分類したものと推定される。しかし、因明と起信論の二部が挙げられるところに一つの特徴が見て取れる。特に因明は、法会との関わりでも見過ごすことのできない分野である。それは論義のテーマに因明に関するものが用いられた伝統が存在するからである。

なかでも注目されるものが東大寺図書館に所蔵される『法勝寺御八講問答記』と『最勝講問答記』である。本写本は、院政期の時代から、京都白河の法勝寺に行われた御八講と、宮中または仙洞に行われた最勝講の問答の記録である。問答の記録といっても全文を記録したような性格のものではなく、質問を中心に、必要な時には答えの文も、簡潔に記したものである。両問答記とも東大寺の尊勝院に住した宗性が、自らが論義に備えるために各地を歩いて筆録したと推定されている。

おわりに

法会における資料に焦点を当てて考察を試みた。まずは東大寺や法隆寺に関連する法会の資料を概観し、次いで院政期に唱導の大家とされた安居院の資料について、大まかな概観を試みた。そして、唱導の名手は安居院に限定されず、その他の寺院、すなわち東大寺や興福寺にも存在したであろうことは間違いない。このことを念頭に置き、特に中世初頭の東大寺系の僧侶である円照の一族に焦点を当て、彼らが遁世門でありながら、唱導の名手として存在したことを指摘した。

ついで、『法華経』の経釈資料に注目した。法相宗の僧侶による法華経釈は、まだ具体的な検討が加えられていないものであるが、貞慶の残した『法華経』に対する注釈資料を援用して、法相宗における『法華経』経釈がどのようなものであったか推定した。貞慶が『法華経』の注釈を作成するに際して頻繁に利用した資料は、慈恩基の『法華玄賛』と弟子の栖復が作成した『鏡水鈔』であった。この点から鑑みて、法相宗の僧侶が作成した『法華経』講説のための経釈は、おそらくは『法華玄賛』と『鏡水鈔』の二著を重要な典拠としたであろうと思われる。

これまでの研究を綜合してみれば、南都、北嶺に行われた『法華経』講説に関する教学的な特徴が指摘できる。天台系では天台智顗や灌頂（五六一～六三二）の法華経注釈書すなわち『法華文句』や『法華経大意』（ただし、同書は湛然に仮託されたもの）が主に用いられ、また、第五章の結論を先取りしてしまうが、南都の東大寺の場合には、三論宗系の法華経注釈書すなわち『法華義疏』『法華遊意』などが用いられた。また、興福寺などの法相宗系寺院の場合には、法相宗系の法華経注釈書すなわち慈恩基の『法華玄賛』や栖復の『鏡水鈔』が用いられたのであろう。つまり、様々な寺院に行われた法華経の講説は、その寺院に特徴的な宗の『法華経』に対する教学が色濃く反映されていたと予測されるのである。

注記

（1）永村眞「論義と聖教――「恵日古光鈔」を素材として――」（『中世寺院史料論』吉川弘文館、二〇〇〇年）、二七三頁を参照。

（2）小峰和明「仏教文学のテキスト学――唱導・注釈・聞書――」（『ハンドブック　日本仏教研究』日本の仏教⑤、法蔵館、一九九六年）は簡潔に資料を紹介しており有益である。

（3）『東大寺諷誦文稿』の研究としては中田祝夫『東大寺諷誦文稿の国語学的研究』（風間書院、一九六九年）が有用である。同書は本文・研究篇・釈文註記とに分かれ、最も充実した『東大寺諷誦文稿』の研究書である。本文に関しては『東大寺諷誦文稿総索引』（古典籍索引叢書8、汲古書院、二〇〇一年）も便利であろう。

（4）龍口恭子「『法華百座聞書抄』をめぐる基礎的研究（その1）」（『仏教文学』五、一九八一年）。龍口氏は、『法華経』『般若心経』『阿弥陀経』の三種類の経典が講じられたことを天台における「三種法華」説に淵源するものであろうと推定する。田中徳定「『法華百座聞書抄』の法談をめぐって――女性の仏性と成仏という観点から――」（山田昭全編『中世文学の展開と仏教』おうふう、一九九八年）も参照。

（５）清水宥聖「澄憲と説法道」（『櫛田良洪博士頌寿記念　高僧伝の研究』山喜房仏書林、一九七三年）には、澄憲以前の説法道の名手とされた人物に対する考察がなされており、ほぼ同一の人物が挙げられている。
（６）阿部泰郎「唱導における説経と説経師——澄憲『釈門秘鑰』をめぐりて——」（『伝承文学研究』四五号、一九九六）、七頁を参照。
（７）阿部氏、前掲論文を参照。
（８）ただし、阿部氏、前掲論文は『言泉集』の当該の帖に「非言泉私入之」との記述があることから本来の『言泉集』に収載されていたかどうかは疑わしいとする。
（９）山崎誠「学侶と学問」（『説話の場——唱導・注釈——』説話の講座三、勉誠社、一九九三年）、九六頁を参照。
（10）金沢文庫に資料が保存されるという。大島薫「『花文集』解題」（国文学研究資料館編『法華経古注釈集』真福寺善本叢刊２、第Ⅰ期、臨川書店、二〇〇〇年）、六五〇頁を参照。ただし、まだ翻刻等はされていないようである。
（11）永村眞『中世東大寺の組織と経営』（塙書房、一九八九年。一九九六年再版）、四五三〜四六二頁を参照。
（12）高木豊『日蓮——その行動と思想』（太田出版、二〇〇二年）、一二七・一二八頁を参照。
（13）阿部氏、前掲論文、七・八頁を参照。『公請表白』のテキストは阿部泰郎・山崎誠「安居院唱導資料纂輯（六）」（国文学研究資料館文献資料部『調査研究報告』一七、一九九六年）によった。ほかにも清水宥聖「公請表白（翻刻）」（『国文学踏査』九、一九六八年／一一、一九八一年）の翻刻がある。ちなみに、山崎誠氏の「刊謬『公請表白』翻刻並びに解題」（安居院唱導資料纂輯（六）に所収）は、清水宥聖氏の翻刻の誤りを訂正したものである。
（14）阿部氏、前掲論文「唱導における説経と説経師——澄憲『釈門秘鑰』をめぐりて——」を参照。
（15）櫛田良洪「金沢文庫蔵安居院流の唱導書について」（『日本仏教史学』四、一九四二年）、同「唱導と釈門秘鑰」（『印仏研』一—一、一九五二年）。
（16）三資料の内、『転法輪鈔』『言泉集』の二作は『唱導資料集』上（角川文庫、一九七二年）に翻刻され、閲覧が容易にできる。
（17）阿部泰郎「仁和寺蔵『釈門秘鑰』翻刻と解題」（国文学研究資料館文献資料部『調査研究報告』一七、一九九六年）。なお、阿部氏によってほぼその復元的構成が知られるようになったのであるが、内容的な考察は未だ十全とは言えない。

(18) 阿部氏、前掲論文、一二四頁を参照。
(19) 清水宥聖「安居院流の唱導書について」（仏教文学研究会編『仏教文学研究』一〇、法蔵館、一九七一年）。
(20) 清水氏は宝菩提院本の「阿弥陀三尊略釈」帖がその中央に「阿弥陀三尊略釈」とあり、その下に「転法輪鈔」とあることを根拠にこの見解を提示する。清水氏、前掲論文、一一九頁を参照。
(21) 野田孝成「金沢文庫本『言泉集』の丁列について」（『金沢文庫研究』一六―一、一九七〇年）及び清水氏、前掲論文、一〇九～一一五頁を参照。
(22) 清水氏、前掲論文、一一三～一一四頁。
(23) 阿部氏、前掲論文、一二七頁。
(24) 清水氏、前掲論文、一一五頁を参照。この意見は阿部氏等にも継承されている。
(25) なお、これらの三書のうち、『転法輪鈔』と『言泉集』の二書は、現在では『安居院唱導資料集』に翻刻されており、その底本が金沢文庫本であったことにより金沢文庫本が大きな拠り所とされているように思う。しかし、『転法輪鈔目録』の奥書に「建長二年六月二十三日、於仁和寺虫払之次、勘定之。無合点事等、可尋之云々」とあり、その写本が仁和寺において製作されたことを伝えている。また、『釈門秘鑰』については仁和寺所蔵本が知られている。この点に注目し、阿部氏は本来、安居院の膨大な唱導資料は、もともと仁和寺に所蔵、伝持されたものではなかったかと推定している。
(26) 大島氏、前掲論文、六三〇～六五四頁、同「安居院澄憲草「法華経品釈」について」（『金沢文庫研究』三〇〇、一九九八年）などを参照。
(27) 村上美登志「大谷大学図書館所蔵・釈澄憲撰『妙法蓮華経釈』の翻刻と研究」（『立命館文学』五二八、一九九三年）。後に同氏『中世文学の諸相とその時代』（和泉書院、一九九八年）に再録。
(28) 『公事根源』の記述のごとく、毎年九月三〇日から藤原内麻呂の命日の一〇月六日までの七日間に渡って行われたものであったことから推測すれば、七日間であることが若干、不思議に思われる。『法華経』は一部八巻であり、開結を含めて一〇巻とし、毎日朝夕に一巻ずつ講説して五日間に渡って行われるのが一般的だと思われるからである。しかし、七巻本の羅什訳『妙法蓮華経』を毎日一巻ずつ講じたものと推測すれば、それほど問題はないのかもしれない。

(29) 大島氏、前掲論文「『花文集』解題」、六四五～六四六頁を参照。
(30) 『仏書解説大辞典』「法華経玄賛要集」の項を参照。
(31) 高橋宏幸「『法華経釈文』撰述に関する一資料をめぐって――『法華経玄賛要集』――」(『国文学論考』三六、二〇〇〇年)。
(32) 日本仏教研究会編『ハンドブック　日本仏教研究』(日本の仏教⑤、法蔵館、一九九六年)、一九八～二〇〇頁。東大寺図書館の項は、東大寺図書館副館長による簡単な紹介である。所蔵の書籍類は、①古経巻・古写本・古版本等の図書館が貴重書と判断したもの、②「東大寺文書」と総称される古文書類、③江戸時代の和刻本を主とする和装本類、④明治以降発行の洋装本類の四種に大別されるという。
(33) 『東大寺和本目録』は刊行されておらず、図書館に所蔵される貴重書の目録(手書き)である。その全体は、函号・番号順に対応する。

第四章　石山寺所蔵『法華経品釈』について

はじめに

本章からは、個別の唱導資料を見ていきたい。具体的には経釈に注目し、その内容を分析していくが、まずは経釈の形態について簡単に分類しておきたい。そもそも、経釈には様々な形態が存在したようである。まず経典の内容全体を解釈の対象とする「惣釈」と呼ばれるものが存在した。次に、経典の巻毎に内容を解説すると考えられる「巻釈」、ついで品ごと、いわゆるチャプターごとに解説する「品釈」、これらの三種類の形態が存在したと推定される。

しかし、実際の資料を見てみると、もう一つ別の視点からの区分も可能であるように思われる。それは、経典の講説を実際に聴聞し、かなりの程度まで実際の言説を反映したと推測される記録としての経釈と、実際の講説の際におそらくは講師が手元に置いて参照し、その場で解説を創作披露していくために資料として用いたと推測される、いわば「草本」としての経釈である。(1)

そもそも、唱導と呼ばれる説法は、単に経典を解説するだけのものではなかったと考えられ、そこに講経との相違があるように思われる。説法の名手とされる富楼那も、単に経典を講じたのではなく、因縁譚や譬喩譚を交え、声にも微妙な抑揚を持ち、聞き手を感動させ、仏法に誘ったと想像される。とすれば、唱導における説法の実際はかなり内容に富んだものであったと見て良い。ところが、今、実際に目にすることのできる資料は、限定されているのが実情である。先に述べたもののうち、後者の場合の経釈、すなわち「草本」としての経釈は、あまり長文のものは存在していない。しかも内容も要点のみを記した簡潔なものが多い。

さて、本章で扱うのは石山寺に所蔵される『法華経品釈』である。同書は「品釈」に当たり、また、講説の際の草本とされたものと予測される。石山寺に所蔵される文献の中に『法華経品釈』が含まれていることは『石山寺の研究　一切経篇』(2)からすでに知られていたが、今回、石山寺様のご厚意により写本のコピーを入手することができた。本写本は、その目録の情報からすれば、院政期の書写と考えられる。「巻子本、尾缺」であり、紙背文書がある（諸経の要文と推測される）。奥書等は一切無い。一行は一七字前後で書かれ、紙の大きさは縦二八・〇センチメートル、一二紙、一紙の長さ、四七・九センチメートルという。書体は草書を帯び、判読しにくい部分もあるが、内容の読解には十分に堪え得る。

経釈本文の翻刻は第二部・資料篇（二五五〜二六〇頁）の部分に譲り、本章ではその内容を、何を典拠にした言及なのかという視点から考察してみたいと思う。

一　文言の典拠

翻刻資料から知られることを考察してみる。まず、全体は各品ごとの経釈であり、『法華経』経釈の中では、分類的には「品釈」に入る。しかし文言の分量は少なく、実際の講説をそのまま反映した資料と考えることは困難である。やはり各品の重要点のみを抜粋した、いわゆる草本と推定するのが妥当であるように思われる。

文言の典拠として推測されるものは、湛然（七一一～七八二）に帰せられている『法華経大意』[3]や天台大師智顗（五三八～五九七）述灌頂（五六一～六三二）筆の『法華文句』（以下『文句』）である。ここでは、「釈名」及び「入文判」の中心的な依拠と考えられる資料との関連を中心に掲げる。結論を先に述べれば『文句』との関連が大きい。

序品　まず序分、正宗分、流通分の分け方である。序分は序品、正宗分は方便品から分別功徳品の十九行目まで、流通分は分別功徳品の偈以下の十一品半であるとするのは、『文句』巻一上の序品の部分（大正三四、二頁上）に出る解釈である。また大意の部分の典拠と推定されるものは次の通りである。それでは、上に石山寺所蔵の『法華経品釈』を、下に推定される典拠を掲げ、対照させながら考察を進める。

石山寺蔵『法華経品釈』
今法華経者、三世諸仏出世之本懐、一切衆生成仏之直道也。四花六動、開方便之門、三変千涌、示真実之地。

『法華経大意』（続蔵二七）
今妙法蓮華経者、本地甚深之奥蔵也。自行権実之妙法也。四華六動、開方便之門、三変千涌、表真実之地、咸令一切普得見聞。（五三二丁右上）

この箇所の記述では「法華経」→「妙法蓮華経」と具名になっているなどの相違があるが、「三変千涌」などは共通する表現であり、明らかに『法華経大意』を参照したものと推定される。

二尺名者、妙者不可思議之義矣。

『法華玄義』（大正三三）序
所言妙者、妙名不可思議也。（六八一頁上）

「妙者不可思議之義矣」との解釈は、『法華玄義』序にある「妙名不可思議也」から取ったものと推測される。
入文判の箇所にも典拠が推定される。

此経分為三。序品者序分。従方便品至分別功徳品十九行偈為正宗分。従偈已後十一品半為流通分。

『文句』（大正三四）巻一上「釈序品」
天台智者分文為三。初品為序、方便品訖分別功徳品十九行偈、凡十五品半名正、従偈後尽経、凡十一品半名流通。（二頁上）

表現は多少、異なっているが、ほぼ『文句』の序品を釈する箇所を参照していることは間違いない。

方便品　釈名の箇所に典拠が推定される。

二尺名者、方便有三。（中略）所謂方者是秘、便者妙也。点内衣宝、便是王頂之珠、指客作人、寧非長者之子耶。是名方便品也。

『文句』巻三上「釈方便品」
又方者秘也。便者妙也。妙達於方、即是真秘、点内衣裏無価之珠、与王頂上唯有一珠、無二無別。指客作人、是長者子、亦無二無別。如斯之言、是秘是妙。（三六頁中）

この箇所は、石山寺『法華経品釈』の方が簡単な記事になっているが、方は秘、便は妙とする解釈や、「王頂」

「客作」との用語は、『文句』から取ったものと推定される。

譬喩品　まず来意の箇所に典拠が推定される。

一来意者、上根之輩、聞法説先悟、中下之流、抱迷未達、大悲不息、巧智無辺、挙扇喩月、動樹訓風、令其悟解。

『文句』巻五上「釈譬喩品」

先総釈。譬者比況也。喩者暁訓也。託此比彼、寄浅訓深、前広明五仏長行偈頌。上根利智、円聞獲悟、中下之流、抱迷未遣、大悲不已、巧智無辺、更動樹訓風、挙扇喩月、使其悟解、故言譬喩。（六三頁中）

この箇所は、用語の上では若干異なっているが、「上根之輩、聞法説先悟」には『文句』の「上根利智、円聞獲悟」が、「大悲不息、巧智無辺」には「大悲不已、巧智無辺」が、「挙扇喩月、動樹訓風、令其悟解」には「更動樹訓風、挙扇喩月、使其悟解」が、典拠としてあげられ、その表現を受けたものであることは明らかである。

信解品　来意、釈名の箇所に、典拠が推定される。

一来意者、夫根有利鈍、或有厚薄、説有法譬、悟有前後。所以四大声聞、初開法花、蒙籠未明、今聞譬喩、円乗始悟、陳已所解、領仏之旨。故上品之次、此品来也。

『文句』巻六上「釈信解品」

今釈品者、夫根有利鈍、或有厚薄、説有法譬、悟有前後。（中略）初聞略説動執生疑、広聞五仏蒙籠未暁。今聞譬喩、歓喜踊躍、信発解生、疑去理明、歓喜是世界、信生是為人、疑去是対治、理明是第一義。以是因二尺名者、聞譬生喜、信発解生、疑去理明、故入大乗見道、名之為信。入大乗修道、称之為解。是言信解也。

縁故、名信解品。（七九頁下）
中根之人、聞説譬喩。初破疑惑、入大乗見道、故名為信。進入大乗修道、故名為解。（中略）故名信解品。（七九頁下）

来意の箇所もまた釈名の箇所も、それぞれ『文句』を参照していることが知られる。しかも文言はほぼ同じで、明らかに『文句』の文言をそのまま踏襲したものである。

薬草喩品　釈名、入文判の箇所の記述に典拠が推定される。

二釈名者、土地是能生、雲雨是能潤、草木是所生所潤也。此中述成中草之領解、故別挙薬草為品名也。
三入文判者、文分為二。一略述成、二広述成也。

『文句』巻七上「釈薬草喩品」
此中、具山川雲雨、独以薬草標名者、土地是能生、雲雨是能潤、草木是所生所潤。（九〇頁中）
其文為二。一略述成、二広述成。（九〇頁下）

釈名の草木に対する言及は、『文句』の記述の後半部分と全く同一である。述成を広略の二つに分けるのも『文句』の理解の踏襲である。

化城喩品　釈名、入文判に使われている文言に典拠が見出だされる。

『文句』巻七上「釈化城喩品」

二者尺名者、無而欻有、名之為化、防非禦敵、称之為城。(中略)
三入文判者、是第三因縁周也。文分為二。一明知見久遠。二名宿世結縁。方今、過去塵点劫之前、大通智勝仏之時、十六王子発菩提心、八万四千劫、講法花経、而王子講経、声聞縁結。中間是大于今未入所以、初過三百由旬、仮説二乗之化城、後離二百由旬、今帰一乗之宝所。具如経説。

化者神力所為也。以神力故、無而欻有、名之為化、防非禦敵、称之為城。(九八頁上)
此品正説因縁。後両品授記。初又二。一先明知見久遠。二明宿世結縁。(九八頁中)
答、大品已顕実故辨宝所。未開権不明化城。下文云、為止息故説二涅槃。此令度三百由旬也。汝所住地近於仏慧。此令出二百由旬也。文既分明、無労惑也。(一〇一頁上～中)

最初の文言は『文句』の言葉をそのまま引用したものである。入文判釈の「明知見久遠」「宿世結縁」も『文句』の記述を踏まえている。また「初過三百由旬(中略)後離二百由旬」の記述は全同とは言えないが、同じく『文句』の記事を踏まえたものと推定される。

五百弟子受記品　釈名、入文判の箇所に典拠を推定できる。

二尺名者、此品具記千二百者、標五百者得記之名、是聞五百領解、語不略故、云五百弟子授記品也。
三入判者、文分為二。一記満願。二授千二百。此中五百以喩領也。方今、心酔無明之□、暫遊有為貇、衣繫

『文句』巻七下～八上「釈五百弟子受記品」
此品具記千二百而標五百者何。五百得記名同、五百口陳領解故、以標品耳。此品是因縁説中第二段。就得記有二。一千二百、二二千。千二復二。一授満願、二授千二百。満願復二。一序黙領解。二如来述記。先叙其得

実相之珠、遂帰大乗之家。具如経説。

解歓喜。次叙其黙念領解。（一〇四頁下）
此五百即千二百数。頌中末後一行半総授七百、故是千二百也。（一〇六頁中～下）

この釈名の部分も、『文句』の記述に基づくと推測される。千二百人に記を授けるが、記を得た者五百人に因んで五百弟子品とするのだという解釈も『文句』に基づくと推定される。

学無学人記品　釈名の箇所に典拠が推定される。

二尺名者、研真断惑、名之為有学。其窮惑尽、名之為無学。鹿苑之昔、向果之人、雖異鷲峰之令、作仏之記是同、故云学无学人記品也。

『文句』巻八上「釈授学無学人記品」
研真断惑名為学、真窮惑尽名無学、研修真理、慕求勝見、名之為学。（一〇七頁中）

学・無学の説明は、ほぼ『文句』の記述を踏襲している。

法師品　来意及び釈名の部分に、同じく典拠が推定される。

一来意者、上来八品是迹門之正宗。此下五品、即迹門之流通也。故上品是正宗之終、此品即流通初也。

『文句』巻八上「釈法師品」
皆約円教法門而釈品也。前三周是迹門正説領解受記竟。此下五品是迹門流通。非止蔭益当時。復欲津洽来二尺名者、五種法師、自軌々他、故名法師。謂入如来室、□悲覆者、着如来衣君、忍辱遮悪、坐如来座、着空无着。如此弘経之人、豈非如来使乎。故云名法師品也。

世。故有五品流通。（二〇八頁中～下）
別論者、自修報恩名自行、益彼即化他。通論、自軌軌他、皆称法師。故言法師也。（二〇八頁上）
若欲申此一句正言、且当窃説耳。当知是人則如来使者。（二〇九頁中）

この箇所も『文句』の記述を参照した表現であることが知られる。

見宝塔品　釈名、入文判の箇所に典拠が推定できる。

二（尺字脱カ）名者多宝仏塔、従地踊出、一切大衆、皆見宝塔。依之生中道、善破本根（根本ノ誤リカ）悪、登菩提埵位、入第一義、故云見宝塔品也。
三入文判者、文分為三。一明多宝踊現。二明分身遊来。三唱滅募流通也。□（方カ）今、多宝塔之昇空中、三変之浄土、惟□、分身之坐樹下、一乗之付属、尤感。又抱虚空於手中、顕書写之功量、大悲於是甲、□読誦之力。具如経説。

『文句』巻八下「釈見宝塔品」
秖此法華即是三世諸仏之四支徴。先仏已居、今仏並坐当仏亦然。此塔出来、明顕此事、四衆皆覩、故言見宝塔品。（一一二頁下）
長行有三。一明多宝涌現。二明分身遠集。三明釈迦唱募。（一一三頁下）

入文判の後半の文言に対応する典拠を見出だしてはいないが、前半は間違いなく『文句』を参照にした表現である。

提婆品　釈名、入文判の箇所に典拠が推定できる。

二釈名者、提婆達多者天竺之語也。此翻云天熱。此人生後、可造五逆、故一切天人、皆悉熱悩、以是事故、名天熱也。本住清涼。雖離五逆之悩、迄示天熱、令憂三有之心而已。

三入文判者、此品有二。文初明達多弘経、釈尊成道、後顕文殊利生、龍女作仏。

『文句』巻八下「釈提婆達多品」

提婆達多亦言達兜、此翻天熱。其破僧、将五百比丘去。（中略）是為五逆罪。（中略）生時人天心熱。従是得名、故言天熱。（一一五頁上）

文為二。一訖生仏前蓮花化生、明昔日達多、通経釈迦成道。二従於時下方多宝所従菩薩下、明今日文殊、通経龍女作仏。（一一五頁上）

提婆品は、前半は釈迦の成道が、後半は文殊の利生と龍女成仏が主題であると示すのは『文句』の主張であることから考えて、釈名も入文判もともに『文句』の記述を参照して書かれたものと推測される。

勧持品　釈名、入文判の箇所ともに根拠が推定される。

二尺名者、先二万菩薩、奉会流通、故名勧持品。後八

『文句』巻八下「釈持品」

二万菩薩奉命弘経、故名持品。重勧八十万億那由他弘

十万億那由他、依勧受持、故名勧持品也。
三入文判者、就文為二。先明受持、後明勧持。方今、五百八千之声聞、他方発誓、八十万億之菩薩、此云弘経。具如経説。

経、故名勧持品。（一一七頁中）
就文為二。先明受持、後明勧持。初文復三。一二万菩薩奉命此土持経。二五百八千声聞、発誓他国流通。三諸尼請記。（一一七頁中）

釈名、入文判ともに『文句』の記述を参照していることが明らかである。

安楽行品　釈名、入文判の箇所ともに典拠が推定される。

二尺(名字脱カ)者、着如来衣、故法身安、入如来室、故解脱心楽、坐如来座、故般若導行、故云安楽行也。
三入文判者、品文有三。一標四行。二尺方法、三明行成。方今、静処誦経、勤末代之四行、夢裏作仏、表当来之三身。具如経説。

『文句』巻八下「釈安楽行品」
附文者、著如来衣、則法身安、入如来室、故解脱心楽、坐如来座、故般若導行進。（一一八頁上）
一標四行章行。二解釈修行方法。三総明行成之相。（一一九頁中）

入文判の後半の文章は典拠を見出だしがたいが、それ以外は『文句』を参照していることは間違いない。

涌出品　釈名及び入文判の箇所に典拠が推定できる。

―『文句』巻九上「釈従地踊出品」

二尺名者、如来一音、告勅菩薩、四方奔涌、故云従地涌出品也。
三入文判者、初本門序分、後本門略説也。方今、地涌菩薩、久住寂梵、如子之百歳、尺迦如来、初坐道場、似文之□然。如来、早服種智還年之薬、老而少、菩薩、久稟常住不死之方、少而似老。具如経説。

師巌道尊鞠躬祇奉。如来一命、四方奔踊、故言従地踊出品。（一二四頁下）
指百歳人去、譬上所化甚多意也。淮北諸師以譬釈譬。父服還年薬、貌同二十五。子不服薬、形如百歳。若知薬力、不疑子父。不知者怪之。如来横服垂迹之薬、示伽耶始生。諸菩薩直論本地。久発道心、今住不退。若仏及仏、快知此事。（一二六頁下）

入文判の箇所も、「還年之薬」の文言を考えれば、『文句』の記述を参照したと推定して良いと思われる。

寿量品　釈名、入文判の箇所に典拠が推定される。

二尺名者、如来者、乗如実道、来成正覚、故名如来。一門理、十方三世本仏迹仏之通号也。無量者、是則詮量諸仏土之命、故名寿量。一門理、十方三世本仏迹仏之功徳。
三入文判者、此品広開近顕遠、分文為二。一法説、二

『文句』巻九上「釈寿量品」
二如来者、成論云、乗如実道、来成正覚、故名如来。（一二七頁下）
如来者、十方三世諸仏二仏三仏本仏迹仏之通号也。寿量者詮量也。詮量十方三世二仏三仏本仏迹仏之功徳也。今正詮量本地三仏功徳。故言如来寿量品。（一二七頁下）
長行為二。法説譬説。法説為二。一三世益物。二総結

譬説也。夫迹門之実相、前経半顕、本門之遠成、今品全陳。方今、一一塵劫、専顕寂梵之遠、本種之方便、仮示伽耶之近成、依失心之子、暫趣他国、為救世之文、常在霊山。具如経説云々

不虚。近情唯見現在八十。不知過去無央未来不滅。故約三世開近顕遠。如此利益非独我然。諸仏亦爾。故総結不虚也。（一二九頁下）

経釈の「開近顕遠」との用語は、前の釈従地踊出品の箇所で、「文為三。此去尽寿量品、正開近顕遠」（一二六頁中）とあったことを踏まえた表現と考えられるので、釈名及び入文判ともに『文句』を参照していると推測してよいであろう。

分別功徳品　釈名、入文判の箇所に典拠が推定できる。

二尺名者、次有浅深、故名分別。二世有利益、故名功徳也。

三入文判者、文分為二。初十方微塵之益、属正宗分、後四信五品之文、為流通文。方今、増道損生之益塵、砕十方衆、天花流水之供香、善尽虚空。現在四信者、坐見実報、滅後五品者、早詣道場。具如経説。

『文句』巻十上「釈分別功徳品」

仏説寿量、二世弟子、得種種益、故言功徳。浅深不同、故言分別品也。（一三六頁上）

就偈後長行為二。一現在四信。二滅後五品。（一三七頁中）

若直聞一句而生随喜、如現在四信格其功徳、未来無仏恐人疑福少故、説滅後五品功徳也。（一三七頁中）

入文判の記述は『文句』を参照していると思われるが、一部、独自の言葉が入っていると考えられる。

随喜功徳品　釈名、入文判の箇所に典拠が推定される。

二尺名者、随喜者順事順理也。喜者、慶己慶人也。聞深奥之法、発随喜之心、故順理有実功徳、順事有権功徳、慶己有智恵、慶人有慈悲、権実智行相、並応説之、故名随喜功徳品也。

三入文判者、分文為二。初明随喜人。二名聴聞人、方今、五十将之。随喜雖是无深浅、八十年之布施、不及其分。一門、以好堅処地、芽生百囲、頻伽在卵、声勝衆鳥。具如経説。

『文句』巻十上「釈随喜功徳品」

随者随順事理無二無別、喜是慶己慶人。聞深奥法、順理有実功徳、順事有権功徳、慶己有智慧、慶人有慈悲。権実智断合而説之、故言随喜功徳品。（一三八頁中）

弥勒承機問、出此義如文。仏答為二。初答内心随喜人、二直明外聴法人。（一三八頁下）

入文判の最初の部分も同じく『文句』の表現を踏まえたものと推測される。

法師功徳品　釈名、入文判の箇所に典拠が推定できる。

二釈名者、法師者五種法師也。功徳者六根清浄也。謂諸根互用、内外荘厳也。

『文句』巻十上「釈法師功徳品」

法師義如上説。功徳者前謂初品之初功徳。今五品之上、謂六根清浄、内外荘厳。五根清浄、名外荘厳。意根清浄、名内荘厳。（一三九頁中）

三入文判者、文分為二。初惣列六根之盈縮、次別作六章而解釈。方今、六根清浄、目具六千之功徳、十信力用、遥像十□之□声。依之、種々楚毒之普目、起下化衆生之誓在々世馬之□将、権上求菩提之心。具如経説。

初総列六根盈縮功徳数、次別作六章解釈。（一四〇頁上）

入文判の最初の部分は、『文句』の記述と全く同じであるが、後半に全同の箇所はない。しかし、このような功徳は『文句』では「若依五十二位、即十信心也」（一四〇頁上）とあり、十信の位で獲得されるものとされるので、参照していることは間違いないであろう。

不軽品　釈名及び入文判の箇所に典拠が推定される。

二尺名者、内懐不軽之解、外敬不軽之境、身立不軽之行、口宣不軽之名。昔毀者、以此目人、今経家、以此目品。故名常不軽菩薩品也。

三入文判者、文分為三。一双指前品罪福。二双開今品信毀。三双勧後善順也。方今、堪罵詈而近礼、専表迹門之開三、忍杖木而遠避、但示本門之顕一。両以使彼二十四字之功滅此三十二相之里。具如経説。

『文句』巻十上「釈常不軽菩薩品」

内懐不軽之解、外敬不軽之境、身立不軽之行、口宣不軽之教、人作不軽之目。（一四〇頁下）

昔毀者、以此目人、今経家以此目品。（一四〇頁下）

長行為三。一双指前品罪福、二双開今品信毀、三双勧後二逆順。双指者先指罪如法師品説。次指福如功徳品説如文。第二双開信毀者、有事本本事。事本有時節名号劫国説法等。悉如文。（一四〇頁下）

釈名、入文判ともに『文句』の記述を参照していることが明らかである。

神力品　釈名、入文判の箇所に典拠を推定できる。

二名釈（釈名カ）者、挙能証之人、神力者、顕両証之用也。神名不測、力名幹用。不測、天然之体深、幹用、則転変之力太、故名神力品也。
三入文判者、文分為三。一菩薩受命也。二仏現神力。三結要勧持。方今、十神力、兼表本迹之幽微、四摂要、専顕権□□枢柄。具如経説。

『文句』巻十下「釈如来神力品」
神名不測。力名幹用。不測則天然之体深、幹用則転変之力大。此中為付嘱深法、現十種大力。故名神力品。（一四一頁下）
文有長行偈頌。長行為三。一菩薩受命。二仏現神力。三結要勧持。初経家叙敬儀。（一四一頁下）

釈名も入文判もともに『文句』の記述を踏まえていることが明らかである。

属累品　釈名、入文判の箇所に典拠を推定できる。

二釈名者、属者慇懃付属、累者煩尓宣伝、故言属累品也。
三入文判釈者、文分為二。初正付属。次衆勧喜。方

『文句』巻十下「釈嘱累品」
嘱是仏所付嘱、累是煩爾宣伝。此従聖旨得名、故言嘱累。（一四二頁中）
文為二。初付嘱。次時衆歓喜。（一四二頁中）

今、□□起座、三宣教勅、並曲躬、重自流通、故百千万億之行、只為娑婆阿僧祇劫之法、専施会議。具如経説。

釈名も入文判も両方ともに『文句』の記述を踏まえており、文を付属と勧喜の二つに分けるのも『文句』の区分に従うものである。よって『文句』を参照していることは明らかである。

二　教理的部分

以上の対照から、石山寺所蔵の『法華経品釈』は、ほぼ全体の文言が天台智顗の『法華経』注釈書である『文句』を参照して作成されていることが知られた。それも三門分別の内、第二の釈名と入文判釈の箇所において参照されていたことが知られ、しかも文言は全く同じものもあるが、多くは多少、変えられて引用されているところに特徴が見出だせたと言えよう。また、強いて教学的な特徴としてあげられるものがあるとすれば、それは序品における序・正・流通の三分類の記述及び従地踊出品に出る本迹二門の記述、ならびに三周説法を示す法説・譬説・因縁説の用語程度であろうか。

本迹二門は天台の解釈に一般的なものである。『法華経』は一部八巻二十八品（羅什訳では提婆達多品を除いて二十七品）から構成されるが、天台ではこれを安楽行品までの前半十四品を迹門、後半の従地踊出品より勧発品までの後半十四品を本門として二つに分ける。これは天台による『法華経』解釈の基本的な理解であり、もっとも多くの人々が知悉するところである。

『文句』巻一上には次のような記述がある。

又、一時を分かちて二と為す。序より安楽行に至る十四品は、迹に約して開権顕実し、踊出より経を訖るまでの十四品は、本に約して開権顕実す。

又一時分為二。従序至安楽行十四品、約迹開権顕実。従踊出訖経十四品、約本開権顕実。（大正三四、二頁上）

天台大師は『法華経』を大きく二つに分け、前半十四品を迹門とし後半十四品を本門としたのであるが、本経釈はこの理解を踏襲している。

次に形式的な側面であるが、経釈の形式は、「一に来意」、「二に釈名」、「三に入文判釈」という三門分別から成り立っている。この形式も、古来中国の経典解釈から踏襲されるものであり[4]、また経典解釈における基本的構造である。まさしく一般的なものであると言わざるを得ない[5]。なお、日本において三門分別の形式が何時の頃から用いられたのかは判然としない。ただし、この形式は湛然に仮託された『法華経大意』の形式でもあり、形式上では『法華経大意』の影響も少なくない。

このように見てみると、本経釈から分かることは少ない。教学的な特徴として抽出できるものも僅かに大まかなもの、すなわち「本迹二門」「序・正・流通」の分類及び三周説法の用語程度にしか過ぎず、あとは経典の梗概を『文句』『法華経大意』を依拠として簡潔に示しているに過ぎない。しかし、逆説的に言えば、これらは作者が最も中心的に述べたい教学であったと推定することもできよう。なお、本経釈は『日本大蔵経』に収載される法華経釈の古写本になるのではないかということが大島氏によって指摘されているが[6]、天台系の比較的早い時期の経釈として注目できるものであると思われる。

おわりに

経釈資料に見られる教理を探求しようと目論み、石山寺所蔵の『法華経品釈』を対象に取り組んだのであるが、経釈における教学的な理解は、特徴的なものはさほど見られないという至極当たり前の、一応の結論を得るに至った。確かに、経釈が聴聞の人々に一定の理解を促す啓蒙的な代物であることを考えれば、それは無理もないだろう。しかも、それが雛形のようなものであったとすれば、なおさら仕方のないことであるかも知れない。結果として天台系の経釈が、主に天台智顗の『文句』に基づくものであり、また、湛然に仮託された『法華経大意』の影響も少なくないという至極当たり前のことを追認するにとどまった。

また、経釈がそのまま講師の教学理解のレベルの実際を如実に反映していると短絡的に考えることもまた困難であるように思う。おそらく経釈に見える教学理解は、聴聞の人に理解してもらいたいレベルと捉えるのが妥当なのであろう。ところで、聴聞の人々がどのような人々であったのかという興味深い問題が残されるが、おそらくは貴族たちであったろうと推測しておきたい。

唱導における資料の一つとして、経釈が注目されるようになって久しい。『法華経』以外の経典、たとえば方広会があった東大寺に伝わる『華厳経』の経釈や、最勝講に関する『最勝王経』の経釈なども存在するので、続けて検討していきたい。これらの経釈を検討することから、法会における経釈の実際と、そこに見られる教学的な特徴、及びそれがどの程度の教理理解を提供するものであったのか、及び講師の所属する宗との関連はどうであったのかなどが知られよう。

注記

（1）多くの経釈資料が草本であるが、中には実際の言説を反映すると思われるものもある。国文学研究資料館編『法華経古注釈集』（真福寺善本叢刊2、第Ⅰ期、臨川書店、二〇〇〇年）に収載された「花文集」、村上美登志氏の翻刻する「法華経釈」（『中世文学の諸相とその展開』和泉書院、一九九八年）など。
（2）石山寺文化財綜合調査団編（法蔵館、一九七八年）、七九一頁、八五番。
（3）『法華経大意』は明暦年中に刊行された版本の後記に湛然の作ではないと記され、古来、偽作と扱われるものである。『仏書解説大辞典』等を参照。
（4）菅野博史『中国法華思想の研究』（春秋社、一九九四年）、三三頁を参照。また、例えば、慈恩基の『法華玄賛』では、「略開三門。一来意。二釈名。三出体」（大正三四、六九四頁中）とあり、三門の分別が為されている。吉蔵の『法華玄論』では「一弘経方法、二大意、三釈名、四立宗、五決疑、六随文釈義」（大正三四、三六一頁上）とあり十門の解釈がなされるように、幾つかの門に分類して経典を注釈することが行われた。
（5）大島薫「『花文集』解題」（国文学研究資料館編、前掲書）を参照。大島氏の研究は天台系の『法華経』の経釈が『文句』を中心に構成されること、法相系の『法華経』の経釈が慈恩の『法華玄賛』を中心に構成されることなどを明らかにしており、示唆に富む。
（6）大島薫「「直談」再考」（『日本仏教綜合研究』三、二〇〇五年）を参照。

第五章　東大寺所蔵『妙法蓮華経釈』について

はじめに

東大寺図書館に収蔵される『妙法蓮華経釈』（一一一一三〇六一一）。[1]以下『法華経釈』）について若干の考察を試みたい。同書は、康永初暦、すなわち一三四二年に東大寺僧であった懐紹（一四世紀、生没年不詳）によって述作された経釈である。同書は、『法華経』の二十八品と開結二経に対する解釈が示される経釈の草本と考えられる。実際に講説された内容を忠実に伝える記録ではないが、東大寺の寺僧が作成した経釈としてまとまった形を残していることから、貴重なものであると位置づけられる。

従来、『法華経』の経釈は天台の安居院系のものが中心に研究されてきた。第三章では法相系の『法華経』の経釈に関する若干の見解を示したが、天台以外の宗に所属する僧侶による『法華経』経釈資料は、ほとんど紹介もされていないのが現状である。しかし、奈良、平安期においては『法華経』はいわゆる護国三部経の一つとして最重要な経典であった。その講説も、東大寺を初めとして多くの寺院で行われた。[2]たとえば『東大寺要録』本願章によれば、

十八年丙戌、（中略）三月十六日、良弁僧正は、羂索院に於いて大雄大聖天皇、孝謙皇帝、仁聖皇后の奉為

> に公家に奏聞せり。諸寺の聴衆は相い共に集会し、始めて法華会を行う。（一四頁）

とあり、天平一八（七四六）年に良弁僧正（六八九～七七三）が羂索院（三月堂）において、聖武、孝謙、仁聖皇后のために、初めて法華会を行った。また、同じく『東大寺要録』諸会章によれば、三月一六日に行われる法華会は桜会とも呼ばれ、東大寺の重要な法会の一つとして位置づけられていた。承和一三（八四六）年成立の「東大寺桜会縁起」によれば、

> 敬いて大衆に白す。去る天平十八年丙戌三月を以て掛畏大勇大聖天皇、孝謙皇帝、仁聖大后の奉為に堂閣を荘厳し、幡蓋を羅列し、法筵を敷設し、名僧を屈請し、方便門を開き真実相を示す。此の法会は其れ天平十八年に起こりてより以来、此の承和十三年に至るまで、経る所の年は合わせて一百一歳なり。年代は古きに過ぎると雖も、法会は常に新たなり。（二九五頁）

とあり、天平一八（七四六）年の昔より今の承和一三（八四六）年に至るまで、連綿と法華会が継続的に執行されたという。この縁起は全文が実際に伝わっており、雑事章第十之二に収載されている。その「東大寺桜会縁起」という表題の下には「亦た法花会と名づく」と注記されており、法華会は桜会とも呼ばれたことが確認される。文中の「年代は古きに過ぎると雖も、法会は常に新たなり」との言辞は、常に法会は、現在時点での出来事として意識されたことを物語り、かつその法会は伝統を踏まえたものであるとの僧侶達の意識が反映されていたのであろう。

また『東大寺要録』雑事章に納められた嘉承元（一一〇六）年成立の「法華会縁起」は、次のようにその歴史を伝える。

> 即ち去る天平十八年歳は丙戌に次る春三月十六日、公家に奏聞して始めて件の会を修せり。爾るより以降、毎年諸寺の高徳を簡請して妙法の玄宗を講演すること、年已に久し。（中略）然るに薪尽き火滅し、縁窮して化息す。

是を以て去る宝亀四年閏十一月十六日に暨んで閻浮を嫌う如く（中略）。是に於いて法幢忽ちに折れ燭又た消す。然れども、人は逝きて法は墜ちず。年旧くして事尚お新たなり。是れ則ち当時の所司、会を興し道を弘むるの深誠なるのみ。但だ嘉祥年中より以来、料物は不備、資用は乏短す。所以に他寺の龍象を請うことを停め、便ち専寺の名僧を請いて勤行す。件の会、毎年怠ること無し。此に於いて当時の別当僧都、深観は開結二経を講ぜざるを嗟きて、始めて長暦二年戊寅より更に一日を延べて件の経を副え講じて、始終相い具して五日九坐の勤めを致す。是れ則ち伝法の志、尤も致すところなり。凡そ始めて此の会を修してより以来、経る所の年数は去る天平十八年歳は丙戌に次るより此の嘉承元年に至る、惣じて三百年なり。（二九八頁）

天平一八年の始行より諸寺の高徳を請じて法華会を執行し、途中、宝亀四（七七三）年に中断したようであるが、すぐに所司の尽力によりそれを乗り越えた。しかし、嘉祥年中（八四八〜八五一）以降は、諸寺の僧侶を招請することは停止し、専寺すなわち東大寺の僧侶によって執行することになったと伝える。そして、深観僧都（一〇一〇〜一〇五七）が東大寺の別当であった長暦二（一〇三八）年より開結二経の講説を加えて「五日九坐」の法会になったと伝える。『法華経』は一部八巻、普通に考えれば開結二経を加えて十座になるはずであるが、九座とあるのは不思議である。しかし『法華経』は七巻に調巻されたものも知られるので、七巻本が用いられたのであろうと一応、推測しておきたい。

　さて、ここで考察を試みようとする『法華経釈』は、専ら東大寺僧のみによって執行されるようになった法華会の記録であると考えられる。東大寺僧による『法華経』解釈の一例としてこの『法華経釈』を紹介するとともに、若干の知見を述べたいと思う。なお、本書第二部・資料篇（二六一〜二七〇頁）に全体の翻刻を収録したのであわせて参照されたい。

一　成立年次と著者

同書の末尾には次のような識語が存在する。

写本云、康永之初暦、暮春之下旬、励衰齢之眼精、染老兎之毫端畢。凡此経釈者、少輔法印権大僧都懐紹之草也。理致幽邃而巧顕金陵天台之実義、文旨宛蕩而飽交白楽元稹之花詞、為末代之重宝之間、恐古本之損失之餘、案新写於安居之机、納旧釈於年預之櫃而已。　五師大法師実専生年六十四

本経釈の製作の時期は康永の初暦（一三四二）の暮春であり、作者も少輔法印権大僧都懐紹であることが明記されている。懐紹なる人物はその詳細な伝記を審らかにしないが、まず東大寺文書である延慶三（一三一〇）年の「東大寺政所千華会請定」に「懐紹大法師」とその名前を見せるのが初見のようであり（大日本古文書、東大寺文書之八、一三九頁）、続く応長二（一三一二）年の東寺百合文書「後七日御修法請僧交名並裏書続書」に「懐紹擬灌頂」と再びその名前を見せる（大日本古文書、東寺百合文書ろ、三―一、一巻二六六頁）。さらには、再び東大寺文書で、元亨四（一三二四）年五月一一日に製作された寺の周辺で盛んに行われている博奕（双六と囲碁）を禁じる「東大寺寺僧連署起請文」に「権少僧都懐紹」と自署・花押が押された文書の存在が知られる（大日本古文書、東大寺文書之八、七五頁）。元亨四年の東大寺文書に「東大寺寺僧」としてその名が録されているので、東大寺の僧侶であったことは間違いない。ただし、どの院に所属する寺僧であったのかは判然としない。また、元弘二（一三三二）年に記録された「元弘二年後七日御修法僧等夾名事」にも「懐紹権大僧都」とあり（大日本古文書、東寺百合文書ろ、三―二一、一巻二九七頁）、同書を製作した康永元年に先んずること十年の時点ですでに権大僧都であったことも確かめられる。なお、書写者の五師大法師実専（生没年不詳、一四世紀中葉）は五師として

鎌倉末より南北朝期にかけて名前を登場させる人物であるが[3]、生没年を確認できず残念ながら管見の範囲では書写の年次を特定し得ない。しかし、一四世紀半ば頃であることは確実である。

さて、この懐紹が製作した『法華経釈』の特徴は、識語の中にある「理致幽邃而巧顕金陵天台之実義、文旨宛蕩而飽交白楽元稹之花詞、為末代之重宝之間」との文言から明らかになろう。ここに「金陵天台之実義」「白楽元稹之花詞」という文が見えることに着目したい。金陵は周知のごとく南京の古名であり、一方の天台は天台大師を指すことは明瞭である。本経釈は「金陵」と呼称される人物と天台の実義が参照とされて製作されたと推測されるのである。「金陵」とは『法勝寺御八講問答記』にも「金陵大師」としてしばしば登場する人物と同一であろうと推測されるが、誰を指すのか判然としていない。また、「白楽元稹」、すなわち唐代の代表的な詩人である白楽天[4]（七七二〜八四六）と元稹[5]（七七九〜八三一）の言葉が参照されているというのである。このような点を念頭に置きながら、本経釈の特徴を具体的に検討してみよう。

二　注釈の形式的特徴

本経釈も三門分別から成り立つ。序品の冒頭部分に「将釈此経、可有大意・釈名・章段料簡三門」とあり、「大意」「釈名」「章段料簡」の三つから成立するとの文言がみえる。しかし、実際に各品の中で使用される用語は、「大意」「題目」「入文解釈」である。釈名は「題目」に、章段料簡は「入文解釈」となり、天台系の経釈と同様の表現に変化する。

さて、では各品の文章の特徴を挙げよう。最初に『無量義経』の経釈があるが、まず「初大意者、今経者法王出世之大意、群類入聖之玄門、大乗方等之精要、諸仏菩薩之父母也。良以、此法出生之法門者、会三帰一之由漸、一相無相之妙理者、開示悟入之序分也」との文章がある。残念ながらこの記述の典拠は検出できていない。

また序品の「開三顕一之席、三根声聞成仏、開近顕遠之砌、塵数菩薩得益」との文言があるが、ここに出る経典全体を「開三顕一」「開近顕遠」の二語で括る分段は、吉蔵（五四九〜六二三）の『法華義疏』（以下『義疏』）巻一に引用された龍光法師の説、すなわち「龍光法師開此経為二段。従初品竟安楽行品十三品是開三顕一。次従涌出品以下十四品是開近顕遠。於両段中各開序正流通三段合成六段也」（大正三四、四五二頁下）とある記述を踏まえたものであろう。

「二種方便」「二種真実」との語も『義疏』に見える用語である。法師品に対する注釈文中に「此経明三仏菩提、故三仏菩提皆属此経。又三仏菩提皆従此経出、故皆属此経也。此経開方便門示真実相者、開二種方便示二種真実」（大正三四、五八七頁上）との語が見える。よって、この語もほぼ吉蔵の『義疏』を参照した表現と考えられる。

三　経典の科段

また経典の科段を三門に分別するが、その分け方は次の通りである。

但就二十八品、有三段、以序品為序説分、従方便品至分別功徳品格量偈、十五品半為正宗段、従又阿逸多下流通分也。一部三段、略如此。

すなわち、序品＝序説分、方便品至分別功徳品格量偈＝正宗段、阿逸多以下＝流通段という三段に分けるが、この分段の仕方は直接には吉蔵のものであり、『義疏』巻一に「如来説法又具三時也。初之一品名為序説。従方便品去至分別功徳品半格量偈来、凡十五品半名為正説。従格量偈後尽経十一品半、名為流通分也」（大正三四、四五三頁中）とある記述を踏まえたものと考えられる。もっとも天台の科段においても『法華文句』巻一に「天台智者分文為三。初品為序。方便品訖分別功徳十九行偈、凡十五品半名正。従偈後尽経、凡十一品半名流通」（大正三四、二頁上）とあり、ほぼ同一であるので、内容的に相違は見出だしがたいが、「格量偈」との用語が使用されていることから推測すれば、吉蔵との親近性をより濃厚に感じる。

四　序品より薬草喩品までの経釈

序品　まず序品の説明であるが、冒頭の記述は、吉蔵の『法華遊意』の記述をほぼ忠実に引用するものである。以降、参照していると思われる典拠が推定される場合は、上に経釈の文章を、下に典拠と推定される文章を対照させて引用する。

東大寺蔵『法華経釈』	『法華遊意』（大正三四）
夫今経者窮理尽性之格言、究竟無余之極説、理致淵遠而統群典之要、文旨婉麗而窮巧妙之談。三聖之所楡揚、四依之所頂戴。昔仙人園内、未曜此摩尼、今霊鷲山中、方灑此甘露。	至如妙法蓮華経者、斯乃窮理尽性之格言、究竟無餘之極説、理致淵遠統群典之要、文旨婉麗窮巧妙之談。三聖之所楡揚、四依之所頂戴。昔仙人薗内、未曜此摩尼、今霊鷲山中、方灑玆甘露。（六三三頁中）

序品に対する経釈の冒頭の記述は、間違いなく『法華遊意』の記述を引用して作られたものであることが知られる。

また序品に関してその解釈を示すのに、「初証信序有六句」として、「所聞之法」「能聞之人」「聞法之時」「説経之主」「聞法之処」「同聞之衆」という六種類の観点からの言及が見られる。これも『義疏』に見える記述である。

次別就序品、開為二段、初証信序有六句。所聞之法、能聞之人、聞法之時、説教之主、聞法之処、同聞之衆也。

『義疏』（大正三四）巻一「序品」
諸旧経師但明五事。此釈傷義無文故不用也。今明凡有六事。一如是謂所聞之法。二我聞謂能聞之人。三一時謂聞法有時。四辨仏即是教主。五明聞法之処。六明与衆共聞。具此六門義乃円足。（四五三頁下～四五四頁上）

経釈の文言は、吉蔵によって示された六事が、「所聞之法」など「六句」に若干変更されて用いられたものと推定できる。

方便品　次に方便品の解釈である。経釈の文章中、まず題目であるが、方便の解釈である「理正云方、言巧称便」との言及が注目できる。この表現は『義疏』巻三「方便品」の中に出る次の記述に基づくであろう。

次題目者、通号如前。別目者理正云方、言巧称便。

『義疏』巻三「方便品」
但方便之名有離有合。所言離者凡有三義。一者就理教釈之。理正曰方。言巧称便。即是其義深遠其語巧妙。文義合挙故云方便。（四八二頁中～下）

ちなみに天台の注釈書である『法華文句』『法華玄義』『摩訶止観』の中では「理正」「言巧」を方便の説明とする箇所は存在しないので、明らかに吉蔵の『義疏』が参照されている。

次に入文判釈の文章についても典拠が推定される。

第三入文判釈者、此品大有三文段。初長行偈頌者、略開三顕一動執生疑。自尓大衆中下、第二執動疑生申疑致請段。自尓時舎利弗、汝已慇懃下、第三広開三顕一、断疑生信段也。

『義疏』巻三「方便品」

就前後二段各開四別。初文四者、第一、略開三顕一、動執生疑。第二、執動疑生、申疑致請。第三、広開三顕一、断疑生信。第四、辨流通。（四八五頁下）

経釈の入文判釈の文章も、『義疏』巻三の方便品の文章が下敷きになっている。また、『義疏』の分段では四段に分かれるが、経釈の文では三段に分けられる。この三段の文言は、ほぼ『義疏』の四段の第三までのものとほぼ同一である。ここにも吉蔵の『義疏』の影響が見て取れる。

譬喩品　次に譬喩品を検討してみよう。来意の部分の「上品対上根、直説唯有一仏乗之法、今品為中根、巧明大白牛車之喩」との言及は、『義疏』巻五「譬喩品」の「所以有此品来」にある次の記述に基づくであろう。

来意者、上品対上根、直説唯一仏乗之法、今品為中

『義疏』巻五「譬喩品」

所以有此品来者、斯経文雖七軸、宗帰平等大慧。但入

根、巧明大白牛車之喩。法譬相承、次上此品来。

経釈の記述は、『義疏』の上根の者は直接に法を聞き了解するが、中根の者は了解できないので譬喩を待つのだとする解釈を踏まえる。ちなみに天台の『法華文句』でも「前広明五仏長行偈頌、上根利智円聞獲悟。中下之流抱迷未遣。大悲不已巧智無辺。更動樹訓風挙扇喩月。使其悟解故言譬喩」（大正三四、六三頁中）とあって、上根の者は方便品を聞いて悟ったが中根下根の者はそうではなかったので譬喩を説くことになったのだとあり、その解釈は踏襲されている。

また、題目の次の記述は、同じく『義疏』巻五の記述を踏まえている。

題目者、譬者類也、喩者暁也。説火宅類三界、以羊鹿比二乗。故云譬喩。

此大慧有種種門。或従法説門入。或従譬説門入。或従亦法亦譬門入。（中略）如是大乗典亦名雑毒薬。但上根之人、聞法説已解、無待譬喩。故涅槃経云、乃為利根人、説大乗九部経、略於譬喩、即其事也。中根之徒、未能忘言領法、故聞法説不解而能虚心待譬、故為説譬喩。（五一一頁中～下）

『義疏』巻五「譬喩品」

問。譬与喩何異耶。答。経論之中、或称為譬或称為喩、故知譬喩是眼目異名。亦得有異義者、譬者類也、喩者暁也。仮借近事、以況遠理、暁諸未悟、謂之譬喩。注経云、譬以標事言心、喩以言心及事也。（五一

一方、天台の『法華文句』の注釈では、譬喩は「先総釈。譬者比況也、喩者暁訓也。託此比彼、寄浅訓深」（大正三四、六三頁中）とあって、譬を類とする訓詁を採用していない。

信解品　次に信解品の経釈である。まず来意であるが、経釈の本文は「来意者、前品世尊正説、此品弟子領解、成次来」とあり、前品が釈尊の正説、この品が弟子の領解であると位置づけられる。この位置づけは『義疏』巻七「信解品」の解釈に基づく。

来意者、前品世尊正説、此品弟子領解、成次来。

『義疏』巻七「信解品」
来意門者、為中根人説法凡有四章。初正説已竟今是第二中根領解也。（五四二頁中）

正説がすでに終わったと述べるのであるから前品までは正説であり、以降、中根、すなわち弟子たちの領解となる。題目中の字義の解釈は「信決定旨、解了悟義、権実疑息称信、有無執除名解也」であるが、この記述も『義疏』巻七「信解品」釈名にある記述を参照したものと推定される。

題目者、信決定旨、解了悟義、権実疑息称信、有無執除名解也。

『義疏』巻七「信解品」
二釈名門者、然信解之名有離有合。所言離者凡有三義。一者疑除称信、執破名解。疑是猶預之名。信是決定旨。声聞猶預権実踟躕一三。此疑既息故称為信。即信三是権信一為実也。執破名解者、解是了悟為義。執是迷執之名。既執三為実有則封一為実無。此執既除是故称解。解者解三是無悟一為有。（五四二頁中～下）

『義疏』中の文言である「信是決定旨」「解是了悟為義」を「信決定旨、解了悟義」と言い換えたことは間違いない。

次に入文解釈であるが、全体を二段に分け、「開為二段。初経家、序得解之相。而自仏言下、第二自述領解」と説明する。これも『義疏』の記述を踏まえる。

入文解釈者、開為二段。初経家、序得解之相。而自仏言下、第二自述領解。此有二段。初正述領解、次歎仏恩深難報。

『義疏』巻七「信解品」
品開為二。初経家序其得解之相。第二発言自述領解。（五四四頁上）
而白仏言下、第二発言、自述領解、就文為二。初正述領解、次歎仏恩深難報。以解由仏得故、歎仏恩。又良由領解、方識仏恩、故歎仏恩深。以成領解。（五四四頁上）

第二の「自述領解」をさらに二段に分け「初正述領解、次歎仏恩深難報」とするが、これも『義疏』の記述に基づくものであり、ほぼその表現を踏襲している。

次に、経釈において続く文章は詩文と推定される。典拠を確認できていないが、識語が述べる白楽天か元稹のものであろう。

夫以

昔瞻権教之玄旨　愚亡正観之覚月

今聞譬説之法門　自得無上之大法

是以

説二乗窮子之譬　定父子之天性

破草庵滞情之執　授法王之家業

そして、これに続く経釈の十種恩を挙げて釈尊の徳を称えるという記述も、『義疏』巻七の記述に由来するものであろう。

	『義疏』巻七「信解品」
良以、信解孤不成、必由如来之化縁。故挙十種恩、歎釈尊徳也。	世尊大恩下、第二大段、嘆仏恩深難報。此経始終仏有十恩。（五五七頁下）

十恩とは、同じく『義疏』巻七「信解品」の最末尾に登場する、「一通結縁恩、二別結縁恩、三随逐縁恩、四隠本垂迹恩、五思惟救済恩、六捨深説浅恩、七権誘恩、八付財密化恩、九陶練小心恩、十委嘱家業恩」（大正三四、五五七頁下）である。

薬草喩品　次に薬草喩品であるが、来意の「上品迦葉領解、此品如来述成也」との記述は、『義疏』巻八「薬草喩品」の次の記述を踏まえた表現である。

来意者、上品迦葉領解、此品如来述成也。来意如此。

『義疏』巻八「薬草喩品」
次依述成意、生起此品者、譬喩一品正明説教。信解品明中根領解、今此一品如来述成。（五五八頁中）

また、題目の「薬者治病之通称、草者形木之別名」の言及も『義疏』の記述に基づく。

題目者、薬者治病之通称、草者形木之別名、喩者暁也。惣云薬草喩品第五。

『義疏』巻八「薬草喩品」
言薬草喩品者、薬是草木中治病之通称。草即形木之別名。（五五八頁下）

入文解釈の中の「譬説有開譬合譬」の文言も、同じく『義疏』の記事を踏まえている。

入文解釈者、有二大段。第一如来述成、迦葉之所解。自如来復有下、第二広歎仏徳、有長行偈頌。長行有略広二文。広歎分法譬両門。譬説有開譬合譬、偈文頌法

『義疏』巻八「薬草喩品」
如来復有無量功徳者、第二広嘆仏徳。就文為二。初長行次偈頌。長行為二。初略標仏徳無尽。第二広釈仏徳無窮。（五五九頁上）

説譬説。
今品意者、述成迦葉所解、讃歎如来功徳。所謂内有権実二智、無幽不察、外有形声益物、平等無私。然則如雖一地所生、一雨所潤、而草木不同、芽茎非一。故雖仏性一味、利益平等、而五乗各別、稟教万差。一品大意如斯。

迦葉当知如来是諸法之王下、第二広嘆仏徳無窮。就文為二。初法説明権実二智。次譬説辨形声益物。内有二智無幽不察。外有形声益物平等無私。（五五九頁中）

また「今品意者」の文言である「述成迦葉所解、讃歎如来功徳。所謂内有権実二智、無幽不察、外有形声益物、平等無私」との記述も、対照から明らかなように『義疏』と全く同一の文言が認められ、典拠とされたことは明らかである。

続く、

然則
　如雖一地所生　一雨所潤
　而草木不同　芽茎非一
　故雖仏性一味　利益平等
　而五乗各別　稟教万差

との文言は、典拠が見出だせなかったが、これも白楽天か元稹の詩からの引用であろうか。

以上、薬草喩品第五までを検討してみたが、ほぼ吉蔵の『法華義疏』を中心に、『法華遊意』なども参照して経釈を作成していることが確認できた。

五　経釈の教理的な特徴

前節までの検討から、この経釈がほぼ吉蔵の『法華義疏』を下敷きに製作されていることが指摘できた。よって、本写本の識語に記された「金陵」とは嘉祥大師吉蔵を指すことはほぼ間違いない。ところで、なぜ嘉祥大師は金陵大師と呼称されるのであろうか。『続高僧伝』巻十一吉蔵伝によれば、吉蔵の両親は安息国の出身で、祖は仇を逃れて南海に移住したという。後に祖は金陵に移ったが「後に金陵に遷り而して蔵を生ず」（大正五〇、五一三頁下）とあり、金陵において吉蔵は生まれた。吉蔵にとって金陵は生まれ故郷であった。十一歳にして法朗の門に入り勉学に励み名声を博し[6]、やがて隋が天下を統一し、東の泰望、今の会稽の嘉祥寺に入り講筵を張った。会稽の嘉祥寺における活躍によって、一般に吉蔵は嘉祥大師と呼称されるのであるが、金陵大師とは彼が金陵に生まれたことに因んで命名されたものなのであろう。

次に教理的な特徴について言及しよう。本経釈には三論系の論書、すなわち吉蔵の法華経解釈である『法華義疏』が下敷きとされていることから、三論宗の法華経解釈が開陳されていることは疑う余地がない。ところで「説（法説・譬説）」「領解」「述成」「授記」の用語は、仏典注釈学の中で頻出する言葉であり[7]、特に三論宗の教学に関わるものとはいえない。また、天台智顗（五三八～五九七）の『法華文句』が吉蔵の『法華義疏』を下敷きとして制作されていることから考えれば[8]、天台の用語と吉蔵の用語とは相似し、いずれの影響か判断することとは困難である。しかし、天台ではあまり用いない用語に注目すれば、その特徴を抽出することができよう。そのような視点から考察した場合、化城喩品第七に出る「亦法亦譬門」、従地涌出品第十五に出る「身権」「身実」などの用語が注目されるものとなる。

まず「亦法亦譬門」であるが、これは本経釈の化城喩品の中に登場するが、典拠は『義疏』巻三「方便品」の解釈の中に初出する。内容は、教えを理解させるのに初めに直接に教えを説き（法説）、次に法を理解しない者のために譬喩を説き（譬説）、さらに法を聞いても譬喩を聞いても理解が不十分な者のために二つの方法（亦法亦譬）を詳細に用いて説くのだと位置づけるものである。方法における区分にこの三つを立てるのである。『義疏』巻三の該当箇所は次のように述べる。

就此大章開為三段。第一法説、第二譬説、第三亦法亦譬説。所以有此三説者、法為譬本故前明法説。未解法説故挙顕之。故次明譬説。各聞法譬猶未得解、具辨二門方乃取悟。故化城之前名為法説。化城之後称為譬説。又示諸仏有無礙之智、外有無方之辨、能於一義作種種説。所説雖多、不出法之与譬及亦法亦譬。（大正三四、四九二頁下～四九三頁上）

ちなみに、『義疏』巻八、化城喩品第七の解釈では、本品は亦法亦譬門に相当すると述べられる（大正三四、五六八頁上）。なお天台の解釈では、法説・譬説・因縁説という用語を用い、亦法亦譬説という用語は見られないので、三論宗の『法華経』解釈における特徴となる用語と認められるであろう。

次に身権・身実の用語である。本経釈においては、従地涌出品第十五の冒頭部分に「来意者、上四品証前開後、下之三品正明後説。所謂辨身権身実也。其中今品、挙所化菩薩之多、顕能化成道之人也」とあって、ここに初出する。この記述は、『義疏』巻十の記述に基づく。

従地涌出品第十五

所以此品来者、従見塔至安楽行、四品證前開後。此下三品正明開於後。謂辨身権身実。此品与見塔品同。従地涌出顕如来法身。但見塔品、以能化顕能化、涌出品、以所化顕能化。（大正三四、五九九頁上）

この記述によれば、第十五涌出品から第十七分別功徳品までが「後説」であり、身権・身実を弁別するという。

身権・身実は、仏の身体が仮のものか（身権）真実のものか（身実）という意味である。この用語は、乗の権実とともに吉蔵の『義疏』の中に頻出する用語であり、その最初の説明は、『義疏』巻一「序品」第一に、

　如因身子三請故得開乗権乗実、由弥勒三請故得開身権身実。（大正三四、四五六頁下）

とあり、舎利弗の三請により乗の権実が説かれ、弥勒の三請によって身の権実が説かれたというのである。天台の注釈の中では、身権、身実の語は熟語としては使用されていないので、この用語も三論の独自のものと考えて良いであろう。

おわりに

中世の東大寺において勉学されていたものは多岐に渡り、主に三論、華厳、真言、天台教学などであったと考えられるが、懐紹が東南院の寺僧であるとすれば、その勉学した教学も三論と真言が中心であったと推測して大過はあるまい。では当時の三論宗において修学すべき『法華経』に関する注釈書の実際はどのようなものであったのだろうか。たとえば元興寺安遠律師（生没年不詳、一〇世紀頃）の述作した『三論宗章疏』（延喜一四（九一四）年成立）によれば、

　法華義疏十二巻嘉祥寺胡吉蔵述
　法華新撰疏六巻分本末為十二巻吉蔵述
　法華統略三巻分本末為六巻吉蔵述
　法華遊意一巻吉蔵述
　法華略疏竺道生述　（大正五五、一一三七頁中）

の五部の典籍が挙げられ、吉蔵の諸注釈と竺道生（？～四三四）の注釈とが用いられたことを伝える。中世の初頭においても、この修学すべき基本的典籍は異なっていなかったに相違ない。そして実際、本経釈において中心的に用いられている注釈書は吉蔵の『法華義疏』であり、その参考資料は、基本的な三論宗の典籍であったと言うことができる。

ところで、吉蔵の『法華義疏』を主に用いて経釈を作成していることの意味を考えてみたい。おそらく経釈は、その宗の基本的な見解を提示するものであったのではないだろうか。三論宗徒が修学すべき代表的な典籍に基づき経釈を作成していることは、天台系の経釈の場合と、意識的にはほぼ同一のように思われる。天台系の経釈では、代表的な注釈書である『法華文句』が中心的な拠り所として参照されているのであるが、それと対になると考えられるのである。このような点から考えて、法会で開陳された経釈の性格は、講師の所属する宗の基本的な理解を提示するものであったことが推知されるのである。

注記

（１）架蔵番号一一一―三〇六―一は『六十華厳経品釈』として目録に記載されている。これが後に本書第八章で取り上げる華厳経釈である。形式は折り本、その紙背に本章で取り上げる『法華経釈』が記され、これは『無量義経』と『法華経』と『観普賢菩薩行法経』に対する三つの経釈から成る。

（２）永村眞「『南都仏教』再考」（ＧＢＳ実行委員会編『論集　鎌倉期の東大寺復興――重源とその周辺――』ザ・グレイトブッダ・シンポジウム論集第五号、法蔵館、二〇〇七年）を参照。

（３）永村眞『東大寺の組織と経営』（塙書房、一九八九年。一九九六年再版）、二八二～二八三頁「五師在任一覧」の表を参照。実専は一三三六年に年預五師に任命され一三六四年まで年預五師または五師の職に在ったことが分かる。年預五師の在任年は、一三三六年、一三四〇年、一三五二年、一三五四年、一三六二年、一三六四年であるので、筆写年は一三五二年、一三五四年または一三六二年、一三六四年かと推定される。
（4）白楽天、中唐の詩人。『白氏文集』は平安時代に広く知られた詩集である。
（5）元稹、中唐の詩人。平易な詩風は元白体、元和体とも言われる。『元氏長慶集』はその詩集である。
（6）『続高僧伝』の吉蔵伝には「七歳」に法朗の門に入ったとあるが、七は十一の写誤とする平井俊榮氏の説に従う。平井俊榮『中国般若思想史研究――吉蔵と三論学派――』（春秋社、一九七六年）、三四六～三五二頁を参照。
（7）菅野博史『中国法華思想の研究』（春秋社、一九九四年）、六一七～六一九頁を参照。法雲の『法華義記』ではまだ「領解」等の用語は登場しないが、後の注釈になると、三周説法の用語として「説（法説・譬説・因縁説）」「領解」「述成」「授記」の四つが一サイクルとなって登場する。
（8）平井俊榮『法華文句の成立に関する研究』（春秋社、一九八五年）を参照。

第六章　『釈門秘鑰』に収載された最勝王経釈

はじめに

澄憲（一一三六～一二〇三）が編纂したと考えられる唱導の資料として『釈門秘鑰』が存在することは第三章において指摘した。本章では、その中に伝えられる経釈の具体的内容について考察を加える。『釈門秘鑰』に収録されている経釈は、いわゆる草本としての経釈類ばかりであると考えられる。どれ一つをとっても内容的に簡略であり、要点のみを記しているとしか考えられないものが多い。ということは、最初から資料的な制約があると考えざるを得ず、これらの資料からわかることは非常に限定的なことにしか過ぎないであろう。本来、唱導には譬喩や因縁や当座の巧説があったことなどを想像すれば、『釈門秘鑰』に収載される経釈は、まさに骨に当たる部分だけであり、面白味に欠けるものかもしれない。

上記のような限界を意識しつつ、以降、具体的に検討を試みるのであるが、考察の視点は、その経釈がどのような資料に基づき作成されたかにある。いわば典拠となる資料を探ることにあり、それは、その経釈作成者が持っていた教学的背景を考察することに繋がる。ここに注釈学的な研究が成り立つ所以があると考えている。しかし、それがそのまま、その経釈作成者の教学を直截的に反映しているかどうかは確証のすべが無い。経釈を作成するに際しても、制約があると考えられるからである。それは聴聞の人々が専門的な教学を学んだ僧侶ではなく、ほぼ一般的な貴族が対象であったろうということである。とすれば、経釈は専門的な知識を披露するためのものではなく、経典の内容をどのように理解すればよいかを示せれば十分であったろうとの推測も成り立つ。

つまり、経釈の典拠となった典籍は、参照した資料を彷彿させるだけであって、それ以上の深読みは危険かもしれない。しかし、それでも教学が関わることは間違いない。どのような理解をすればよいかを示すためには、その背景として教学的理解があったことは疑い得ないからである。よって、議論の余地を残すかもしれないが、ここでは、その法会に関わったものたちに基本的な理解を提示しようとして作成されたものと考えて考察を進めることにする。

安居院の唱導資料の中で、経釈の部分に関する教理学的な関心からの研究は、あまり多くはない。注目される研究は櫛田良洪氏の「金沢文庫蔵安居院流の唱導書について[1]」である。この研究は、書誌的な問題から教理的な部分までに渡り、初期における重要なものであろう。その他、最近では大島薫氏[2]、末木文美士氏[3]等の研究があるが、これらは法華経釈、阿弥陀経釈に触れているに過ぎず、それ以外の経典に関するものは未だ、ほとんど存在しない。このような理由から、本章と次章では、『釈門秘鑰』の中から前記の二経以外の経釈を選び、検討することとしたい。

まず、『釈門秘鑰』巻二十之一に収載された『金光明最勝王経』（以下『最勝王経』）の経釈を検討してみよう[4]。

一　『最勝王経惣釈』

『釈門秘鑰』巻二十の中には、『最勝王経』に関する経釈が「惣釈」「巻釈」「品釈」と三種類収載されたことが冊子冒頭の記述から知られる。しかし残念ながら、現存するものは「惣釈」と「巻釈」のみである。

まず、惣釈であるが、これは『最勝王経』全体に対する解釈である。『最勝王経』が、最勝会あるいは最勝講において使用された経典であることは周知の通りであろう。飛鳥・白鳳時代においては、曇無讖（三八五〜四三三）訳『金光明経』四巻が用いられたが、それはまだ『最勝王経』が義浄（六三五〜七一三）によって翻訳されていなかったからである。義浄によって『最勝王経』十巻が翻訳され将来された後には、『金光明経』は次第に使用されなくなり、やがて『最勝王経』が一般的になっていったと考えられる。

最勝講は最勝王経講と呼ばれ、五月中の吉祥なる日を五日間選び、宮中の清涼殿において開催された。その開始は長保四（一〇〇二）年と考えられ、後に法勝寺御八講、仙洞最勝講とともに三講と呼ばれるようになる。この宮中の最勝講に澄憲が出仕したことが知られるが[5]、『古今著聞集』「釈教」によれば、承安四（一一七四）年に「内裏の最勝講に、澄憲法印御願の旨趣啓白のついでに」とあり、その説法の妙で有名になったことが記されている。

また当時、『最勝王経』を講じる法会は、円宗寺の最勝会や仁和寺の最勝会などが有名なものとして存在したことにも注意が必要である。いずれにしろ、『釈門秘鑰』巻二十之一に収載された最初の『最勝王経惣釈』（以下『惣釈』）が、『最勝王経』を講説するどのような法会において使用された草本であるのかを伝える情報は一切無い。このような状況ではあるが、ここに掲げられた惣釈について考察を試みる。なお、用いたものは金沢文庫所蔵本である。

まず、冒頭に「任諸経例、略可開三門。初大意者（中略）。次題目者（中略）。第三者入文料簡者（以下略）」（一丁裏、六丁表）と掲げられており、この惣釈が三門釈から成立することが知られる。この三門釈は、経釈の一番典型的な形式である。さて、「初大意者」の文章中の次の記述を見てみよう。

『惣釈』
経始説言、是時如来、遊於無量甚深法性云々（二丁表）

『金光明経』（大正一六）
如是我聞。一時仏住王舎城耆闍崛山。是時如来遊於無量甚深法性諸仏行処。（三三五頁中）
『最勝王経』（大正一六）
如是我聞。一時薄伽梵、在王舎城鷲峯山頂。於最清浄甚深法界、諸仏之境、如来所居。（四〇三頁上）

対照させたように、この経典の最初にあるとされる記述を経典に確認してみれば、実は『最勝王経』ではなく『金光明経』である。該当箇所は序品の冒頭部分であるが、両者を比較してみると、『惣釈』の文言は義浄訳の『最勝王経』よりも曇無讖訳の『金光明経』の方に近い。
また、次の記述も重要である。

大師尺云、日輪赫奕、非嬰児之所挙仰。大舶楼櫓、豈新産之所執持云々（二丁裏）

『金光明経玄義』（大正三九）
日輪赫奕。非嬰兒之所瞻仰。大舶楼櫓。豈新産者之所執持。（一頁上）

この文章は、「大師尺云」として典拠を予想させるのであり、実際、右に対照させたように章安大師灌頂（五六一～六三二）が天台智顗（五三八～五九七）の講説を記録したと伝えられる『金光明経玄義』巻上の冒頭の部分の記述に一致するのである。

次に、釈題目の中に金光明経の三字を解釈するのに十種三法に喩えるという記述が出るが、これにも参照した記述を想定し得る。

金光明之三字者喩十種三宝也。（四丁裏）約仏果、即三身三徳三菩提三涅槃也。約衆生、即三道三識等也。（四丁裏）

『金光明経玄義』
且寄十種三法以為初門。復為三意。一標十種。（中略）謂、三徳、三宝、三涅槃、三身、三大乗、三菩提、三般若、三仏性、三識、三道也。（二頁中～下）

また、『惣釈』の横三宝、竪三宝の記事も『金光明経玄義』の次の記述に基づくと考えられる。

就十種三宝、有横三宝、有竪三宝。横三宝者即一念三千之法門也。竪三宝者是六即七位之加被也。（五丁表～裏）

『金光明経玄義』
又一一法門具六即位。理即是本有位。究竟即是当有位。其餘即是現有位。甚深義亦成。是為法性竪高甚深之義也。当知、金光明三字、遍譬一切横法門、故言無量。遍譬一切竪法門、故言甚深。乃称法性之文。（大正三九、三頁上）

『金光明経玄義』には横三宝、竪三宝という記述はないが、横法門、竪法門という考え方は言及される。経釈の竪三宝の中で六即の位が言及されるのは、ここの箇所を踏まえたものと考えられる。

ほかにも、『惣釈』では金光明の三字を発心、般若、解脱の三徳に対比させ、「金者喩法身徳、光者喩般若徳、明者喩解脱徳」（四丁裏）と述べるが、これも『金光明経玄義』巻上の「三譬喩者、旧経師、以三字譬三徳、金譬法身、光譬般若、明譬解脱」（大正三九、一頁下）とある記述に基づいている。また、『惣釈』の「三道者生死本法也」（五丁表）の記述は、『金光明経玄義』巻上の「従煩悩通業、従業通苦、従苦復通煩悩。故名三道」（大正三九、四頁上）の記述から帰納したものであろう。

次に入文料簡の箇所であるが、この箇所も通例の如く、序分、正宗分、流通分の三つに分けられることが示される。その文章は次の通りである。

第三者入文料簡者、此経一部十巻三十一品。大分為三。初品、序分。従如来寿量品、訖依空満願品、為正宗分。従人天品、訖付属為流通分。（六丁表〜裏）

『最勝王経』は一部十巻三十一品であり、曇無讖訳『金光明経』は四巻十九品であるから、澄憲は『最勝王経』の章立てを念頭に置いて区分をしていることは間違いない。序品第一のみが序分であり、如来寿量品第二より依空満願品第十までを正宗分、四天王観察人天品より最後の付属品三十一までを流通分とするのである。この区分立ては、智顗説灌頂記の『金光明経文句』巻一の中に説かれる説に基づく。すなわち、ここでは江北の諸師の区分である「初品為序、寿量下訖捨身為正、讃仏為流通」（大正三九、四六頁中〜下）との記事をあげて（正宗分の箇所がこの説では増えており、寿量品第二から捨身品第十七までの経典のほとんどの部分が正宗分になっている）否定し、次いで天台の区分を述べるのであるが、次の記述とほぼ一致する。

今従如是我聞入寿量、訖天龍集信相菩薩室為序段。従爾時四仏下、訖空品正説段。従四王品下経流通段。（大正三九、四六頁下）

曇無讖訳『金光明経』と義浄訳『最勝王経』とを対照させれば、ほぼ「爾時四仏」から空品の終わりまでが、『最勝王経』の如来寿量品から依空品までに相当する。よって、澄憲の科段は、智顗の『金光明経』に対する科段をほぼ踏襲したものであることが確認される。ちなみに吉蔵（五四九～六二三）の『金光明経疏』においては、科段は「序品即是序説分、第二寿量品訖捨身品是正説分、第三讃仏品一品是流通分也」（大正三九、一六〇頁中）とあり、智顗の説とは異なって江北の諸師の説と同じである。また義浄訳にもとづいた法相家の慧沼（六五〇～七一四）の『金光明最勝王経疏』によれば、「従寿量品尽依空満願品、此九品明経正宗、餘二十一品並是流通」（大正三九、一八三頁上）とあって、こちらは天台の解釈と同じである。とすれば、この科段分けの姿勢からだけでは澄憲が慧沼の注釈書を見て作成したとの可能性も否定できず、断定はできない。ところが、『惣釈』の次の記述は、明らかに『金光明経文句』の記述に基づくことが知られる。

一従四天王観察人天品至付属品、凡二十一品、為流通分。就之為七意。一従四天王観察人天品、発誓助人天広宣、四王振威除難、難離弘経王。（八丁裏～九丁表）

『金光明経文句』（大正三九）巻五

故曰流通。凡為七意。四天王至散脂、明天王発誓、勧奨人王弘宣此経。正論善集、明人王弘経、天王祐助。（七三頁中）

『惣釈』が述べる七意というのは、『金光明経文句』が述べる七意（①天王の発誓と人王にこの経典を広めさせること、②人王が経を広め天王が助けること、③経を広める方軌を示すこと、④聴経の功徳を明かすこと、⑤聴経の功徳のむなしくないことを示すこと、⑥師弟に法財を惜しまないよう誡めること、⑦諸菩薩の能宣所宣の利益の深いこと）(6)を指すのであり、ここに、明らかに『金光明経文句』を参照していることが知られる。

次に品の名称であるが、ほぼ義浄訳の『最勝王経』を踏襲することが知られる。ところが第十九品のみ異なる名称が用いられている。すなわち、『惣釈』では「散脂薬叉大将品」とあり曇無讖訳の名称を用いているのである。義浄訳の『最勝王経』では「僧慎爾耶薬叉大将品」であり、その用語が異なる。

その散脂大将品に関する記事も、『金光明経文句』巻五の記述に基づく。

巡検世間、賞善罰悪、皆是散脂之所管。聞経歓喜、発誓護持也。（一一丁表）

『金光明経文句』巻五

巡遊世間、賞善罰悪、皆為散脂所管。聞経歓喜、発誓護於説者聴者。（七七頁上）

ここの惣釈の表現は明らかに『金光明経文句』の記述を参照している。また次の正論品、善集品に関わる記述も同様に『金光明経文句』の記述を踏まえたものである。

以王法正論善生王当品之中、明人王弘経、天神加助、益人王之王徳也。（一一丁裏）

『金光明経文句』巻五

此文是流通中第二意。明人王弘経感通冥聖。（釈正論品、七八頁中）

此品是第二人王弘經。（釈善集品、七九頁中）

『惣釈』の記述の中の品名は明らかに『最勝王経』所出の品名に変更されているが、その内容に関するものは曇無讖訳『金光明経』に対する天台の注釈である『金光明経文句』の記事から採用している。

五約四天王、以天力擁護説者。次大弁、以弁道益説者。次功徳天、以宝財潤請者説。次地神品、以地味令膏腴請処説処。薬叉大将品、以天武威払人障難、令姿隠説者聴者等也。又義天王護其国、大弁護其師、功徳天護其衆、地神護其地。大将穣其災、令経大弘也云々
（一三丁表～裏）

『金光明経文句』巻五
天王発誓又為五。四王以天力擁護請者。大辯品以辯充益説者。功徳天品誓以資財潤請者説者。地神品誓以地味膏腴味請処説処。散脂品誓以威武摧外敵壊内難安於請説聴等也。又天王護其国、大辯護其師、功徳護其衆、地神護其地、散脂禳其災、令経法大行也云云（七三頁下）

『惣釈』の中でもこの箇所は後半の箇所であるが、その記述は『金光明経文句』巻五の記述を引き写しにしたと言っても良いほど表現が相似している。

以上、管見の範囲から『惣釈』の表現は智顗説灌頂録とされる『金光明経玄義』と『金光明経文句』との二著が大きな拠り所となっていることが知られた。智顗が生きていた時代には『金光明経』のみが翻訳伝持されていて、『最勝王経』はまだ翻訳されていなかった。よって、後代の人が『最勝王経』を解釈しようとしても、義浄の『最勝王経』に対する智顗の注釈は存在しないので、実際には曇無讖訳『金光明経』に対して智顗が注釈を施した資料を利用せざるを得なかったのであろう。また、『最勝王経』に関する注釈的なものとしては、後には法相家に属する慧沼のものが存在するが、そのようなものを参考にしていた形跡は見出だされなかった。

とすれば、澄憲の『最勝王経』に対する経釈は、智顗の注釈書である『金光明経文句』『金光明経玄義』を中心的な参考資料として作成されていたことは間違いない。しかも、そのためであろう、散脂鬼神といったような

『最勝王経』とは異なった曇無讖訳の用語が登場してきてしまったと推測される。

では、次に巻釈について検討しておきたい。

二　巻釈に見られる特徴

『釈門秘鑰』巻二十之四の表紙には「第七巻　寿永二年　最勝講、第八巻　仁安三年　最勝講、第十巻　応保二年　最勝講」とあり、それぞれ『最勝王経』の第七巻、第八巻、第十巻に対する経釈（以下『巻釈』。各巻を対象にしているので巻釈である）が収載されることが記されている。寿永二（一一八三）年、仁安三（一一六八）年、応保二（一一六二）年と、その製作の年次の新しいものから並べられているが、これは『最勝王経』の巻の順番に並べ替えたためである。ところが、一三丁裏には「第九巻　応保六年　最勝講」との記述があり、当初、応保六（一一六六）年に行われた最勝講の際の第九巻に対する経釈の記録も含んでいたと考えられる。第九巻に対する経釈の文言が欠落してしまったのは、澄憲自身が落としたのか、あるいは書写をした際に欠落してしまったのか、その理由を知ることはできないが、しかし、澄憲の作成した段階ではこの応保六年の最勝講の際の経釈も含まれていたものと推測する。

澄憲は、最勝講に出仕すること、生涯にわたって夥しいことが知られているが、中でも、巧みな説法であったと後に人口に膾炙するようになった彼の経釈の草本が残されていることは貴重である。それでは、寿永二年に行われた最勝講で、澄憲が担当した第七巻の経釈についての検討から始めよう。

第七巻　まず全体的な形式は、「将釈当巻、例可用三門。初来意者（中略）。次尺題目者（中略）。入文判釈者（以下略）」（一丁表等）とあることから、三門釈の形式が採られていることが知られる。三門釈は経釈の一般的な形式である。

さて、『最勝王経』巻七は「無染著陀羅尼品第十三」「如意宝珠品第十四」「大弁才天女品第十五」の三品を含む（ただし、大弁才天女品第十五は次の巻八に掛かる）巻である。また、この巻の無染著陀羅尼品は、智顗の注釈書には対応する箇所がない。しかし、ここでも『巻釈』の記述は智顗の『金光明経玄義』の記述を踏まえているようである。

『巻釈』

理性無染者成法身徳、智恵無染者成般若徳。修行無染者成解脱徳。如是三種無染、即是金光明三字之所顕也。（二丁表～裏）

『金光明経玄義』

譬三身者、金体真実以譬法身。光用能照、以譬応身。明能遍益、以譬化身。次譬三徳者。金有四義。一色無変。二体無染。三転作無礙。四令人富。金以譬法身常浄我楽四徳。光有二義。一能照了。二能除闇。以譬般若照境除惑。明有二義。一無闇。二広遠。以譬解脱、衆累永尽、溥益有縁。（二頁上）

下段に示した『金光明経玄義』の記述は『巻釈』のような直接的な表現ではないが、金光明の「金」の字は法身を譬え、「光」は般若を譬え、「明」は解脱を譬えるとされる。このことから考えれば、『巻釈』のような解釈は可能である。

次の陀羅尼の意味に関する記述は、四明知礼（九六〇～一〇二八）の『金光明経文句記』の次の記述と近いとも考えられる。

陀羅尼者、此翻惣持、遮悪持善之義也。（二丁裏）

『金光明経文句記』（大正三九
陀羅尼者、翻為遮持。遮一切悪持一切善。（一二〇頁上）

ただし、陀羅尼の説明は、『大智度論』では「陀羅尼秦言能持或言能遮。能持者集種種善法、能持令不散不失。譬如完器盛水水不漏散。能遮者、悪不善根心生、能遮令不生」（大正二五、九五頁下）と説明され、悪を遮り善を保つことと一般的に説明されるので、ここは通例の説明に随ったまでのことであろう。

また、次の入文判釈の如意宝珠品の記述に、典拠を明らかにしないが「文有七段」とあるのは、経典に釈迦、観自在菩薩、執金剛秘密主菩薩、索訶世界主梵天、帝釈天主、多聞天王、諸大龍王の七種類のものたちが呪を説いて外護することを誓うことに基づいた表現である。

また次の弁財天女品は、「分文為三」となすのは、智顗の『金光明経文句』巻五の「釈大辯品」にある「文為三」の記述に基づいて、経典の大意を述べたものと考えられる。巻釈では、「請者得益」「説方便加行」「憍陳如歓喜」とその内容が簡潔に記されているに過ぎないが、これも『金光明経文句』の記述を参照にしたものと推定される。

次大弁才天女品、分文為三。初請者得益。次明説聴方便加行。第三憍陳如婆羅門□。（四丁裏）

『金光明経文句』
文為三。一従白仏下以大辯力加益法師。二従若有衆生於百千下、以感応力加於化道。三従復令無量下、以行

一力加於聴者。（七六頁中）

文を三段に分かち、得益、方便加行、憍陳如の喜びというように段落を分けるのであるが、その発想は、智顗の『金光明経文句』の記述から採用しているに相違ない。

智顗の直接の言及のない章においても澄憲は、『金光明経文句』や『金光明経玄義』の記述を参照しながら、経釈を作成していたと考えられるのである。

第八巻　続く巻八の釈は、仁安二（一一六七）年の最勝講の際のものであるが、これを検討する。巻八は、「大弁才天女品第十五之二」「大吉祥天女品第十六」「大吉祥天女増長財物品第十七」「堅牢地神品第十八」「僧慎尓耶薬叉大将品第十九」「王法正論品第二十」の合計六品から構成される。まず、この経釈の冒頭部分に「将釈此巻有五品、以三意可尺之。初来意者（中略）。次題目者（中略）。次入文判釈者（以下略）」（五丁裏～八丁表）とあることから、大弁才天女品之二は数に含めていず、またこの巻釈も基本的には三門釈を用いており、大意、題目、入文判釈の三段から成り立つことが知られる。

まず釈題目の中に経典の引用があるので、そこから検討しよう。「故経曰」（七丁表）とあり、短い経典の引用が存在する。この文章は、『最勝王経』の経文を参照した文章である。

故経曰、我念昔有瑠璃金山宝花光照吉祥功徳海如来仏、我於彼所種諸善根、由彼如来威神力故、令我今日玉処衣食七宝悉令充足云々（七丁表～裏）

『最勝王経』巻八

世尊。我念過去有琉璃金山宝花光照吉祥功徳海如来応正等覚十号具足。我於彼所種諸善根、由彼如来慈悲愍念威神力故、令我今日随所念処、随所視方随所至国、

能令無量百千万億衆生受諸快楽。乃至所須衣服飲食資生之具。金銀琉璃車磲瑪瑙珊瑚虎珀真珠等宝、悉令充足。（四三九頁上）

『金光明経』功徳天品の対応する文章では、「宝花功徳海瑠璃金山照明如来」（大正一六、三四五頁上）となっており、明らかに澄憲は『最勝王経』を参照していよう。ところが次の入文判釈の中では、また智顗の『金光明経文句』の記述を援用した表現を採るのである。該当箇所を対照して掲げる。

第三堅牢地神品、分文為三。初尓時下、発誓得地味、利益行者。次従尓時世尊下、如来述成。三従尓時堅牢、発誓弘経。初文意、堅牢地神大衆中白仏而言（中略）。令其地味皆悉増益。就之、有八事展転増長。（九丁裏～一〇丁裏）

『金光明経文句』巻五

文為三。一従白仏下誓涌地味利益行者。二従爾時仏告下如来述成。三従爾時地神下発誓弘経。初涌地味文為三。従初白仏下明己身利益。凡約八事展転増長。由聞法故法味増長。法味増長故気力増長。気力増長故翻地味増長。地味増長故諸物増長。諸物増長故衆生五果増長。五果増長故修行増長。修行増長故供養増長。供養増長故弘通増長。悉如文。従何以故世尊下明眷属利益。是経力増長。（七六頁下）

この記述は明らかに『金光明経文句』巻五の釈堅牢地神品の記述に基づいて作成されていることが知られる。

次の大将品に関する釈も、『金光明経文句』巻五の釈散脂鬼神品を参照する。

第四正了知大将品、分文為五。一発誓護持。二述有能護之徳。二（三カ）以智力交益説者。四明為徳善光宣経令得益。五尓時世尊下仏述成。凡此品心、正了知大将常与二十八部諸薬叉俱。此経流布処、弊形擁護受持一四句偈、僅聞首題名字、我当擁護令無災横。况五句十座、如説講演哉。（二一丁表～二二丁表）

『金光明経文句』巻五

文為四。一従白仏下発誓護持。二従何因縁下述有能護之徳。三従散脂大将下誓以智力克益説者。四帰敬本師。初段有経家叙。正発誓。悉如文。述徳又為三。初五句述智。次五句述境。次五句述正。三番称世尊。知是三種意也。（七七頁上）

『巻釈』では文章を五つに分けるが、『金光明経文句』では四段に分け、その段落数は一致しないが、一に発誓護持、二に能護之徳、三に智力交益説者とするところは全く同一である。よって、この部分も智顗の『金光明経文句』を参照していることは明らかである。

最後の王法正論品に対する釈も、『金光明経文句』を参照する。同じく対照させて掲げる。

第五王法正論品、分文為二。初長行、説事本。二偈頌、述正論。（中略）此品人王、正法治国、不□人民、国土泰平。最勝正教、可令流通故也。是則於先王至徳

『金光明経文句』巻六

従金光明出此正論。善用此正論。天宮天身以之光明。天力天威以之増長。天心為之倍楽。天之法味為之倍更深遠。即是先王之至徳要道。亦是第一義悉檀立名名正

要道也。於如来教誡永道也。深可慎重、可守国王。

（一二丁表～一三丁表）

論品也。此文是流通中第二意。明人王弘経感通冥聖。天王佐助善政興隆。文為二。一長行説事本。二偈頌説正論。長行中対告地神説昔尊相。如文。偈有八十二行。文為四。初二行半集衆。次三行半発問。次一行結問開答。後七十五行梵天答。即説正論也。（七八頁中）

王法正論を「事本」を説く長行と「正論」の偈頌の二つに分けるのは『金光明経文句』の記述に基づく。また、世俗の正しい道を「先王之至徳要道」と表現するのも、明らかに『金光明経文句』の記述を参照した表現である。

第十巻　最後に収載されるものが巻十に対する巻釈である。この経釈は応保六年の最勝講においてなされたものである。全体の構成は、冒頭部分に「将尺此巻、任例可有来意尺名章段料簡三門」（一三丁裏～一四丁表）とあることから、通例の如く三門釈が用いられていることが知られる。『金光明経』巻十は「捨身品第二十六」「十方菩薩讃歎品第二十七」「妙幢菩薩讃歎品第二十八」「菩提樹神讃歎品第二十九」「大辯才天女讃歎品第三十」及び「付嘱品第三十一」の六品から構成される。全体の中では流通分に当たる。

この巻の経釈は比較的短い。まず釈題目において、参照されたと思われる記述が、同じく『金光明経玄義』の中に見出だせる。

次題目者通号如前。々捨義甚多。受者須身、余財非要。施者正捨身、余財傍捨也。今従正要得名、故云捨身品

『金光明経文句』巻六

捨義甚多。財位寿命。独以身当名耶。此従正要得名。受者須身餘則非要。施者正捨身餘旁捨爾。故言捨身

者。（一四丁裏）

一品。（八二頁中）

『金光明経文句』巻六の釈捨身品の冒頭の記述を踏まえた表現であることが明瞭である。また入文判釈においても、幾つか近い表現を見出だすことができる。

此巻初捨身品第八、引苦（昔カ）行経、不惜軀命、勧末代行人軽生重法歟。（一五丁表～裏）

『金光明経文句』巻第五
除病流水引昔聴経之功徳。證今護持之非謬。捨身品引昔行経不惜軀命。誡勧師弟勿吝法財。（七三頁下）

この記述は『金光明経文句』巻五の釈四天王品の文章を参照したと推測される。

分列文段者、捨身品文分為四。一叙縁起。二明捨身。三時衆得益。四結成。（一六丁裏）

『金光明経文句』巻六
文為四。一問、二答、三衆得益、四結成。問者上聞大士治病救魚実為曠済。小人小蟲得二世益。時衆願聞亡身殞命感深契極之事。行苦而果楽、可得聞耶。是故請問。仏答為二。一叙縁起。二正明捨身。（八二頁中）

なお、捨身品に続く十方菩薩讃仏品、妙幢菩薩讃歎品、大弁才天女讃歎品の三品に対しては（菩提樹神讃歎品については言及されない）、参照したと思われる記述は見出だせなかった。それぞれがまず菩薩の名前を掲げ、次にその菩薩が仏を讃歎し、そして仏がその讃歎を「善哉」と褒め称えるという三つの構造に分類することができると述べるのであるが、それは、まさしく『金光明経』本文の形式に他ならない。

おわりに

以上、縷々、経釈が参照したと思われる表現を注釈書に徴してきたわけであるが、次のようなことが言えるであろう。すなわち、澄憲は、智顗説灌頂録とされる『金光明経玄義』及び『金光明経文句』の両著作を座右に置きながら、これらの『最勝王経』に関する経釈を作成していた。このことはまず間違いない。ただし、『最勝王経』といっても、実は異訳の『金光明経』に対する注釈書しか、天台智顗には存在しない。よって、澄憲は、智顗の『金光明経』に対する注釈書であるこの『金光明経文句』等を援用して、その内容について要点をまとめ、『最勝王経』に関する経釈を完成させたのである。実際に対応する章が存在する場合には、ほぼ智顗の文言を踏襲し、対応する章が無い場合には、自分で文章を作成しているようである。いずれにしろ、ここからは澄憲の注釈態度が彷彿されるであろう。彼は、あくまでも中国天台の理解を踏襲し、智顗の著作に基づいて経釈を作成しようとしていたのである。

注記

（１）櫛田良洪「金沢文庫蔵安居院流の唱導書について」（『日本仏教史学』四、一九四二年）。
（２）大島薫「安居院澄憲草『法華経品釈』について」（『金沢文庫研究』三〇〇、一九九八年）、大島薫「『花文集』解題」（国文学研究資料館編『法華経古注釈集』真福寺善本叢刊２、第Ⅰ期、臨川書店、二〇〇〇年）など。

（3）末木文美士氏・山本真吾氏は京都高山寺に所蔵される安居院の資料を報告している。山本真吾・末木文美士「高山寺本『転法輪鈔』阿弥陀釈の解説並びに翻刻」（高山寺典籍文書綜合調査団〔代表築島裕〕『平成八年度高山寺典籍文書綜合調査団　研究報告論集』一九九七年）。

（4）大屋徳城「日本における金光明経及び最勝王経」（『日本仏教史の研究』一、法蔵館、一九二八年）が、最勝王経とその品釈について触れ、法相系と三論系の両者があることを指摘する。

（5）澄憲の出仕した法会について、その概略を山崎誠氏が澄憲の略年譜の中に示しており便利である。山崎誠「唱導と学問・注釈」（伊藤博之・今成元昭・山田昭全編『唱導の文学』仏教文学講座第八巻、勉誠社、一九九五年）、三〇七～三二二頁を参照。

（6）この箇所は、大正三九、七三頁中～下までの取意。

第七章　『薬師経釈』と『寿命経釈』

はじめに

『釈門秘鑰』巻二十之六に収録される経釈は『本願薬師経釈』（以下『薬師経釈』）であり、続く巻二十之七に収録されるのが『寿命経釈』である。この二つの経釈について検討を加えよう。

一　『薬師経釈』

『薬師経釈』は薬師経に対する経釈である。『薬師経』は、四世紀前半の帛尸梨蜜多羅訳と伝えられる『灌頂抜除過罪生死得度経』（『灌頂経』巻十二に所収される）と、達摩笈多（?〜六一九）訳の『薬師如来本願経』、玄奘訳の『薬師琉璃光如来本願功徳経』、義浄（六三五〜七一三）訳の『薬師琉璃光七仏本願功徳経』の四訳が現存する(1)。この内、玄奘訳はもっとも内容的にも整ったものである。本経は薬師如来の本願や功徳及び薬師如来の仏国土について説く大乗経典であり、一般に『薬師経』と呼ばれる。本経釈は、その名称に『本願薬師経釈』とあるので、達摩笈多訳の『薬師如来本願経』あるいは玄奘訳の『薬師琉璃光如来本願功徳経』に対する経釈であると想像される。

『薬師経』は薬師仏が医王ともされるので、病気平癒のために屢々用いられた経典であった。『栄華物語』の「浦々の別」にも、承香殿女御（元子）が臨月を迎えてもまだ出産の兆しがなかった折りに「六月ばかりに太秦に参りて、御修法、薬師経の不断経など読ませ給ふ」（①二八九頁）との記述が登場するので、貴族世界においても『薬師経』は馴染みの深いものになっていたことが知られる。

さて、この経釈が作成された経緯は、その文頭に「為左兵衛督能保室没後修善、依人誂□之了」（一丁表）とあることから、一条能保（一一四七～一一九七）の妻であった坊門姫（一一四五または一一五四～一一九〇）のために作成されたものであることが知られる。能保は後白河天皇に仕え、重用された有力な貴族であり、また源頼朝（一一四七～一一九九）の信任も厚かったという。

この経釈の文頭には、「将釈此経、任例可用三門。大意者（中略）。題目者（中略）。入文判釈者（以下略）」（一丁表、六丁裏、九丁裏）とあることから、本経釈が三門釈で作成されたものであることが知られる。「任例」との文言が示すように、大意、題目、入文判釈という三門に大別して経典の解釈を行うことが一般的であったことは、前章までにおいても触れた通りである。ただし、本経の場合には、大意の中に「次大旨者、部属方等、教在生蘇、行小弾備、歎大保円」（四丁裏）とあって、多少、他と異なった「大旨」の部分が存在する。

さて、では、これらの経釈は何を念頭に置いて作成されたものであろうか。

まず、大意の中で、典拠が求められるものはこの大旨の記述である。

『薬師経釈』

次大旨者、部属方等、教在生蘇、行小弾備、歎大保

『法華文句』（大正三四）巻七

迹為下根声聞。即是護持助宣酪法。迹在方等示受弾

円。（四丁表）

訶。即是護持助宣生蘇法。（一〇五頁中）

所属の部が方等部である場合にそれが生蘇の法であるとするのは、智顗（五三八～五九七）説の『法華文句』巻七に示されている。『薬師経』が方等部に属する経典であるとするのは、明確な記述は智顗の著作の中には見出だしがたい。しかし、一般に多くの経典が方等に属するとされるので、それに従ったのであろう。

この経釈の文章の中には、天台系の経論の用語が登場する。その例として次のようなものが挙げられる。

与衣服与飲食、大慈与楽之願也。免牢秋繫閉、脱王法鎖、大悲抜苦之誓也。（三丁表）

『法華文句』巻六之下

大慈与楽恩。三衆生遭苦視父而已。仏伺其宜如犢逐母。備行六度以利衆生。蓋如来室遮寒障熱。大悲抜苦恩。四仏成道已。応受無為寂滅之楽。而隠其神徳。用貧所楽法五戒十善。冷水灑面令得醒悟。蓋是仏衣遮貪欲熱恩。（九〇頁中）

「大慈与楽」、「大悲抜苦」の語は智顗の『法華文句』にしばしば用いられる語であり、天台において使用頻度の高い用語と考えられる。ここから推測すれば、澄憲（一一二六～一二〇三）は天台の典籍を念頭に置きながらこの『薬師経釈』を作成していると考えられる。

なお、この経釈の中に『文殊請問論』の引用が見える。その文章は次の通りである。

故文殊請問言曰、為抜業障、所纏有情利益、案像法転時。（三丁裏～四丁表）

この「文殊請問」は『大唐内典録』巻十に「文殊請問要行論。右諸偽経論、人間経蔵往往有之。其本尚多。待見更録」（大正五五、三三六頁上）とある『文殊請問要行論』のことと推定される。また、『開元釈教録』巻十八では「文殊請問論　右大法王経下。二十二部八十七巻。大唐麟徳元年、京師西明寺沙門道宣所撰、内典録中偽経」（大正五五、六七七頁上〜中）として録され、「要行」の二字が脱落しており、『薬師経釈』の記述と同じである。いずれにしろ、現在、本文の知られていない疑偽経論の一文章（または趣意の文章）が、わずかではあるが、経釈の引用から知られることは貴重である。

次に題目の中の文章であるが、薬に関する位置づけの記述が注目される。

中品薬者駐色延寿。下品薬者俱能治病、不可及補身。此皆世間業也。（七丁表）

『止観輔行伝弘決』（大正四六）巻十之二

故神農経曰。上薬養命謂五石錬形六芝延年。中薬養性謂合歓蠲萱草忘憂。下薬治病謂大黄除実当帰止痛。（四四五頁下）

これは薬師の「薬」字に対する説明の箇所であり、薬を上中下の三つに区分するのであるが、この区分の内、中薬、下薬の説明内容は、『止観輔行伝弘決』（以下『伝弘決』）に出る『神農経』の中、下薬の説明内容に近い。特に下薬が病を治すだけのものであるとの認識は同一である。

また「医師」の説明の箇所であるが、ここにも典拠とおぼしきものが想定される記述が見出だされる。

一『華厳経疏演義鈔』（大正三六）巻二十三

師者軌範之儀也。医師也。此有二義。明知病根元、能弁業力用。是亦有上中下。上医聞声知病。中医相色。下医診脈知。又云、上医聞名能除。如流水長者也。中医授方即除病。下医加針灸除病。亦云、如天竺耆婆者上医也。如辰旦扁鵲、中医也。其外下医也（随国立名之）天台立十種医師、以如来為上々医師云々（七丁裏～八丁裏）

言天人師者、師謂軌範。（一八〇頁下）

『本願薬師経鈔』上（日蔵九）

救疾神功曰薬、規範可依名師。（一五七頁上）

『摩訶止観』（大正四六）巻八

一病相者、若善医術巧知四大。上医聴声。中医相色。下医診脈。（一〇六頁中）

『法華文句』巻九下釈寿量品

今但譬現滅。初良医者、医有十種。一者治病病増無損。（中略）十、一時治一切病即能平復。又使過本即是如来。（一三四頁上～中）

「師者規範之儀」との訓を立てるが、これは澄観（七三八～八三九）の『華厳経疏演義鈔』、日本の秋篠寺善珠（七二三～七九七）の『本願薬師経鈔』に近い記述がある。また、上医、中医、下医の三区分を立て、上から声を聞き、色を見、脈診をするという区分を立てるのは、『摩訶止観』の中に出る医者の区分に基づくであろう。これを踏襲し、三種の医師を立てていることはまず間違いない。また、天台が十種の医師を立てるという記述は、『法華文句』に基づく。

ちなみにこの箇所の記述に対しては、その直後の割注に「已上種々三品、初段大師尺也。□□、私作之」（八丁裏～九丁表）とあって、澄憲自身が大師、すなわち智顗の釈を参考にしながら最初の段を作成し、それ以外の記述、すなわち上医は聞名能除であり、流水長者の如し、中医は授方除病、下医は針灸除病を加える、などは自ら作成したことを伝える。この文言は、文章製作の経緯を明確に語る点で興味深い。澄憲は天台の『摩訶止観』などの記述を参照し、また自ら文言を創作したと告白しているのである。

次に第三入文判釈の文章であるが、「教起因縁分」等の分け方においては、善珠の作成した『本願薬師経鈔』との関係が彷彿される。

第三入文判尺者、第一起教因縁分。如是者所聞法体、又信順辞也。我聞者、持（侍カ）人阿難等也。一時者説教時也。（九丁裏）

『本願薬師経鈔』上

此経始末略開三分。一教起因縁分。二聖教所説分。三依教奉行分。（中略）就初分中、其分有六。（中略）初三総顕者一謂如是、二謂我聞、三謂一時。（一五七頁下）

経釈が述べる「起教因縁分」は『本願薬師経鈔』では「教起因縁分」であり、最初の二字が逆になっている。しかし、如是、我聞、一時の三語を中心に解説する姿勢は踏襲されている。なお、聖教所説分は所説の部分をさしたもの、依教奉行分は教えを聞いて衆生が喜ぶのを指している。

次の記述も『本願薬師経鈔』を下敷きにした表現と考えられる。

薄伽梵者説教主也。遊化諸国者説教処也。挙諸顕正処、如来成道。如来遊十六国、遍六大城、降伏外道、

『本願薬師経鈔』上

一薄伽梵是能起教之人。（中略）遊化諸国等者二明教起之処。（中略）仏成道已、遊十六国、遍六大城、随

化度有情了。至広厳城者梵云毘舎離城。毘耶離梵音軽重也此城広大広博厳浄也。故云広厳。住楽音樹下者此樹高大、枝条扶疏、微風鼓動、其音和雅如音楽。故以為名。（九丁裏～一〇丁裏）

逐外道、化度有情。故言遊化諸国。言至広厳城者梵云毘舎離。或耶離。或繊耶離。此伝梵語。軽重不同也。唐言広厳。此城謂広大寛博厳飾浄美。故言広厳。（中略）言住楽音樹下者此樹高大、枝条扶疎、微風鼓動、宮商和雅、有聞楽音。（一五八頁下）

ここの記述にも明らかに関連が見て取れ、澄憲が善珠の『本願薬師経鈔』を参照したことは間違いない。梵音軽重によるのだという規定も『本願薬師経鈔』に述べられた見解である。次の記述も同様である。

与大苾蒭衆下、説経同聞当機也。都有一十七類。一声聞。二菩薩。三国王。四大臣。五婆羅門。六居士。七天衆。八龍衆。九夜叉衆。十健達縛衆。十一阿修羅。十二伽路茶。十三緊奈落。十四摩候羅伽。十五人衆。十六非人衆。十七羅刹衆也。上来自如是訖列衆、起発因縁分也。名序分。

尓時曼殊師利下、聖教所説、全支中有六。一明曼殊惣稽請。二如来讃歎勅許。三曼殊本仏勅述楽聞。四酬請答。五夜叉大将領解衛護。六阿難問経名請持等也。一

『本願薬師経鈔』上

此下第三明起教機。衆雖復無量（中略）合有十七衆。一声聞衆。二菩薩衆。三国王衆。四大臣衆。五婆羅門衆。六居士衆。七天衆。八龍衆。九薬叉。十康達縛。十一阿素洛。十二掲路茶。十三緊捺洛。十四莫呼洛伽。十五人衆。十六非人。十七邏刹娑衆。（中略）明教起因縁分訖。（一五九頁上～一六〇頁上）

自下第二明聖教所説分。文中有六。一明曼殊為稽請。二明如来讃述述許。三明曼殊受旨楽聞。四明如来応請酬答。五明薬叉領解衛護。六明阿難問名請持。（一六

経文段、大略如此。（一〇丁裏〜一一丁裏）　　一〇頁上）

経釈の引用の後半部分は、善殊の『薬師本願経鈔』の記述をほぼそのまま踏襲したものである。このように澄憲は、参照した典籍名を全く明らかにしないままに、その文章をほぼ踏襲する形で、経釈を作成していることが知られる。ところで、何故、澄憲は法相宗に属する善珠の注釈を用いたのであろうか。憶測に過ぎないが、おそらく参照すべき注釈書として、善珠の『薬師本願経鈔』以外には適切なものを見出だしがたかったのではないかと考えておきたい。『東域伝灯目録』によれば、八種類の『薬師本願経』に対する注釈書が挙げられているが[2]、天台系のものは存在しない。善珠は法相宗系の僧侶であるが、経題目、入文判釈と典型的な経釈の体裁を踏襲し、しかも随文解釈の形を採用して『本願薬師経鈔』を作成している。おそらく使用にもっとも便利であったのであろう。

さて、本経釈は「一経文段、大略如此」と述べて、ここまでで経典の三門釈の大意、題目、入文判釈が終了する。以降、「大聖文殊釈尊左面之大将、如来説法之対告也」（一二丁表）の文言で始まる文章に繋がり、文末は「乃至善根有余廻向、無秘三千大千之中、沙界鉄囲之間、除四生憂苦、済三界迷倒」（一六丁表〜裏）と功徳を述べて終わっている。この記述は、『薬師経』の功能、功徳を讃歎し、法会の施主が得られる功徳がどのようなものであるかを表す内容になっており、三門釈の内容とは明らかに異なる部分である。ところで、これは内容的には、安居院の『法則集』に「施主段、略仏経如此不云、仏経中得益旨、講釈也」（五〇〇頁）とある記述と合致する。よって、この箇所は経釈の後に続く「施主段」の文言であると考えられる。施主段の文章が残る点で、この経釈は重要であろう。さて、この文章中に二箇所、注目に値する記事が見られる。一つは次の一文章である。

尺迦一代之明、始自花山頓教、終至法花終極。（一二丁表〜裏）

釈尊の一代の教説は「花山頓教」に始まり、「法花終極」に終わるのだという記述がみえるのであるが、これは天台の五時教判を念頭に置いたものであることが明らかである。華厳、阿含、方等、般若、法華・涅槃と次第する天台教学の基本的な時間軸に合わせた時機観をのべた文言である。

もう一つの注目される文章は次の記述である。

五障三障者皆女人罪業也。如霜解如霧晴。為子造罪業者、是亦身妄想也。如霜消如水開。此仏誓見身猶転女成男。況於後生捨身哉。（一四丁裏～一五丁表）

この記述は女人成仏に関わるものである。冒頭の割注から本経釈が「能保室」の追善菩提のために製作されたものであることが明らかであり、女性の成仏が「転女成男」を理論的根拠として立論されていることが知られる。澄憲の女性成仏観が『法華経』提婆達多品に登場する「変成男子」説に基づいたものであることは夙に論じられてきたが[3]、『薬師経』の記述の中にも同様の言及が存在する。すなわち「若是女人得聞世尊薬師如来名号至心受持、於後不復更受女身」（大正一四、四〇六頁中）という記事も同じ内容を示すものであって、注目に値しよう。しかし、いずれにしろ、女性の成仏を可能にする根拠が伝統的解釈の枠内でのものであることが認められ、女性を女性のままで認めるような、次の世代の叡尊（一二〇一～一二九〇）等の律宗門侶集団のなかで生じた理解とは異なっていたことが明らかであろう[4]。

三　『寿命経釈』

『釈門秘鑰』巻二十之七に収載された『寿命経釈』は『寿命経』と呼ばれる経典の経釈であるが、『寿命経』という経典名は現在ではあまり馴染みのないものかもしれない。しかし本経は古代から中世にかけては著名な経典のひとつであった。経釈の最初の部分に次のような記述があり、詳細な名称が知られる。

次尺題目者仏者能説教主、説曰弁尊教。一切者広博周遍義。如来者乗如実道、来成正覚。金剛者堅固不動義。寿命連持相続義。陀羅尼者遮悪持善義。経者常不変易義。（一丁裏〜二丁表）

この記述から『寿命経』の具名が『仏説一切如来金剛寿命陀羅尼経』（以下『寿命経』）であることが分かる。本経の異訳に『仏説一切諸如来心光明加持普賢菩薩延命金剛最勝陀羅尼経』が存在するが、本経の方がより古層の形を残しているものと推定されている。(5) 経典の内容は四天王が人々を守護するというものである。

『寿命経』は、平安時代においては盛んに依用された経典のひとつであり、『大般若経』や『般若心経』、または『法華経』『観音経』と対になって登場することが多い。その読誦または講説された目的は、経典名が示すが如く、人間の寿命長遠のため、また息災のためであった。たとえば『小右記』の中には息災延命のために『寿命経』が数千巻と読誦されたという記事が屢々見える。(6) 一例を挙げておこう。

治安元（一〇二一）年二月二一日条には「疫癘時、於大極殿以千口僧転読寿命経。已有其験」（巻六、一三頁）とあり、疫病の流行の時に『寿命経』の転読が行われている。なお、この時の転読は伝統的な詩的に詠読することではなく、繰り返して読誦することであったと考えられる。また続く治安元年三月の条には「講師釈寿命経」（巻六、一七頁）とあり、『寿命経』の講説も行われたことが知られる。『殿暦』にも嘉承元（一一〇六）年の条に「講師懐誉阿闍梨、仁王経、寿命経等相具、題名僧二口、僧都寛慶」（巻二、一四三頁）とあり、講説が行われたことを伝える。

尊敬閣所蔵の東寺文書の治承三（一一七九）年八月一八日付けの文書にも「観心寺者奉転読毎日寿命経一千巻」（三八八四番、八巻、二九八二頁）とあるので、このような事情は澄憲が活躍する一二世紀末においても同様であったと推測して大過はあるまい。

このように『寿命経』は院政期において屢々用いられる息災延命のための重要な経典であった。さて、その経釈のひとつが『釈門秘鑰』巻二十之七に収載されているのである。

本経釈の作者については、その冒頭に「先師珍已講草」（二丁表）とある。この珍已講は、澄憲の師であった丹後の已講珍仁のことであろう。[7] 珍仁はその伝を詳細にしないが、この経釈は巧みなるものとして『釈門秘鑰』に収載されたと考えられる。

では、形式的な分析から入っていきたい。冒頭部分に「将尺本経、委以三門分別解尺。先大意者（中略）。次尺題目者（中略）。入文判尺者（以下略）」（一丁表～二丁表）とあり、本経釈も他の例に漏れず三門釈から構成される。

さて、この『寿命経』に対する天台系の注釈は存在していない。そこで、珍仁已講自身が苦心をして経釈を作成したと考えられる。実際には経典の文章を踏まえる形で、この経釈を作成したと思われる。

『寿命経釈』

先大意者一切有情、若男若女、有四種法、甚可怖畏。於中一法、最為逼悩。如来、大悲慈愍之故、対告四大天王、梠集一切如来、施定増寿命之秘密方、与終無夭死之良薬。以之為大意。（一丁表～裏）

『寿命経』（大正二〇）

如是我聞。一時仏在殑伽河側、与諸比丘及大菩薩無量天人大衆倶。爾時世尊告毘沙門等四天王言、有四種法甚可怖畏。若男若女童男童女、一切有情無能免者。所謂生老病死。於中一法最為逼悩、難可対治。所謂死怖。我愍是故説対治法。爾時四天王白仏言、世尊我於今日為獲大利。唯願世尊為衆生故宣説是法。爾時世尊面向東方、弾指召集一切如来、作是誓言。所有十方一切如来応正等覚。為衆生故。證菩提者咸皆助我。令我以一切如来威神力故。悉令一切衆生転非命業、使増寿命。我昔未為衆生転此法輪。於今方転、能令衆生寿命色力皆得成就無夭死怖。如是南西北方四維上下、召集驚告亦復如是。（五七八頁上～中）

大意の内容は、ほぼ経典の冒頭部分の要約から成り立っている。経典は生老病死の四苦を怖れるべきものとし、中でも死を最も怖れるものと位置づけ、それを逃れるための方法を授けるというのである。

次に、釈題目の文章にも参照したと思しきものが見出だせる。

次尺題目者仏者能説教主、説四菩薩尊教。一切者広博周遍義。如来者乗如実道、来成正覚。金剛者堅固不動義。寿命連持相続義。陀羅尼者遮悪持善義。経者常不変易義。（二丁裏～二丁表）

『仏説仁王護国般若波羅蜜経疏神宝記』（大正三三）
仏者能説教主也。（二九一頁上）
『法華経安楽行義』（大正四六）
乗如実道故名如来。（六九九頁下）
『釈摩訶衍論』（大正三二）
堅固不動若金剛故。（六一四頁上）
『天台菩薩戒義疏』（大正四〇）
秖取色心連持相続不断為命耳。（五七二頁上）
『伝弘決』（大正四六）

若云菩薩摩訶薩得陀羅尼一切時一切処常相随逐、則唯在大。若別論者如文所指。唯在無作正勤。若通論者但云遮悪持善。（三八〇頁中）

「釈題目」の中に登場する説明の内、「一切」及び「経」についての説明の語句（すなわち、「広博周遍」「常不変易」の二句）は、その語自体は経論の中に見出だすことができるが、説明として使用される例は見出だせなかった。しかし、この「釈題目」の記事が『法華経安楽行義』や『天台菩薩戒義疏』『伝弘決』等を参照している可能性が指摘できる。

次の入文判釈の記述においては経文を序・正・流通の三段に分けているが、「今此三門、雖非人師解尺、只是唯例余経所述、尺科段也」（二丁裏）と説明し、人師の解釈がないけれども他の経典の例に倣い、科段を設けたと述べている。おそらく参考にすべき注釈書等が存在しない時には、通例に随って自ら科段に分けることがあったのだろう。なお、この後の入文判釈の文章は、ほぼ経典の記述に基づいて構成されている。

また後半部分に、おそらくは別の文章であると考えられるが、「故重愉僧正長日祈会早送之」（五丁表）との記事があり、「童児聞寿命感応出経疏序」（五丁表）との文章が見える。ここに名を見せる重愉僧正は、天台宗の僧侶で応保二（一一六二）年に天台座主になった人物である。彼は長寛二（一一六四）年には亡くなっているので、「故重愉僧正」とあるからには、この文章が彼の没後以降の挿入であることは明白であろう。

続く「玄宗皇帝開元末歳有一相者（以下、略）」（五丁表）という感応の文章は「経疏序に出づ」という割り注から『寿命経』に対する注釈書からの引用であることがわかる。本経に対する注釈書は、『東域伝灯目録』に「金剛寿命経疏一巻善珠撰」（大正五五、一一五二頁下）とあることから、早くに秋篠寺善殊にあったことが知られる

（ただし、現存しない）。また、良源（九一二〜九八五）にも『金剛寿命経疏』なる著作があり、実際には二人の日本人僧侶によって注釈書が作成されていたことが知られる。このように本経典に対しては日本人の手になる注釈書が存在するのであるが、残念ながら閲覧することができなかった。

さて、この感応の記事は、珍仁がそれを経釈の中において利用しようとしたのかどうか明らかではない。『釈門秘鑰』の記述体裁から判断すれば、これは別の文章と考える方が適当であろう。その疏に出る感応譚を掲載させているのであるが、おそらくそれは、経釈に付随させて聴衆に聞かせるための備忘が目的であった可能性が高い。とすれば、それは経典の功徳を示すものであるから、「施主段」の一文章であったかもしれない。

おわりに

『薬師経』にしても『寿命経』にしても、澄憲の活躍する院政期に盛んに貴族社会において用いられた経典である。この二つの経典は、その経典の功能が注目され、盛んに講説がなされ、読誦されたと考えられる。またここにも大意、題目、入文判釈の三門釈が用いられていることが確認される。なお、『薬師経釈』の中に、女性の成仏に関して「転女成男」説が登場してきたが、これは『法華経』の龍女成仏を根拠としたもので、天台で一般的に主張されるものである。女性の成仏は、男性にその性別を転じて初めて成立するという、古代からの伝統的理解を引きずるのである。このような部分には、新たな教理的な展開を見ることは困難であり、澄憲が伝統的な中国天台の教学に忠実であろうとした姿勢を垣間見ることができるであろう。

注記

（1）善珠の『本願薬師経鈔』上「将釈此経略開五門」の文章中、第三「伝訳」の記事に「此経伝訳有其四本」（『日蔵』九、一五六頁下）とありその異本等の情報が整理されている。

（2）『東域伝灯目録』に「薬師本願経疏靖邁　同経疏一巻遁倫　同経疏一巻極太作　同経依一巻基未見□伝　同疏一巻神泰撰　同経疏百済義栄師述　同経古迹一巻太賢撰　同経疏一巻又云、玄賛。善珠東寺薬師経四巻。可是取集」（大正五五、一一五二頁中）とあり、複数の『薬師本願経』に対する注釈書の存在が知られる。

（3）たとえば、大島薫「澄憲の法華経講釈――「提婆品」釈をめぐって」（『国文学　解釈と鑑賞』六二―三、一九九七年）など。

（4）拙著『中世初期南都戒律復興の研究』（法蔵館、一九九九年）。

（5）『仏書解説大辞典』巻一「一切如来金剛寿命陀羅尼経」の項を参照。

（6）東大史料編纂所のテキストデータベースを利用させて戴いた。『小右記』の中に寿命経の転読が永延二（九八八）年から長元六（一〇三三）年までの間に一五回登場する。それぞれ『寿命経』を書写供養した、転読したという記事が多い。

（7）珍仁已講の事跡は不明である。なお、澄憲の師は、已講珍仁と檀那流の法門を相承する珍兼の二人が居る。石井行雄「安居院流唱導書と説話」（『説話の場――唱導・注釈――』説話の講座三、勉誠社、一九九三年）、一一五五〜一一五七頁を参照。

第八章　東大寺所蔵『六十華厳経品釈』について

一　はじめに

東大寺における唱導で有名な僧侶は、まず弁暁（一一三九～一二〇〇）であるが、その後も唱導の名手が輩出された。凝然（一二四〇～一三二一）の手になる『円照上人行状』によれば「照公の一族に唱導の徳有り」（四頁上）とされ、円照（一二二一～一二七七）の一門は説法の名手であったという。しかし円照の一門は遁世門に所属し、東大寺内における格式の高い法会には関与せず、遁世門によって執行された法会において講師を務めたと推測される。『円照上人行状』には、唐招提寺の舎利会は「多くは是れ照公の勤める所のみ」（四頁上）とあることから、円照は唐招提寺で開催された舎利会などにおいて活躍したと見られる。ただし、彼らが実際に唱導に用いたテキストについては、従来の研究では知られてこなかった。

ところで、東大寺図書館に所蔵される写本には、その存在は知られているがまだ内容的には吟味されていないものも数多い。特に、唱導や論義に関する写本は、当時の僧侶の仏法の営みの記録であるにも拘わらず、その難解さの故か、研究を試みたものは少ないように思う。実は、この中に円照一門の唱導に関する資料が残されていた。東大寺図書館には『六十華厳経品釈』（一一一一―三〇六―一、以下『華厳経釈』）という文献が所蔵されているが、奥書からこれが凝然の手になるものであることが知られたのである。

第六章の冒頭でも触れたように、経釈資料の研究はいまだ端緒に就いたばかりで、『華厳経』の経釈についてもまだ研究者の手は及んでいない。その意味でもこの『華厳経釈』は貴重である。本章ではこの『華厳経釈』の内容を検討していきたい。なお、第二部・資料篇（二七一～二八二頁）において全体の翻刻を収録した。あわせて参照されたい。

二　東大寺における『華厳経』講説と凝然作『華厳経釈』について

まず、東大寺における『華厳経』の講説を確認しておきたい。『東大寺要録』巻五諸宗章第六の「華厳宗」の項に記載された「東大寺華厳別供縁起」によれば、天平一二（七四〇）年の一〇月八日に「金鍾山寺に聖朝の奉為に審祥師を請い初めて華厳経を講」（二五六頁）じたのが、華厳の講説の最初とされている。そして天平一六（七四四）年には聖武天皇は勅を下して華厳別供を設けることになった。この記事によれば、東大寺の『華厳経』の講説は天平一二年に始まり天平一六年より恒例となったと考えられる。このようにして始まった講説は、新羅の審祥大徳を講師に、慈訓僧都、鏡忍僧都、円証大徳の三名を複師に、十六人の大徳を聴衆に、「三年もて六十巻経を講」（二五七頁）じたとあるから、六十巻本『華厳経』を講説したものと考えられる。また「六十経幷びに疏二十巻を講じ了んぬ」ともあるので、当初は六十巻華厳と疏二十巻すなわち法蔵（六四三～七一二）の『華厳経探玄記』が参照されたのであろう。また、「此れより以後、古経及び疏、新経及び疏、講演は繁多にして、多くは数量すべからず」ともあるので、六十巻に限らず新経すなわち八十巻の『華厳経』及び慧苑の『続華厳経略疏刊定記』十五巻、あるいは澄観（七三八～八三九）の『華厳経疏』六十巻も講じられたらしい。

一方、『東大寺要録』巻四諸会章第五によれば、「春は華厳大会を開きて各、八十軸の真言を転じ、秋は般若の法筵を展べ、悉く六百巻の妙文を読む」（一二二頁）とあり、春に『華厳経』の講説が行われたが、そこに使用されるものは八十巻本の『華厳経』であったようである。三月の項には「十四日　花厳会（別の式文在り）　色衆百八十人（前転一人、後転一人、引頭二人、定者四人、唄二人、散花二人、分経頭二人、衲四十人、甲四十人、梵音四十人、錫杖四十一人）」（一二三頁）とあるので、相当な規模で開催された法会であったことが推測される。また一一月にも「十六日花厳講（羂索堂に於いて之を行う。但だ花厳宗のみ。五日）」（一三二頁）とあり、華厳宗に属する僧侶のみによって『華厳経』の講説があった。

このように東大寺においては八世紀の半ば頃から『華厳経』の講説があり、まず六十巻本を講じる伝統が生まれ、やがて六十巻本、八十巻本に限らず講説されたが、やがて八十巻本を中心にするように変化していったものと思われる。たとえば『東大寺要録』巻八に収載された「知識花厳会の為の願文一首」のなかには「去る弘仁十一年、花厳経一部八十巻を写し奉り、聊か法筵を設け供講の事畢んぬ」（三〇七頁）との記事が見え、八十巻華厳の講説であったことが窺い知られる。

さて、後に『華厳経』の講説は方広会に継承されることになったようである。方広会とは『華厳経』の具名である『大方広仏華厳経』に基づくもので、一二月一五日に講堂で行われた。『東大寺要録』巻四諸会章第五によれば「十五日方広会（講堂において之を行う。竪義在り）　学衆の始役なり（三ヶ日）」（一三三頁）との言葉が見える。この方広会には竪義が立ち、東大寺では三月堂の十一面悔過法と並んで重要な法会となった。現在では一二月一六日に法華堂または開山堂において開催されているが、それは東大寺の開山良弁（六八九〜七七三）僧正の入滅した日に当たるからという(2)。

いずれにしろ、東大寺においては春の華厳会、秋の華厳講、方広会と、年に数度の『華厳経』の講説があったことになる。経典の講説があれば、そこには経釈があったはずであるが、残念ながら古い華厳経釈は寡聞にして知らない。実際の『華厳経』の講説に関する資料としては、ずっと時代が下がって、本章で取り扱う凝然が作成したと考えられる『華厳経釈』があるのみである。凝然は戒壇院に住した学僧として著名であるが、当時、遁世門に所属した僧侶であった。『華厳経釈』の写本の奥書には次のように記されている。

于時徳治三季戊申孟夏四月十六日、於東大寺戒壇院草之。華厳宗沙門凝然。春秋六十九。于時歴応五季□暮春十七日、於東大寺尊勝院新造寝殿書写之訖。此釈者、示観房上人、為八幡宮夏中講問、所被草也。

同書は凝然が六九歳の時に作成した経釈であり、またその目的は「示観房上人、為八幡宮夏中講問、所被草也」とあることから、示観房（凝然）が、八幡宮（手向山八幡宮か）で行われる「夏中の講問」、すなわち、講問論義の法会のために製作したことが知られるのである。

内容的には『六十華厳経品釈』という書名の通り、六十華厳の各章に対する品釈で、その各章の経釈の基本的形態は、「世間浄眼品第一」に「将釈此品可有三門。初大意者（中略）。次題目者（中略）。第三入文解釈者（以下略）」とある如く、三門釈が採用されている。経釈文献の通例の如く、「大意」「題目」「入文判釈」の三門に分別される形式が採用され、それが最後の章まで継承される。

『華厳経』に対する注釈書は、先にも述べたが、六十巻華厳の場合、法蔵の『探玄記』二十巻、八十巻華厳の場合、慧苑の『続華厳経略疏刊定記』十五巻、澄観の『華厳経疏』六十巻などが存在する。『東大寺要録』に収載された「東大寺華厳別供縁起」によれば「古経及び疏、新経及び疏、講演繁多にして」（一五七頁）とあり、六十巻本、八十巻本両者が屢々講説されたという。凝然の著した『華厳経釈』は六十巻華厳に対する経釈であり、まさしく『探玄記』を参照しているのである。具体的な対応関係を最初の数品（世間浄眼品・盧舎那品・名号品・四諦品・光明覚品・菩薩明難品）に絞り検討してみよう。なお、上に東大寺所蔵の『華厳経釈』を、下に典拠と推定される資料を対照させて掲げる。

浄眼品　まずは浄眼品から見ていこう。

『華厳経釈』

将釈此品可有三門。初大意者、凡今経者、集海会之盛談、照山王之極説也。理致宏遠、尽真源於法界、文言浩行、被嘉会於塵国（中略）因陀羅網、参互影而重々。錠光頗梨、照塵方而隠々。

金剛種子、三生証究竟之果、宝網転輪、現身入円極之位。足輪一光、忽摧五無間之報、温堂少水、頓感六欲天之果。

次題目者、大方広等七字、一部之都名、世間浄眼等七言、当品之別目也。当体包含名大、徳相軌範為方。業用普遍是広、覚照果満即仏。万行因果、感十身之果、名為華厳。八会玄文、詮四界之義。名之為経。器生智覚、照耀昏闇、名世間浄眼。格類相従、名品。諸数□□次烈、無濫名為第一。是故惣名大方広仏華厳経世間浄眼品第一。

第三入文解釈者、先惣分別一部文段。此経六十巻有三

『探玄記』（大正三五）巻一

華厳経者斯乃集海会之盛談。照山王之極説。理智宏遠、尽法界而亘真源。浩汗微言。等虚空而被塵国（中略）故以因陀羅網参互影而重重。錠光玻黎照塵方而隠隠。（一〇七頁上～中）

『華厳経疏』（大正三五）巻十二「如来名号品」

謂若疑十信、即見如来足輪放光周乎法界等。（五九〇頁下）

『探玄記』巻一

然即大以包含為義。方以軌範為功。広即体極用周。仏乃果円覚満。華譬開敷万行。厳喩飾茲本体。経即貫穿縫綴。能詮之教著焉。従法就人寄喩為目。故云大方広仏華厳経。世間浄眼品者、器等三種顕曜於時、光潔照明況於浄眼。法喩合挙、故云世間浄眼。語言理一。格類相従、故称為品。（一〇七頁中）

『探玄記』巻二

十四品、或三段五分、或五周因果、勢変多端。不可一例。且依三段、顕文起尽。初一品名□□分。盧舎那品下是正宗分。流通有無解釈非一。且以末後二偈、為流通分。此拠有流通之義故、子段雖繁、大概如此。

然於当品科段者、如是我聞一句、為唯証信、一時已下四種成就、為通二序。六種十八相、震動已下為唯発起。

第十随文解釈者、今此三万六千偈経有七処八会。謂人中三処天上四処為七。重会普光為八会。於中有三十四品。初一品是序分。盧舎那品下明正宗。流通有無以四義釈。一以衆生心微塵下二頌為流通。以結歎勧信故。二為経来不尽。闕無流通。三為此経是称法界法門説故総無流通。（一二五頁上）

就初序分之中分為二。初明此土中序分。二明十方無尽世界中序分。初中有三。初有四字唯是證信。二一時下通二序。三動地下唯是発起。若通後説得有四句。或唯證信是初。或唯発起是後。（一二五頁中）

以上、管見の範囲では、世間浄眼品の経釈を作成するに際し、凝然が法蔵の『探玄記』を参照していることは明らかである。右に対照させた通り、大意、題目、入文判釈の最初の部分では法蔵の注釈書を援用して作成している。そのほかの典拠が見出だせない部分は自らの言葉で語っているようである。また、用語の上で「足輪」は澄観の『華厳経疏』にのみ登場する語であり、同書も参照していると推測される。

盧舎那品　では次に、盧舎那品を検討する。

将釈此品、可有三門。初来意者、教起之由致、前品已

『探玄記』巻三「盧舎那仏品」

二来意者、前既序已。次顕正宗義次第故。是故次来。

終。正宗妙義事、須陳説。是故、此品次前而来。次題目者、惣題如前。至別目者盧舎那者是印度語。此云光明遍照。智光明朗、照真俗故、身光赫奕、耀世界故。

第三入文解釈者、当品之中、惣為二分。初大衆疑請分、後自尓時世尊下、如来現答分。

此中有十段。一面光集衆分、乃至十正陳法界分也。

（以下略）

（二四七頁上）

初釈名中、盧舎那者古来訳或云三業満、或云浄満、或云広博厳浄。今更勘梵本具言毘盧遮那。盧舎那者此翻名光明照。毘者此云遍。是謂光明遍照也。此中光明有二種。一智光。二身光。智光亦二義。一照法謂真俗双鑑。二照機謂普応群品。身光亦二種。一是常光謂円明無礙。二放光謂以光警悟。（二四六頁下）

第二釈文者、此品有二分。初大衆疑請分。二爾時世尊下如来現答分。前中分二。先明諸会請問、後釈此文。（二四九頁中）

就此文中長分有十。一面光集衆分、二毫光示法分、三法主入定分、四諸仏加持分、五大衆同請分、六定中略説分、七起定成益分、八毛光讃徳分、九許説令喜分、十正陳法海分。（二五一頁中）

『探玄記』では「将釈此文四門分別。一釈名、二来意、三宗趣、四釈文」（大正三五、一四六頁下）とあり、四門分別であるが、経釈では三門分別に変更されている。しかし、この盧舎那仏品から正宗に入るという見解は明らかに踏襲されている。また文章を十に分けるというのも『探玄記』に基づく。なお、後半の文章は典拠を検出できなかったが、対句表現を用いて美文調であり、恐らくは凝然が作成した文章ではないかと考えられる。

名号品　次に名号品を検討する。

将釈此品可有三門。初来意者、前是第一会。於菩提樹下、已説仏果功徳竟。今於普光法堂、開第二嘉会、先説仏果之三業、為信位所依。身業在初故、此品初来。

（中略）

後入文解釈者、大分為三。初是序分。主処同聞、啓嘉会故。二是請分。海会菩薩、作念請故。三是説分。文殊承仏力、説仏名号故。（以下略）

『探玄記』巻四「名号品第三」

二来意亦三。先明分来者前既挙果勧生信楽。今明彼果能得之因令生正解故次来也。二会来者修因之中、信最初故、故次来也。又謂前会明所信之境、今辨能信之行。義次第故也。（一六七頁上）

此品明身業遍応。謂名号依身而立故。（一六七頁上）

四釈文者、於此修因契果生解分、一番問答之長分有三。初序分、二請分、三説分。（一六七頁中）

名号品においても基本的には『探玄記』の記述を参照していることが知られる。なお、典拠が不明な入文解釈の後半の文言は対句表現を採っており、これも凝然の創作したものかと推定される。

四諦品　次に四諦品について検討する。

初来意者、前品明仏身業、今明如来語業作用。故此品来。

『探玄記』巻四「四諦品第四」

二来意中五。（中略）二依前身業、次辨語業故也。（一七一頁中）

次題目者、審実不謬、名之為諦。苦集滅道、是其四也。故名四諦品。

後入文解釈者、此品之中、明娑婆為首、乃至不可説虚空法界、一切世界、四諦名字、各有四十億百千那由他。皆是随諸衆生楽欲所施設也。（以下略）

一釈名者、四是数、諦是義。謂理実故、能生無倒解。故倶名諦、即帯数釈。此品非是解四諦義。但明四諦名字不同故、名四諦品。（一七一頁中）

四釈文中三。初明此土諦名、二辨娑婆外十世界中諦名、三顕十界外尽空世界諦名。（一七一頁中）

四諦品においても凝然は『探玄記』を参照して経釈を作成していることが分かる。また、入文判釈の後半の文言は典拠が同定できないが、先と同様、対句表現を採っている。

光明覚品　次に光明覚品について検討する。

前明語業、今明意業。麁細隠顕義次第故、是其来意也。

次題目者、廓然明朗。周遍照触。作驚覚事、名光明覚。

後入文解釈者、文中惣有二十五重放光之事、始自娑婆乃至法界、窮究円満。（以下略）

『探玄記』巻四「如来光明覚品」

二来意者有七。一前明身語、今明意業故来也。（一七一頁下）

初釈名者、謂如来之光明、光明之開覚。謂依体起用、依用成益。（一七一頁下）

四釈文者、此光所照随処無限、大約総数有二十五重。前九別説、後十六同辨。（一七二頁上）

光明覚品の経釈も『探玄記』を参照していることは明らかである。

菩薩明難品　次に菩薩明難品について検討する。

来意者、前明所依果相、今辨能依信行。信行之中、大解居初。是故、此品次前而来。

題目者、惣題如常。別目之中、菩薩是人、明難是法。初則妙首牢強之問、九首極了之答、後則九首同音之詰、妙首円通之対、各窮法源、倶尽義底。故言明難。

文段者、当品之中、惣分為二。初明十義、後尓時此娑婆世界下結通普見。所言十義者即十義甚深義也。縁起教化業果説法乃至仏境界是為其十。（以下略）

『探玄記』巻四「明難品第六」

初来意有二。先分来者前明所依果法。今辯依果所成因行故也。二品来者所成行中、位前方便信行最初。信中解行及徳、明難辨解。居初故来。（二七五頁中）

二釈名者。菩薩是人、明難是法。簡異果法故依主釈。（二七五頁中）

五釈文者（中略）又釈初行次願後徳位。就初中二。初正辨十義。後結通普見。前中依遷禅師釈為十甚深義。（中略）初一是縁起甚深、二教化甚深、三業果甚深、四仏説法甚深、五福田甚深、六正教甚深、七正行甚深、八助道甚深、九一乗甚深、十仏境界甚深。（二七六頁下）

菩薩明難品に対する経釈も、『探玄記』を参照していることは明らかである。文段と表現されてはいるが、この記述においても入文判の箇所は、まず『探玄記』を参照して文言を認めたことが分かる。そして、典拠が確認できない部分は、自ら創作した文章を記述したものと推定されるのである。

三　おわりに

『華厳経釈』は入法界品第三十四まであるので、今までの検討は、途中までにしか過ぎない。しかし、大略は知られたと思うので、第六品までの検討で留めることにしたい。その大まかな傾向とは、凝然は法蔵の作成した『探玄記』を座右において、この『華厳経釈』を作成しているということである。すなわち、各品の来意、釈題目、入文解釈において、まずは『探玄記』の記述を、その文章と用語もほぼ踏襲して採用している。そして、次に、入文解釈の部分に見られるように、対句表現を用いて各品の内容に合致した賛嘆の文章を、自ら創作していると推定されるのである。

また、凝然が用いている文言から考えれば、参照した資料は法蔵の『探玄記』に集中しており、その他の資料は、ほとんど見ていないかの如くである。『東大寺華厳別供縁起』に六十巻本とその疏、八十巻本とその疏と両者が講説されたとあったことから考えれば、伝統的には両者の併用が続いたと推測される。しかし凝然は法蔵の注釈のみを用いた。ここには、中世の華厳教学が法蔵を中心とした教学に固定していったとされる鎌田茂雄氏の見解が首肯されるように思われるのである。(3)

注記

（1）ちなみに、紙背に本書第五章で見た『法華経釈』が存在する。
（2）平岡定海著『東大寺辞典』（東京堂出版、一九九五年）、方広会の項を参照。
（3）鎌田茂雄「南都仏教再考」（『鎌倉旧仏教』（日本思想大系、岩波書店、一九七一年）を参照。

郵便はがき

恐縮ですが切手をお貼りください

113-0033

東京都文京区本郷三―二四―六　本郷サンハイツ404

大蔵出版㈱　行

■ご住所　〒　　　TEL

■お名前（ふりがな）　　　年齢　　　歳

■Eメール

ご購入図書名

ご購入書店名　　都道府県　　市区町村　　書店

本書を何でお知りになりましたか	ご購読の動機
(1)書店店頭で見て	(1)仕事で使うため
(2)新聞広告で(紙名　　)	(2)テーマにひかれて
(3)雑誌広告で(誌名　　)	(3)帯の文章を読んで
(4)書評で(紙・誌名　　)	(4)研究資料用に
(5)人にすすめられて	(5)その他
(6)その他(　　)	

本書に関するご感想、小社刊行物についてのご意見

本書のほかに小社刊行物をお持ちでしたら書名をお聞かせ下さい

仏教（または宗教一般）についてどのような本をお望みですか

（たとえば著者・テーマについて、など）

最近読んでおもしろかった本

書名　　著者　　出版社

購読新聞	購読雑誌

アンケートの個人情報は、小社出版情報のお知らせに利用させていただきます。

とりあえずお礼までに図書目録をお送りいたしますので、ご活用いただければ幸いです。

第九章『法勝寺御八講問答記』に見られる戒律論義
――巻第一・巻第二を対象に――

はじめに

本章より論義の資料の検討に移りたい。東大寺図書館の一〇三函及び一一三函に納められた「宗性実弘両師図書目録」によれば、「論義抄」「問題抄」「問答記」「論義用意抄」などの用語が論題（目録題簽）の末尾に付く資料が多い。これらは論義に関わるものであることを表しており、如何に宗性（一二〇二～一二七八）や実弘（?～一二六二）が論義のために勉学に勤しんだかが知られる。それらの資料の中でも、院政期よりもっとも格式の高い法会の一つと考えられた法勝寺御八講に関わる論義の問答を集めた『法勝寺御八講問答記』（一一三―二七／二八）は宗性により筆写されたものであるが、論義の問を中心に集めた資料として注目される。また、宮中最勝講や仙洞最勝講に関わる論義に関しても、『仙洞最勝講疑問論義用意抄』（一一三―二九）、『仙洞最勝講並番論義問答記』（一一三―三〇）、『最勝講問答記』（一一三―三一／三二。内題は『最勝講問答日記』）などの存在が知られ、また諸家において行われたと推定される御八講の記録である『諸家御八講疑問論義用意抄』（一一三―三三）などが存在する。これらは、鎌倉時代中期に作成されたことが明らかであり、また仙洞最勝講や宮中最勝講で行われた論義の内容がほとんど明らかにされていない現状では[1]、その資料的価値は高い。

鎌倉時代の仏教研究が新仏教を中心にした新仏教中心史観から脱却しつつある現在、[2]四箇大寺等の既成寺院の中で行われていた法会における、教理的論争の具体的内実を明らかにすることは重要である。経論相互の矛盾のために微に入り細を穿った議論をする教理論争は、一瞥の限り、時には不毛な感を免れ得ないものもあるが、日本仏教の教理がいかに形成されていったのかを見る上で避けて通れないものであろう。

なお、論争をテーマ毎に集めた資料も存在する。これらは一般に「短釈」と呼称され、テーマに沿った論義を伝える。形式的には、「問う」「答う」の第一回目の問答から「重ねて問う」「難じて云う」「重ねて難じて云う」など、何度も議論を繰り返し、最末尾に、その論義に関わる原資料（経典や論書など）の原文を掲げるという形式を取る。これらの資料が多く残されており、法相部・律部を集めた一一四函の中には、「遣虚存実短尺」（一一四―七五）など短釈という名称を有したものから、「隠劣顕勝事」（一一四―八四／八六／八七）などと「……事」という呼称で掲げられるものや、そのままズバリ「遣相証性」（一一四―九二／九三）などとテーマのみを掲げた資料などが多く保存されている。ちなみに法相に関する論義の資料は、興福寺に活躍した菩提院蔵俊（一一〇四～一一八〇）、壷坂覚憲（一一三一～一二一二）、解脱房貞慶（一一五五～一二一三）、良算（生没年不詳、一三世紀）等によって集大成されていったと考えられ、『成唯識論本文抄』『唯識論尋思鈔』『唯識論同学鈔』などの大著になっていったことは序論においてすでに述べた。[3]

三論教学に関わる論義の集成も、東大寺の写本資料の中に現存する。『一乗仏性恵日鈔』（一一三一―一五二）や『恵日古光鈔』（一一三一―一五三）などの資料である。これらは三論宗における短釈の集成であり、東大寺に行われた三論教学の内実を知る資料として貴重であるが、これもほとんど本格的な教理学的研究はなされていない。[4]

さて、東大寺図書館に所蔵される『法勝寺御八講問答記』（以下『御八講問答記』）は、院政期から鎌倉期にかけて法勝寺において行われた講問論義の記録である。法勝寺で開催される重要な法会には勅使が派遣され、法勝寺御八講もその例外ではなく勅使が派遣されていた。また、四箇大寺（東大寺・興福寺・延暦寺・園城寺〔三井寺〕）それぞれの寺院から、華厳・三論・法相・天台等を専門とする僧侶が招かれ、例外もあるが、基本的には異宗間において論義が行われるように設定されていたと推定される。論義は講問論義であり、経典の講説の後に、経典の内容に関わる質疑応答がなされたと考えられる。時には延暦寺と園城寺の僧侶が対論する場合も見られる。また治承四（一一八〇）年の一年だけのことではあるが、北嶺の僧侶だけで行われた場合もあった。なお同書は「問答記」との名称が表紙に墨書されているが、内容的には「問い」に焦点が当てられているようであり、いかなる理由からか、時には「答え」の部分が簡略であったり省略されたりしている。このように記載されていることについては、山崎慶輝氏の、宗性が論義に備えるために問を中心に記載したという見解[5]や、永村眞氏の、御八講において注目されたのは問者であったからとする見解[6]がある。

『御八講問答記』は国文学研究資料館における共同研究で、その内容の実態の概略が明らかにされたが[7]、本章では、『御八講問答記』巻一及び巻二に記載されている戒律に関する論義に焦点を絞り、検討を試みてみよう。

一　時代的関心

筆者は先に、法勝寺御八講において戒律に関する論義が一三世紀の初頭に数を増やすことを指摘したことがあるが[8]、詳説はそちらに譲り、一応の概略のみを確認しておきたい。

まず、解脱房貞慶が『解脱上人戒律復興願書』の奥書の中に「去る承元の比、興福寺律宗を崇めんが為に、律の談義を施行せしめるの刻」（一一頁）と述べているように、承元、すなわち一二〇七～一二一〇年の頃に、具体的に戒律の復興の兆しが始まったことが伝えられている。この願書が述べる兆しとは、具体的には貞慶が弟子の覚真（一一七〇～一二四三）を介して興福寺内に建立せしめた常喜院のことを指している。また貞慶の弟子の戒如（生没年不詳、一三世紀）も延応元（一二三九）年四月に、戒律の復興を念願したことを再確認するかのように同様のことを述べている（三〇五頁）。そして、興福寺に常喜院が創設された承元の頃をはさんで、『御八講問答記』にも戒律に関する議論が増えているのである。参考のために、一〇年ごとの戒律に関する論義の回数を簡単に表にして掲げておこう。

西暦（年）	回数（回）
1130～39	2
1140～49	3
1150～59	3
1160～69	3
1170～79	3
1180～89	5
1190～99	1
1200～09	9
1210～19	2
1220～29	6
1230～39	6
1240～49	6
1250～59	4
1260～69	2
1270～74	0

『御八講問答記』に見る年代別戒律論義の回数

この表から見てみると、当初は一〇年に三題程度のものであったことが知られる。また一二〇〇年代、一二二〇年代、一二三〇年代、一二四〇年代に戒律に関する論義が多く存在することが認められる。これは、先に述べた如くに、おそらくは戒律の復興をすべきであるという時代的関心が法勝寺御八講にも反映されたものと考えられる。このような事情があって、一三世紀の初頭には、戒律に関する論義の出題数が増えたのであろう。一一九〇年以前では、戒律に関する論義は一〇年に三問程度であったものが、一〇年に九問程度と三倍増しているのである。

先に指摘したときには論義の中身についてほとんど触れることができなかったので[9]、本章ではその内容を〈戒律に関することに焦点を絞ってはいるが）検討することに主眼を置く。それでは、論義の実際を一言一句記録したものではないという資料的性格を念頭に置きながらも、格式の高かった法勝寺御八講の記録である『御八講問答記』の巻一、及び巻二に見られる戒律論義について検討を試みよう。

二　戒律論義の内容

『御八講問答記』巻一には、三箇所に戒律に関する論義が見られる。第一の箇所は天承二（一一三二）年第四日朝座、第二の箇所は保延元（一一三五）年第四日朝座、第三の箇所は保延六（一一四〇）年第三日夕座においてである。

まず、最初の論義は、法勝寺に御八講が始まってから数年しか過ぎていない天承二年第四日の朝座である。講師は三井寺の豪覚、問者は延暦寺の寛勝であった。

なお、法勝寺御八講・宮中最勝講・仙洞最勝講という三講においては、南都、北嶺の僧侶同士が対論するように講師、問者が決められるのが一般的なように言われている。しかし、この場合には、三井寺と延暦寺という北嶺同士の僧侶の組み合わせになっており、多少特異的である。もっとも、このように三井寺と延暦寺の僧侶の組み合わせが見られるのは、法勝寺御八講に限ったことではなく、その他の皇族や貴族が主催する法会にも同様な例が見出だされることが報告されている。たとえば、康和三（一一〇一）年一一月一一日の鳥羽殿の番論義では、両寺の僧侶が対論していることが指摘されているので[10]、決して珍しいことではなかったようである。やはり大枠の傾向と考えておくのが適切なのであろう。

天承二年第四日朝座　では論義の実際を追いかけてみよう。まず、翻刻を掲げ、次に現代語訳を挙げながら検討を試みる。なお（ ）は筆者の補いである。

天承二年第四日朝座講師豪覚（三井寺）　問者寛勝（延暦寺）

問。五分律、従何開出之耶。　進云、従僧祇律開之文　付之。

（問者）質問する。『五分律』は何から開出されたのか。

（講師）（回答記載されず）

（問者）進めていうことには、「『（摩訶）僧祇律』からこれを開いた」と。これについて。

（講師）（回答記載されず）

『御八講問答記』では、講師が答者になり聴衆の一人が問者になった。問者と答者との間で、二題のテーマで議論が繰り広げられるが、基本的には二問二答の質疑応答がなされる。ところが、ここで取り上げる天承二年第四日（二問目）の記事には答者の答えが全く記されていない。よって、その全体を復元することは困難であるが、関連する資料を探索し、実際にどのような問答が行われたのか推測してみたい。

問者は、『五分律』、すなわち『弥沙塞部和醯五分律』（以下『五分律』）が何から開出されたのか問いただしてきた。『五分律』は周知の如く、五大広律の一つであり、その名称に不可解さが指摘される文献でもある。(11) 翻訳者は、罽賓国僧仏陀什（生没年不詳、五世紀）と竺道生（?～四三四）であり、その巻末の巻三十末尾に「罽賓律師仏陀什、弥沙塞部僧也」（大正二二、一九六頁中）と記されていることから、『五分律』は弥沙塞部の伝侍した律蔵であったことは、多くの僧侶が知悉することであったはずである。これに対する答者・豪覚の回答は記されていないが、記されていないだけで、実際には当然の如く弥沙塞部であると答えたのだろうか。あるいは全く常識的な質問に対し、その質問の意図を理解しかねて答えられなかったのであろうか。

対して、問者の再問がなされるのであるが、答者の第一答を何と受け止めたのかは（あるいは第一答がなかった場合も想定され得る）全く記されていないので明瞭ではない。論義は次のように展開した。問者は、講師の答えに対して「『（摩訶）僧祇律』からこれを開いた」という文を挙げ、再問をおこなったのである。この『五分律』が『摩訶僧祇律』を開いたものであるとの見解は、天台の湛然（七一一〜七八二）の記した『止観輔行伝弘決』（以下『伝弘決』）巻六之二の竪破入仮の部分に見える。

仏は僧伽を五部に分け僧伽の福徳を試された。仏の滅後と、五部の名称は同じであったが、その具体的なつとめは別であった。一には曇無徳部であり法は四分と名づける。二には薩婆多部であり法は十誦と名づける。三には弥沙塞部であり法は五分と名づける。四には婆麁富羅部であり律本は未だ来ていない。五には迦葉遺部で法は解脱と名づける。僧祇を根本の部として、前の五を分出した。このように五部は之を心に良く知っている。どうして臆測をふさごうか。

仏令分僧五部以験僧福。与仏滅後五部名同、其事則別。一曇無徳部法名四分。二薩婆多部法名十誦。三弥沙塞部法名五分。四婆麁富羅部律本未来。五迦葉遺部法名解脱。僧祇為根本部、分出前五。如是五部習之在心。豈塡胸臆。（大正四六、三四一頁中）

この箇所に、「僧祇を根本の部として、前の五を分出する」との記事が存在する。問者は、ここの記述を念頭に置き、『四分律』『十誦律』『五分律』等の五部律のうち、『五分律』を取り出し、何から開出されたのかを問いただしたのであろう。そこで講師は、おそらく何も答えなかったので、問者は『伝弘決』の記事を出し、この記述との整合性を問題にしているのだと解説を述べたと推測される。そして、問者は、「之に付いて（付之）」として何らかの見解を述べ、講師に再問を発したのであろうが、講師の再答は記されていないので、この後の展開は、まったく不明である。しかし、質問の内容からして、あまり教理的な展開を感じさせないように思われる。

保延元年第四日朝座　次の戒律に関する論義は、保延元年第四日朝座の第二問である。まず翻刻と訳を掲げる。

講師は延暦寺の弁覚、問者は興福寺の玄縁である。

第四日朝座講師弁覚（延暦寺）　問者玄縁（興福寺）

問涅槃疏第七巻章安大師、以大経十戒相対三聚浄戒、如何相対耶。　進云、禁戒一、通三種清浄戒。善戒、摂善法摂、等文　付之、此尺不明。凡禁浄善三、同是律儀戒也。何如此相対耶。

（問者）質問する。章安大師は、大経（南本『涅槃経』）の十戒をもって三聚浄戒と相対させるが、どのように相対させているか。

（講師）（回答記載されず）

（問者）進めていうことには、「禁戒の一つは、三種の清浄戒に通じる。善戒は摂善法の摂である」などと。これについて、この解釈は明らかではない。およそ禁・浄・善の三戒は、同じく律儀戒の摂である。どうしてこのように相対させるのか。

（講師）（回答記載されず）

　この問答においては、十戒と三聚浄戒との配当が問題にされている。まず、問者の玄縁が念頭に置いて質問したものは、「大経の十戒」である。この大経の十戒とは、『伝弘決』巻四之一方便章に「護他十戒者、一禁戒。二清浄戒。三善戒。四不缺戒。五不析戒。六大乗戒。七不退戒。八随順戒。九畢竟戒。十具足諸波羅蜜戒。今亦以十願対行。故大経十戒与論意同」（大正四六、二五五頁上）とあるのが知られるから、この十戒であろう。大経は大乗『涅槃経』を指し、南本では、巻十一聖行品の「願令衆生護持禁戒、得清浄戒、善戒、不缺戒、不析戒、大乗戒、不退戒、随順戒、畢竟戒、具足戒、成就波羅蜜戒」（大正一二、六七五頁上）とある記述がもとになっている。南本を参照した章安大師灌頂（五六一～六三二）の『涅槃経疏』の記述は、割注には巻七とあるが現行の大正蔵本では巻十四の次なる箇所に相当すると思われる。すなわち、「文に十種の護持有り、一種は則ち通ず。清浄戒と善法戒は、摂善法の摂なり。不缺と不垢戒は両属、遮禁の辺は律儀の摂、離過の辺は善法の摂、後の五は其の広運にして閡じること無きを取りて、皆、摂衆生に属するなり」（大正三八、一一三頁上）とある。

問者の第一問は、『涅槃経』の十戒を章安大師はどのように三聚浄戒に配当させているのかというものであった。講師はこれにどのように答えたのか記載されてはいないが、おそらく何らかの回答を返したのであろうか。もし、それが灌頂の『大般涅槃経疏』の記述にしたがったものであったとすれば、大経の十戒のうち、最初の禁戒は三聚に通じ、清浄戒と善法戒は摂善法戒の摂である、などと答えたであろう。しかし、「進めて云わく」として引用されている文章が灌頂の『涅槃経疏』の文章であるから、答者がこの答えを申し述べた可能性は低いかも知れない。もし申し述べていれば、第一答の中に引用される可能性が高いと思う。おそらくは、問者が質問の意図を説明すべく「進めて云わく」として申し述べたものと考えたい。

そして、第二問の内容は、禁・浄・善の三戒は摂律儀戒の摂であるとして、どうして禁戒は三聚に通じ、清浄戒や善法戒は摂善法戒の摂などと章安は配当するのか、と質問したのである。

この再問のポイントは「凡そ禁・浄・善の三は、同じく是れ律儀戒なり」という主張に存在するが、この主張の典拠は、実は、智顗（五三八～五九七）の『法華玄義』に存在する。該当個所を掲げれば、『法華玄義』巻三の釈名行妙の箇所に「戒聖行、既従始浅以至於深。今仍判其麁妙。禁浄善三戒属律儀。律儀通摂衆故。定尊卑位次緒雖有菩薩仏等、不別立衆。故戒法是同。但以仏菩提心為異耳」（大正三三、七一七頁下）とある。この文中に、「禁・浄・善の三戒は律儀に属す」との明確な解釈がなされているのである。

よって、本論義は、興福寺僧の玄縁が、智顗の講義を灌頂が筆録した『法華玄義』と、灌頂自身の撰とされる『涅槃経疏』との間に、禁・浄・善の三戒の解釈において相違があることをテーマにしてそれを問いただし、何らかの会通を試みさせようとしたものであったことがわかる。いわば天台教学内部における矛盾を如何に整合的に解釈させるかを目指したものといえるのではあるまいか。

保延六年第三日夕座　保延六年第三日夕座の第二問目に、同じく戒律に関する論義が見える。まず翻刻と訳を掲げ、それから検討を加えよう。

夕座講師義暁（東大寺）　問者章実（延暦寺）

問。二百五十戒、三蔵中何摂耶。　進云、修多羅文　付之。

（問者）二百五十戒は三蔵のなかでいずれの摂であるか。

（講師）（回答記載されず）

（問者）進めていうことには、修多羅である。これについて。

（講師）（回答記載されず）

この論義は、質問があまりにも常識的で、意表をつくものである。また情報が非常に少ない。まず、問者は二百五十戒が三蔵（経蔵・律蔵・論蔵）の中のいずれに摂め取られるのかを問いただしてきた。普通、戒律は律蔵に説かれると位置づけられるから、おそらく答者はあまりにも常識的すぎる問いに返答をしなかったのであろうか、あるいは「律蔵」と答えたのであろうか。ちなみに波羅提目叉経との呼称からすれば、経蔵との見解も出そうではあるが、ここではそれとの関連はない。

この問では、修多羅に摂め取られるとの見解が披露されるのであるが、実はこれも智顗の『法華玄義』の中に、根拠とされる記述が見出だされるのである。『法華玄義』巻六の釈名説法妙の該当の個所を引用すれば、「修多羅者、諸経中直説者、謂四阿含及二百五十戒。出三蔵外、諸摩訶衍経直説者、皆名修多羅也」（大正三三、七五三頁上）とある。この箇所に明瞭に、修多羅に含められるものとして二百五十戒が挙げられている。よって、問者は、この記述を根拠に、二百五十戒は三蔵の中でいずれに摂せられるのか、という表面上はごく当たり前の質問を発したのであろうと思われる。

対して、答者の回答が記されていないのは、その問いがあまりにも常識的すぎるので返答に詰まったと考えた方が適切なのかも知れない。ただし、戒律の内容理解に関わる議論には発展する可能性を秘めていないように思われるので、あまり良い質問であったとは言いがたいのではないだろうか。

以上、巻一に見られる戒律論義を探ったので、次に巻二に見られるものを検討しよう。

天養元年第三日朝座　巻二における最初の戒律に関する問答は、天養元（一一四四）年第三日夕座の第二問答である。講師は三井寺の俊智、問者は延暦寺の章実であった。まず翻刻を示そう。

夕座講師俊智（三井寺）　問者章実（延暦寺）

問。梵網経意、犯七遮人、懺悔得戒耶。　答。妙楽大師釈此事、懺悔得戒文　付之、違経説犯七遮者不許懺悔得戒耶。

（問者）質問する。『梵網経』の意では、七遮を犯した人は、懺悔すれば戒を得られるのか。

（講師）妙楽大師は、このことを解釈して「懺悔すれば戒を得られる」と。

（問者）これについて、経典に七遮を犯したものは懺悔得戒を許さないとあるのに違うのではないか。

（講師）（回答記載されず）

この論義においては、七遮を犯したものが懺悔した場合、戒を得ることができるかどうかが問われている。七遮とは、七逆罪とも言い、仏身の血を出す、父を殺害する、母を殺害する、和尚を殺害する、阿闍梨を殺害する、僧伽を破る、阿羅漢を殺害する、という七つの重罪である。なお、ここでの出典は『梵網経』巻下（大正二四、一〇〇八頁下）にある。

答者の第二番目の回答が記されていないので、最終的にどのように答えたのかは知られない。しかし、最初の問答の展開は知られるので、ここから検討しよう。まず妙楽大師荊渓湛然の解釈であるが、これは三大部の注釈の中には出典と思われる箇所は管見の範囲では見出だされない。ただし、『伝弘決』巻二之一の修行大の中に「もし大乗の中には、和尚及び阿闍梨を殺害するを加えて七逆とするならば、此の五逆、七逆は、体性は空寂である。だから『無行経』には『五逆はとりもなおさず菩提、菩提はとりもなおさず五逆である』とある（若大乗中、加殺和尚及阿闍黎、以為七逆、此五七逆、体性空寂。故無行経云、五逆即菩提。菩提即五逆）」（大正四六、一八四頁中）とある記述が参考になろうか。経典の七遮を犯した人は懺悔得戒を許さないとの記述は、『梵網経』巻下の第四十一軽戒に「二人の師は質問しなければならない、『汝には七遮罪があるか』と。もし現身に七遮があれば、師はそのものに戒を授けてはいけない。七遮が無ければ授けることができる（二師応問言、汝有七遮罪不。若現身有七遮、師不応与受戒。無有七遮者得受）」（大正二四、一〇〇八頁下）とある記述を踏まえたものである。

よって、ここでの論義の主題は、『梵網経』に存在する記述と湛然の主張との間に存在する矛盾を問いただすことにあったことが知られる。問者は、『梵網経』の記述と湛然の主張との間に存在する齟齬をどのように会通することができるのかを問うものであったと推定される。

久安二年第五日夕座　次の問答は久安二（一一四六）年である。講師は延暦寺僧仲胤、問者は三井寺猷仁である。問者、講師ともに天台の僧侶の例である。まず翻刻と訳を掲げる。

第五日夕座講師仲胤（延暦寺）　問者猷仁阿闍梨（三井寺）

問。摩訶止観中、□十種得戒。其中第一自然得戒、仏独覚歟。　進云、仏言善来文　付之、既云善来無自然義。況第七有善来戒。依之、経論并諸部律中、以仏独覚為自然得戒人耶。

（問者）質問する。『摩訶止観』中に十種得戒を述べている。その中の第一の自然得戒は仏や独覚のことであろうか。

（講師）（回答記載されず）

（問者）進めて言うことには、「仏言わく、善来、と」と。これについて、すでに善来に自然の義は無いと言っている。ましてや第七に善来の戒があるからにはなおさらではないか。これによって、経論や諸部の律の中では、仏独覚をもって、自然得戒の人とするのであろうか。

（講師）（回答記載されず）

本論義は『摩訶止観』の中に登場する十種得戒をテーマとする。そもそも十種得戒は、『十誦律』の中にその起源が認められるものであるが、具足戒を獲得する方法に十種類が存在すると主張する見解である。後代の仏教僧伽においては、白四羯磨が通常の具足戒受得の方法となっているが、それ以外の方法を含めて述べたものである。

さて、順を追って見てみよう。まずここで議論されている十種得戒は『摩訶止観』巻四上に出るものである。その内容は、次のようなものである。

根本十種得戒の人とは、如えば仏は自ら「善く来たれり、比丘よ」と言ったときには、自然にすでに具足戒を獲得していた。如えば摩訶迦葉は自誓の因縁によって具足戒を得た。如えば憍陳如は見諦のおかげで具足戒を受けた。如えば波闍波提比丘尼は八敬法によって具足戒を受けた。如えば達磨提那比丘尼は使いを遣わすことによって具足戒を受けた。如えば須陀耶沙弥は論義によって具足戒を受けた。如えば耶舎比丘等は「善く来たれ」と述べられて具足戒を受けた。跋陀羅波楞伽は三帰を加えて具足戒を受けた。如えば辺地においてはただ五律師によって具足戒を受けた。中国は十人の白四羯磨によって具足戒を受けた。

根本十種得戒人者、如仏自言善来比丘、自然已得具足戒。如摩訶迦葉自誓因縁得具足戒。如憍陳如見諦故受具足戒。如波闍波提比丘尼。以八敬法受具足戒。如達磨提那比丘尼遣信受具足戒。如須陀耶沙弥論義受具足戒。如耶舎比丘等善来受具足戒。如跋陀羅波楞伽加三帰受具足戒。如辺地第五律師受具足戒。中国十人白四羯磨受具足戒。（大正四六、三六頁上～中）

その元になった十種得戒の文章は、先に述べたとおり、『十誦律』巻五十六の記述である。そこには「十種具足戒を明かす」として、

どのようなものを十とするのか。仏世尊は自然に師無くして具足戒を得られた。五比丘は悟りを得てすぐさま具足戒を得た。摩訶迦葉長老は自ら誓ってすぐさま具足戒を得た。蘇陀は随順して仏に答えて論じたので具足戒を得た。辺地では持律の者ただ五人で具足戒を受けることができた。摩訶波闍波提比丘尼は八重法を受けてすぐさま具足戒を得た。半迦尸尼は使いを遣わして具足戒を受けることができた。仏は「善く来たれ」と命じられて比丘は具足戒を得た。三宝に帰依されてから三たび「私は仏に随って出家します」と唱えてすぐさま具足戒を得た。白四羯磨によって具足戒を得た。これを十種具足戒と名づける。

何等十。仏世尊自然無師得具足戒。五比丘得道即得具足戒。長老摩訶迦葉自誓即得具足戒。蘇陀随順答仏論故得具足戒。辺地持律第五得受具足戒。摩訶波闍波提比丘尼受八重法即得具足戒。半迦尸尼遣使得受具足戒。仏命善来比丘得具足戒。帰命三宝已三唱我随仏出家即得具足戒。白四羯磨得具足戒。是名十種具足戒。（大正二三、四一〇頁上）

とある。

ちなみに、この論義で議論の対象となったもともとの「善来の縁」とは、仏教教団初期の入門に関するもので、僧伽に仲間入りを希望する者が現れた際に、釈尊がただ「来たれ、比丘よ、法は善く説かれたり。正しく苦を滅尽せんがために梵行を行ぜよ」(12)と述べただけで入門を許されたという故事に基づくものである。初期の僧伽への入門は、まだ白四羯磨なるものがなかった時期も存在することには注意しておきたい。

では、ここで『御八講問答記』の論義に戻ろう。問者は、十種得戒の内の第一の自然得戒を問題とし、それは仏や独覚のことを指しているのであろうか、と問いただした。この質問に対して、答者である講師は何と答えたのであろうか、ここでは記されていない。返答がなかったのであろうか。

そこで問者は、「仏言善来」とあるではないかと『摩訶止観』の記事を出し質問の意図を示したと推測される。問者が、『摩訶止観』の十種得戒の最初に出る「根本十種得戒人者、如仏自言善来比丘、自然已得具足戒」とある記述の中の「仏言善来」との記事を問題にしたことは間違いない。そして、この記述について善来に自然に戒を得るという意味はない、ましてや第七番目に「善来」とあるではないかとの見解を述べ、仏や独覚を自然得戒の人とするのであろう、と再問を述べたのであると考えられる。

そもそも、この論義は、『摩訶止観』の十種得戒の記述の最初に「仏言善来」との記事があり、「善来」の語が用いられていることを直接の起因とする。そして、さらに第七番目に、耶舎の出家に際し、仏陀が「善来」と述べただけで具足戒を得たとする記述を問題にする。十種得戒の最初と第七番目の二箇所に登場する「善来」の語を如何に解釈するかを問いただしたと考えられる。つまりは、自然得戒において「善来」の語を用いることの不自然性を追求したものと思われる。本来、自然得戒は、仏と独覚のみであれば、整合性を持ち得るのであろうが、そのような意味で『摩訶止観』の十種得戒の最初の記事は、理解が困難である。よって、このような論義が成立したのではないかと思われるが、答者がどのように回答したのか示されていないので、結末は知られない。ただし、問者の意図がこの二つの「善来」の語の会通にあったことは確かだろう。

三　『御八講問答記』の記述形式の特徴

以上、数少ない論義の事例を取り上げたに過ぎないのであるが、記載の形式及び論義の形式に関わるもので、幾つかの点を推定し得るので、指摘しておきたい。なお、まだ推測に留まることをあらかじめお断りし、また今後の研究の進展により、さらに実状が明らかになることを願ってやまない。ここでは、中間報告のようなものであるが、若干の私見を述べて大方の叱正を請いたい。

まず、同書の記載の形式であるが、まず最初に注目したのは山崎慶輝氏である。氏は、宗性が論義に備えるために問を中心に筆写したものであろうと述べておられる。また、永村眞氏は、御八講においては問者が注目されたために問を中心として筆写されているとの見解を述べておられる。しかし、実際に論義の資料を見た場合、これまでも見てきたように答えが完全に省略されていることもあれば、一方で次章以降で引用する論義のように「答」とのみ記されていて、内容の文言が全く記されていないものが散見される。このことから類推すると、何らかの回答が、答者すなわち講師によってなされた場合には、形式の上では「答」の一文字のみを記して内容は省略するか、あるいはその文言を含めて「答」の文章が書かれているという可能性はなかろうか。つまり、実際に、講師が何らかの回答を与えている場合には、かならずそれと分かるように記載がされ、講師が回答を与えていない場合には（もしくは、返答できなかった場合には）、問者があらためて「進めて云わく」として、質問の意図を再説したり、別の角度から質問を述べたりしていて、論義を進展させていると見ることができる。

また、講師が回答を与えていない場合というのは、論義の回答形式、すなわち捨置答（答えが明白な問いがなされた場合、捨て置いて答えないこと）によるのではないかという楠淳證氏の指摘があるが(13)、しかし、あまりにも常識的なものであったとしても、何らかの回答がなされていれば、『御八講問答記』が「答」と記していた可能性はあろう。とすれば、回答が記載されていない理由として、あまりにも明瞭すぎるからというもの（この場合には捨置答であろう）と、本当に答えられてなくて回答が無かったというものがあったのではないだろうか。

このような視点から見ることができるとすれば、講師の回答が記されていないというのは、講師が何らの回答もできずにいたという事態があり得たことを示しているのではないかと想像されるのである。

特に、二百五十戒は三蔵のどれに含まれるか、という一見常識以外の何者でもない（律蔵と普通では回答するはずである）質問に接したとすれば、答者は『法華玄義』の記述を思い出さない限り、その質問の意図を量りかねて、回答を出せなかったのではないかと思われるのである。以上が記述の形式から想像される第一の知見である。

次に知られるのは、検討した範囲の戒律に関する議論の中身は、ほぼ天台の法華三大部、及び三大部の注釈書に関わるものに出典が取られていることである。わずかに『御八講問答記』巻一、巻二の検討でしかないので断定はできないのであるが、戒律に関する限り、ほぼ『法華経』の教学に関するものの枠内に納まると言えるのではないだろうか。つまり、この御八講においては、『法華経』及び『法華経』に関する注釈書に書かれていることであれば、関連するものとして論義の題に取り上げられていると考えられる。

筆者は、以前に『法華経』教学に関わらないものも議論されているのではないかとの見解を一応の目安として述べたことがあるが(14)、ここまでの検討からではむしろ、原則的には『法華経』と『法華経』の注釈書及びそれを製作している人物に関わる著作の中から、御八講の論義のテーマが抽出されたと推定し得る。

おわりに

法勝寺で開催された御八講の記録である『御八講問答記』に見られる戒律論義に検討を試みてみた。巻一及び巻二のわずか二巻に過ぎないが、一定の傾向を見ることはできた。法勝寺の御八講は院政期を代表する三講の一つであり、四箇大寺の僧侶たちが、公請によって召集され執行されていたが、このような講問論義においては、経論相互の矛盾する記述を如何に会通するか、すなわち教学の調整が大きなテーマであったように感じられる。このような問題意識を持って次章以降も論義の資料の検討を進めていきたい。

注記

（1）ただし、昨今、最勝講における経釈の資料は翻刻・紹介されつつある。山崎誠「金光明最勝王経の経釈について」（『国文学研究資料館紀要』二九、二〇〇三年）。

（2）鎌倉新仏教を中心とした研究から、平安朝から続く既成の勢力へと目が向けられたのは、明らかに黒田俊雄氏の研究以降（『日本中世の国家と宗教』岩波書店、一九七五年）に著しい。ただし、この顕密体制論は権門の一つとして再生していた中世寺社勢力という視点から出発しており、社会的視点からの枠組みという側面が強い。

（3）法相の論義に関わる研究は北畠典生氏、楠淳證氏の研究が注目される。たとえば北畠典生編著『日本中世の唯識思想』（永田文昌堂、一九九七年）など。

（4）ただし、永村眞「論義と聖教――「恵日古光鈔」を素材として」（速水侑編『院政期仏教の研究』一九九八年、後に永村眞『中世寺院資料論』吉川弘文館、二〇〇〇年に再録）は教理的にも踏み込んだ論文であり注目される。

（5）山崎慶輝「東大寺所蔵『法勝寺御八講問答記』の考察」（『北畠典生教授還暦記念　日本の仏教と文化』永田文昌堂、一九九〇年）を参照。

（6）永村眞「修学と論義草――宗性撰述「法勝寺御八講疑問論義抄」を通して――」（『南都仏教』七七、一九九九年）。

（7）一九九四年より国文学研究資料館における共同研究「法勝寺御八講問答記の注釈学的研究」が行われた。その成果は、『南都仏教』七七、一九九九年に発表された。

（8）拙著『中世初期南都戒律復興の研究』（法蔵館、一九九九年）。

（9）拙著、前掲書、第二章。

（10）山岸公基「『寺門高僧記』巻四をめぐる問題――続群書類従本錯簡の訂正と所載の徳一関連記事の検討――」（『高円史学』一四、一九九八年）。

（11）平川彰『律蔵の研究』（山喜房仏書林、一九六〇年。後に春秋社刊「平川彰著作集」巻九〔一九九九年〕、巻十〔二〇〇〇年〕に再録）参照。

（12）たとえば『律蔵』大品に見える耶舎の出家など。『南伝大蔵経』巻三「律蔵三」、三二頁。

（13）楠淳證「「法勝寺御八講問答記」天承元年条における法相論義」（『南都仏教』七七、一九九九年）。

（14）拙論「法華経――論義の世界」（『国文学　解釈と鑑賞』六二―三、一九九七年）。

第十章　唱導と論義――『法勝寺御八講問答記』と『釈門秘鑰』から――

はじめに

論義は経典の講説がなされた後で行われるが、経典の講説と論義の内容とには何らかの関係があったのだろうか。すでに提示されている疑問ではあるが、このような疑問に答えるためには、同じ法会で用いられたことが明らかな経釈と論義の記録が必要である。しかし、残念ながらそのような資料はこれまで知られてこなかった。

ところが、幸いにも経釈と論義の関係が明確に指摘できる数少ない事例が存在するのである。山崎誠氏や大島薫氏が指摘するのであるが、それは法勝寺で行われた御八講において澄憲（一一二六～一二〇三）が登場する場合であるという。金沢文庫に伝わる『釈門秘鑰』巻十七之一に収載された『無量義経』の経釈の中に、法勝寺御八講において製作されたと明記されるものが存在するのである。これと、東大寺図書館に伝わる『法勝寺御八講問答記』（以下『御八講問答記』）とをあわせて参照することによって、当日の唱導と論義の関係が復元される可能性がある。

本章では、法勝寺の御八講の性格に注意しながら、当該の日の唱導と論義を推定する作業を行い、次にその両者の内容に関連があるかどうかという視点から考察を試みてみたい。

一　『釈門秘鑰』巻十七之一にみられる『無量義経惣釈』

『釈門秘鑰』は澄憲が晩年に集成した資料であると考えられ、その全体像は阿部泰郎氏によって復元されている。[1]その巻十七之一に「無量義経惣釈五篇」[2]が存在し、その内の第一篇は、「法勝寺御八講初座講師之次、注之了」と注記され、法勝寺御八講において講説された経釈の一つであるとされている。[3]

さて、法勝寺御八講は、聴衆の一人が問者となり、その会座の講師が答者になった法会であった。よって澄憲が「初座」、つまり初日朝座の講師を勤めた日を『御八講問答記』から探し出し、『釈門秘鑰』に収載された「無量義経惣釈」の内容と論義の内容とを対照させながら検討することが可能になるはずである。

それでは、まず『釈門秘鑰』巻十七之一の『無量義経』に関する惣略釈の部分を翻刻することから始めよう（なお、便宜上、対句表現に注意しながら、読みやすいように句読を付し、行替えも適宜行い、それぞれに㈠㈡等の番号を付した）。

無量義経惣略釈　五篇

㈠

大意者、
如来成道四十餘年之後、　　卜王城鷲峯之勝処、
法王嘉会七十二歳之時、　　遂如来出世之素懐。
正説必有由致、大事宜有表瑞。故、
従一出多之法、未聞四十餘年之席。
天花地動之漸、二界八番之情、
謂之説法瑞。実有所以哉。

所説者非三教非四時、随縁真如之妙理也。
所示者非歴別非不乗、大直無留之正路也。
告大事於身子、実雖為正説之宗旨、
談直道於庄厳、又是円乗之規範者歟。
法勝寺御八講初座講師之次注之了

(二)

此経者、
□速成菩提之正路、為開方便門之嘉瑞、
自七処八会之花厳、至鹿野鶴林之座席、
遍教三権行廻之仏道、未談一実菩提之直道、
所謂四階成道、三乗共位、瓔珞賢愚華厳融門、
成住五十二位之階級、歴劫長遠之行道也。
成送無□切之時節、
方便迂廻之教門也。豈必乎此妙典。
四十余年之霜後、雲晴霊山之嶺、
七十二歳之春朝、花綻耆崛之洞、
□庄厳大庄厳之発起、
開菩薩摩訶薩之直路、
界内界外之生死、如鉄杵摧春□
四住五位之煩悩、類金飃巻秋葉、
登七地十地、皆生身肉身、
分段反易処同、煩悩菩提体一、
以之為此経旨趣已上一篇

(三)

無量義経者、頓証菩提直道也。
夫望宝諸者、以速至為本懐。
生死険難、何処暫逗留乎。
逗留生死、則必遇障難。
遇障難、則必有退転。
有退転、則不能到。
故経云、行於険遅、多留難故云々
若向直道者、速疾別又無難、
雖求菩提者、不能得此経乎。
五道六道之生死、敢無逗留、
迷理迷事之煩悩、更不障碍者也已上一篇

昇於菩薩第七之地云々　已上一篇

(四)

妙経席分、六瑞其一也。
不告大事於身子、先談直道於庄厳、
非三教四時之麁、顕随縁不変之理
隔歴劫迂廻之道、示大真無留之軌。故、
四十餘年之旨、未顕此真実、
霊山八歳之時、始開此妙理。
持之者、不煩三祇之長途、
行之者、忽昇十地之窮源。
故説経力用云々
生死煩悩一時断壊、

(五)

此経、一乗開経、六瑞中始、
菩薩、厭歴劫仏道、尋速疾直路、
如来開無相一理、顕所生万菩、
成道四十余年之後、始説此経、
仏寿七十二歳之今、新聴此法、
実是甚深之教也。既称大直道、
又並無留難。
誰経歴三祇之風、
誰停滞百劫之霜乎。

以上、『釈門秘鑰』巻十七之一に収載された澄憲作と考えられる「無量義経惣略釈」を書き出してみた。[4] その文言は、美文調であり、ほぼ対句表現で記されている。内容的には『無量義経』の趣旨を述べるに留まっている。ただし、それぞれの文言はかなり少ないので、これのみが会座において開陳されたすべての内容であるとは考え難い。おそらくは、もっとも感動をもたらすと考えられた文言の抜粋、あるいは参照に資する「擬草」のようなものであったのだろう。

(一)の経釈が法勝寺御八講に際し製作されたものであるので、この経釈のみ現代語訳を掲げておく。

大意とは
如来の成道の　四十余年の後
法王の嘉会は　七十二歳の時
王舎城の霊鷲山の峰の勝れた場所を占いによって選び
如来の出世の素懐を遂げられた
正しい説には必ず理由があり　大事にはおそらく表瑞があろう　だからこそ
一より多を出す法は　四十余年の席にはいまだ聞かなかったのだ
天から花　地の動くは発端　二界八番の情
これを説法の奇瑞という　まことに理由のあることよ
説いたものは三教でもなく四時でもなく　随縁真如の妙理である
示したものは歴別でもなく不乗でもなく　大いなる真っ直ぐな留まることのない正路である
大事を身子に告げ　まことに正説の宗旨であるけれども
直道を荘厳に談じるのだ　また円乗の規範であることよ

では、次に『御八講問答記』から、澄憲が初日朝座の講師を勤めた年次を確認してみたい。実際に初日朝座において、彼が『無量義経』の講説を担当したのは次の五回であった。年次を書き出してみれば、治承四（一一八〇）年、寿永二（一一八三）年、元暦二（一一八五）年、文治二（一一八六）年、建久二（一一九一）年である。では次に各々の記事を翻刻し、内容を検討してみよう。

二　五回の初日朝座論義の翻刻と内容

『御八講問答記』巻五、巻六にこれら五回の論義が記録されているので、それぞれ番号を付しながら翻刻を掲げ、現代語訳を付し、内容を概観する。

①治承四年

初日朝座講師澄憲大僧都（延暦寺）　問者晴雅大法師（勧修寺）

（第一問答）問。当巻経文摩訶般若花厳海空文爾者、花厳海空者五時中何経乎。　答。宗三尺具生之。且第五時法花云尺、不明。夫経文所挙者、皆是已説之経也。法花未説之経也。又已説之経宣説菩薩歴劫修行文法花速疾頓成之説耶。旁似不可云法花、如何。　答。

（問者）質問する。当巻の経文には「摩訶般若華厳海空」とある。そうであるならば、華厳海空とは五時のなかではいずれの経典になるのか。

（講師）答える。天台宗では三つの解釈がつぶさに生じている。

（問者）しばらく第五時の法華であるという解釈は明らかではない。そもそも経文に挙げるところは皆、已説の経典である。法華は未説の経典である。また、已説の経典には「菩薩歴劫修行を宣説する」とある。法華は速疾頓成の説ではないのか。ひろくみれば似ているようだが、法華とは言うべきではない、どうであろうか。

（講師）答える。

第一問は、『無量義経』に登場する「摩訶般若華厳海空」の言辞を発端に、「華厳海空」とは、天台の五時（華厳・阿含・方等・般若・法華涅槃）のうちどこに所属するものかというものである。これは、『無量義経』の論義に関して屢々目にする内容である。(5) その問いの発端は、『法華玄義』巻十上にあり（大正三三、八〇八頁上）、そこでは、華厳海空が三通りに解釈されている。

そもそも、華厳海空との言葉自体に華厳という言葉が含まれるから、華厳の教えという位置づけは容易に導かれる。たとえば「華厳海空というのは、もしも寂滅道場の華厳であるとすれば、それは次第（の華厳）ではない。『法性論』によれば、鈍根の菩薩は三処に法界に入るとあるが、初めが般若、次が法華、そして最後が涅槃である。般若によって法界に入ることがとりもなおさず華厳海空である（華厳海空者、若作寂滅道場之華厳、此非次第。今依法性論云、鈍根菩薩三処入法界、初則般若、次則法華、後則涅槃、因般若入法界、即是華厳海空）」（大正三三、八〇八頁上）とある。ここからすれば、華厳海空は寂滅道場の華厳、すなわち第一時の華厳の教えという理解が成り立つ。これが第一の解釈である。

次に、「華厳の時節は長い。昔の小機はいまだに（悟りに）入らず、耳が聞こえず、話せないかのようであった。今、般若を聞いてすぐさま入ることができるとはその意である。大品（般若）は三乗の人に通じ、四果を得ることができる。華厳は小を隔てているので、この義はない。だから方等の後に次いで般若を説き、第四時の教えとするのである（又華厳時節長。昔小機未入、如聾如瘂。今聞般若即能得入、即其義焉。大品通三乗人、可得有四果。華厳隔小故無此義。故方等之後次説般若、為第四時経也）」（大正三三、八〇八頁上）との記事は、華厳海空が第四時の般若の教えであるとする立場を導く。それは、先に「按無量義経云、次説摩訶般若華厳海空歴劫修行者、此是方等之後、而明大品」（大正三三、八〇七頁下）とあったこととも符合しよう。この立場に立てば、華厳海空は第四時の般若の教えとなる。これが第二の解釈である。

第三の解釈は、「また解釈するに、般若の後に華厳海空を明かすのはとりもなおさず円頓の法華の教えである。

なんとなれば、初めて成道した時、もっぱら円頓を説き、理解しない者、大機がまだ濃くない者には、三蔵、方等、般若を説いて洮汰、淳熟し、根利の障りを除き、円頓を聞くに堪える者に法華を説き仏知見を開き、法界に入ることができるのは華厳と等しいからである。（中略）初後の仏慧に関して円頓の意義は等しい。だから次に般若の後に華厳海空と説くのは法華に等しいのである。また、これは第五時の教えである（又解、般若之後明華厳海空者、即是円頓法華教也。何者初成道時、純説円頓、為不解者大機未濃、以三蔵方等般若、洮汰淳熟、根利障除、堪聞円頓、即説法華開仏知見、得入法界、与華厳斉。〔中略〕故次般若之後説華厳海空、斉法華也。亦第五時教也）」（大正三三、八〇八頁上）とあることから、華厳海空は第五の法華の教えであるとするものである。これが第三の解釈である。

このように、「摩訶般若華厳海空」という『無量義経』に出る用語に対し、三通りの解釈が示されたことになるが、ここで第三の解釈の華厳海空が法華の教えであるならば、そこには「歴劫修行」ということはあり得ないはずであるとして疑問が提示されたのである。というのは、法華以前は已説の教えであり、已説の教えであれば、「歴劫修行を宣説する」ことがあっても、未説の教えである法華には、それはあり得ないから矛盾ではないかというものである。なお、対する解答は示されていない。

（第二問答）問。大論十戒中智所讃自在二戒対出仮位也。然者、以此二戒対各別位可云耶。　答。故智両戒、一体無殊尺也。　疑両方。若対各別位云者、尺云一体無殊文若依之不対各別位云者、出仮位具戒文二戒也。次第可対之。爰以智所讃赴別生之初也。自在戒深位之自在也。以浅深之戒、可対次第位。依之尺云、行向人持文可対各別位聞、如何。

（問者）質問する。『大智度論』では、十戒中の智所讃、自在の二戒を出仮の位に対応させる。そうであるならば、此の二戒をもって各々別の位に対応させると言うべきであろうか。

（講師）答える。「故に知られる、両戒は一体であって異なることはない」と。

（問者）疑う。二通りである。もし各々別の位に対応させるというならば、釈して「一体であって異なることはない」と言っている。順番にこれに対応する。之によって各々別の位に対応していないというならば、出仮の位は戒文二戒を具する。順番にこれに対応する。ここをもって、智所讃は別の生の始めに赴くのである。自在戒は深位の自在である。浅深の戒は、次第の位に対応させるのがよい。これによって、釈して「行・向の人が持つ」と言う。各々別の位に対応するというのがよいと聞こえるが、どうであろうか。


第二問は、『大智度論』に出る十種戒のうち、智所讃戒と自在戒は、各々別の位に対するものであるかどうかというものである。「両戒一体無殊」との文言は、『止観輔行伝弘決』（以下『伝弘決』）巻四方便章の「以自在故為智為讃。故知両戒一体無殊」（大正四六、二五六頁上）との文章に基づき、「行向人持」との文章は、同じく『伝弘決』巻四方便章の「智所讃行向人持」（大正四六、二五五頁中）との文章に基づく。ここは、行（すなわち十行）と向（すなわち十廻向）の人が持つ、との文章がありながら、一方で「両戒、一体無殊」とある文言との整合性を問うたものである。つまり、どちらに解釈しても矛盾が生じるが、どうであろうか、というものである。

ちなみに、第一問は『無量義経』に関わる内容であるが、第二問は直接には関係なく、『伝弘決』の戒に関わる記事が問われている。

②寿永二年

初日朝座講師澄憲法印（延暦寺）　問者玄隆（興福寺）

（第一問答）問表白経文云且本業瓔珞経四教共説可云耶。　答。一家心、瓔珞結方等部文所結方等、既説四教、能結経、又可同。然経所宣説之菩薩次位、又別円二教心也。雖然、四教共説可云歟。

（問者）質問する。経文。しばらく、『菩薩瓔珞本業経』には四教を共に説くというべきだろうか。

（講師）答える。天台一家の心は、『菩薩瓔珞本業経』は「方等部を結ぶ」と。結ばれるところの方等は、すでに四教を説いているので、結ぶ方の経もまた同じであるべきである。しかしながら、経に宣説するところの菩薩の次位は、また別円の二教の心である。そうであるといっても、四教ともに説くというべきか。

第一問は、『菩薩瓔珞本業経』が四教（蔵・通・別・円）の教えを共に説くものであるかどうかというものである。この箇所は論義の一問一答のみで、第二問目が存在しない。また、論義の内容は、『菩薩瓔珞本業経』が四教共説かどうかというもので、わかり易い。ここでも教学の会通が問われていたのであろう。

（第二問答）問。宗師所尺中、付判賢聖次位。且恵時解脱中恵解脱、用性念処断惑可云耶。答。性共縁三念処相息。常途、性相与一家所判、其義頗不応也。常途、三中相雑能断煩悩云、共念処将断惑。宗所判異之、用性念処、惑断見。

（問者）質問する。宗師の所釈の中に、賢聖の次位を判定することについて。しばらく恵・時の解脱のうちの恵解脱は、性念処をもって惑を断ずるというべきだろうか。

（講師）答える。性・共・縁の三念処は相い息む。常途の性相と天台一家の判ずるところとは、その意義は十分には応じていない。常途には三中は互いに雑りあい、よく煩悩を断じるといって、共念処によって惑を断じるであろう。宗の判じるところはこれに異なって、性念処をもって惑を断じると見える。

続く第二問は、賢者聖者の位に関しての議論で、その典拠は『法華玄義』巻四下の賢位を説明する箇所にあり、若慧解脱根性人、但修性四念処観、破性執四倒。若倶解脱人、修共四念処観、破事理四倒。若無疑解脱根性人、修性共縁三種四念処、破一切事理文字等四顛倒。善巧方便於念処中有四種精進、修四種定、生五善法、破五種悪。分別道用、安隠而行、能観四諦。（大正三三、七二七頁下～七二八頁上）

とある記述を念頭に置いたものである。阿毘達磨の教学では性・共・縁の三つの念処によって煩悩を断じるといい、中でも共念処が煩悩を断じるとするが、天台宗の判では性念処が煩悩を断じるように見える、というものである。この論義は阿毘達磨と大乗の会通がテーマだったと思われる。また、問者の質問に対し、講師は説明的に答えていることも一つの特徴として指摘できよう。

③元暦二年

初日朝座講師澄憲法印（延暦寺）　問者珍息（興福寺）表白

（第一問答）問。天台一家心、無量義経者、純円一実経歟。　答。望正宗一乗者、非純円一乗、望方等般若者、可云不説権教。

（問者）質問する。天台一家の心では、『無量義経』は純円一実の経典であるか。

（講師）答える。正宗の一乗という立場に向かえば、純円の一実ではないけれども、方等・般若という立場に向かえば、権教を説かないということもできる。

③の第一問は、『無量義経』は純円の一実の経典であるかどうかというものであるが、純円との用語は湛然（七一一～七八二）の『法華玄義釈籤』に見え、「華厳兼別、法華純円」（大正三三、九五〇頁下）との位置づけが前提にされていると思われる。また、問答は第一問、第一答のみしか記されていないので、その後の展開がなされなかったのかも知れない。

（第二問答）問。迦葉童子在法花会座耶。　答。経文雖無明所見、妙楽大師、聞常果同常因尺。拠之者可云在座歟。

（問者）質問する。迦葉童子は法華の会座に居られたか。

（講師）答える。経文には所見を明らかにすることが無いけれども、妙楽大師は、常の果を聞くのは常の因と同じである、と解釈している。これに拠れば、座に居られたというべきであろう。

第二問は、迦葉童子は法華の会座に居たかどうかというものである。迦葉童子との用語はあまり目にしないものであるが、『法華文句記』釈従地踊出品に「故知地踊為生疑故現。如来為顕長故召之。故遠近二由皆為説遠。迦葉童子已於此中聞長寿竟。於彼但問長寿之因。故彼経云、云何得長寿。即問因也」（大正三四、三三六頁下）とあるのが知られる。ここの問答は、妙楽（湛然）の見解に基づくと示されているが、何故このような問いが立てられたのか、その意趣が伝わってこない。

④文治二年

講師法印澄憲　　権少僧都弁暁（以下略）

初日朝座講師法印（延暦寺）　　問者珍息（興福寺）

（第一問答）表白問。経文。付説菩薩相。爾者、前三教菩薩成円大時節、二乗廻心向大成円人時節、相望論之者、何久可云耶。

答。成実人之処、二乗速也。菩薩遅可云也。其故、三蔵菩薩第三僧祇判有教無人、二僧祇当教正所経也。通教入空雖非一世之作行、出仮動逾塵劫八九地、成実人故、動逾塵劫尤久。別教十廻向成実人、住行直行一行、動経無量阿僧祇劫也。故三教可云久也。二乗三生六十四生百劫叶応果了、即可生方便土、生彼土了、即為菩薩故可云短也。

（問者）質問する。経文。菩薩の相を説くことについて。そうであるならば、前の蔵・通・別教の菩薩が円大となる時節と、二乗が廻心向大して円人となる時節と、互いに比較してこれを論じれば、いずれがより久しいというべきだろうか。

（講師）答える。実人となるところは二乗が速やかである。菩薩は遅いと言うべきである。その理由は、三蔵の菩薩は、第三僧祇に「有教無人」を判じ、二僧祇はこの教えがまさしく経るところである。通教は空に入り、一世の作行ではないといっても、出仮は、塵劫を動いて越えて、八地、九地において実人となるので、塵劫を動いて越えるのは、もっと久しい。別教においては十廻向に実人となっても、住・行は直行や一行によって、無量の阿僧祇劫を揺れ動きながら経過するのである。だから、三教は久しいと言うべきである。二乗は三生、六十四生、百劫に叶い果に応じおわって、すぐさま方便土に生じることができる。彼の土に生まれおわれば、すぐさま菩薩となるので、短いと言うことができる。

④の問答は、『無量義経』の経文を端緒に発せられたものと推定されるが、三教の菩薩が円大となる時節と、二乗の廻心が大に向かって円人となる時節とについて、どちらが久しいか問い質したものである。ここでは「円大」、「円人」と質問されているにもかかわらず、答えの文章では「実人」との語が用いられていることに注意が必要である。

まず、三蔵の菩薩は「第三僧祇」に「有教無人」を判じるとの言及は、『法華玄義釈籤』巻九の「三菩薩をもって聖位に至る時、皆、五つの怖畏を離れることができる。三蔵の菩薩は第三の阿僧祇に至って畏れを離れることができる。このゆえに此処には大小に通じると言う（以三菩薩至聖位時、皆能離五怖畏。三蔵菩薩至第三僧祇即能離畏。是故此言通於大小）」（大正三三、八七八頁中）とある記述から、第三（阿）僧祇に転換点があることが知られよう。

次に、通教の菩薩に関して、出仮のものは塵劫を揺れ動きながら越えて、八地、九地において実人となるので、塵劫を越えるのがもっとも久しいと述べるが、通教の菩薩が七地に仮を出るという理解は、『法華玄義』巻四下に「若通教、七地出仮、分別薬病」（大正三三、七三一頁中）とあることからも首肯されよう。

別教における記述は、智顗述の『金光明経文句』釈授記品に「通教の菩薩は仮より空に入ることによって、一世の修行を止めるのではない、空より仮に入ることによって、揺れ動きながら塵劫を越える。別教の菩薩は、直行、一行によって無量の阿僧祇劫を揺れ動きながら通る。ましてや遍行、衆行によってはなおさらである（若通教菩薩、従仮入空、非止一世修行。従空入仮、動逾塵劫。若別教菩薩、直行一行、動経無量阿僧祇劫、況復遍行衆行」（大正三九、八〇頁中）とあるのを踏まえていよう。

以上、天台の典籍をもとに蔵・通・別の三教の菩薩が円大になるまでの時間が久しいとの主張がなされている。一方、二乗が三生、六十四生、百劫に成仏するというのは、阿毘達磨からの理解を踏襲しており、『法華文句記』巻五中に「解脱達分者、涅槃名解脱。所修善根不住生死、名之為達。声聞三生、支仏百劫、解脱之分」（大正三四、二五〇頁中）とあることが、また、方便土に生まれるとの記述は、智顗の『仁王護国般若経疏』の「若円教十信（中略）与二乗人同生方便有餘土。若羅漢支仏、於彼土遇餘仏、為説法華経、即成菩薩進断無明」（大正三三、二七三頁中）の記述が参考となろう。

典拠が確認される箇所とそうでない箇所が混在するが、この論義は、講師の初答が詳細に記されているところに特徴があり、また、天台の教理を披露しようとする意図が感じられる。

（第二問答）問。円教意、以空仮中三観、如次為破三惑時、以一観破三惑可云耶。　答。円中実教意、三観既即、三観亦融文故雖有偏入偏観之義、三観既不（不は誤りか）相即、一観力、三惑共可破也。依之正観云。

（問者）質問する。円教の意では、空仮中の三観をもって次第のように三惑を破するとき、一つの観をもって三惑を破するというべきであろうか。

（講師）答える。円の中の実教の意では、「三観は既に即していて、三観は互いに融会している」とある。だから偏入偏観の義があるけれども、三観は相即しているのであるから、一観の力によって三惑をともに破るべきである。これによって正観という（文脈より「不」字を削除して解釈した）。

第二の問答は、空・仮・中の三観がその順のごとくに三惑、すなわち貪・瞋・痴を破する時、一つの観が三惑をすべて破するのか、というものである。対する答は、三観は相即しているのであるから、一つの観によって三惑をともに破するという。答者の引用の文章は、『伝弘決』巻四之一に「約報則有煮焼等軽重之相。三観相即三諦互融。随詮一塵一心一観、皆遍法界」（大正四六、二五六頁上）とある記述に基づくと思われる。また『伝弘決』巻五之四に「問。円人那得三観別論有此信法相資等別。答。如後第六云、多入空少入仮中等。既許偏入亦可偏観」（大正四六、三〇七頁中）とある記述も参考になろう。

しかし、第一問答も第二問答も、ともに一回の質問とそれに対する応答のみで、論義がどのように進んだのか、これだけの文言からは明瞭ではない。しかも、質問に対して答えが説明的なものであり、発展のあった論義ではないように思われる。

⑤建久二年

初日朝座講師法印澄憲（延暦寺）　問者順高（興福寺）

（第一問答）表白《ひょうびゃく》問。無量義経付列同聞衆。尓者、金銀四輪王外、領大千界輪王可有耶。　答。恵表比丘、通曇摩耶舎、得此経。雖令流布、漢大人師不釈此経。就中、天台妙楽、不副疏。但我山祖師伝教大師云、注釈之時、四輪王之外、所挙之大転輪王、少転輪王、如次領大千界少千界云々

（問者）質問する。『無量義経』に、同聞衆を列挙することについて。では、金銀四輪王以外に大千世界を支配する輪王はあり得るのだろうか。

（講師）答える。恵表比丘は曇摩耶舎を通じてこの経典を得た。流布せしめたといっても、漢の大人師はこの経典を解釈していない。とりわけ、天台、妙楽は疏を添えていない。ただ、我が山の祖師である伝教大師が注釈を立てた時、「四輪王の他に、挙げるところの大転輪王、少転輪王は、順次に大千界、少千界を支配する」としている。

⑤の第一問答は、金銀四輪王以外に大千世界を支配するものがあるのかどうかというものであるが、念頭に置

かれた『無量義経』の文章が推定できる。すなわち、徳行品第一に、

大転輪王、小転輪王、金輪、銀輪、諸転輪王、国王、王子、国臣、国民、国士、国女、国大長者、各与眷属百千万数而自囲遶、来詣仏所、頭面礼足。（大正九、三八四頁上～中）

とある文であろう。世界を領することに関しては、『法華玄義』巻四下の三草二木を解釈する中に、

小草位者、人天乗也。輪王是人主位。釈梵是天主位。皆約報果明位果義。既有優劣。当知、修因必有浅深。人位因者、即是秉持五戒。略為四品。下品為鉄輪王、王一天下。中品為銅輪王、王二天下。上品為銀輪王、王三天下。上品為金輪王、王四天下。皆是散心持戒。兼以慈心勧他。為福故報為人主。（大正三三、七二六頁中～下）

とある記述を参考にしたものであろう。恵表比丘が広めたというのは、劉虬の作成した「無量義経序」にあり、その無量義経は、法華経の始めにその名目を載せていたけれども、中夏（中原地方）にはまだその説を見ることがなかった。講義をする場に臨むたびに、いまだかつて談を止めてその文を見たいものだと嘆かないわけにはいかなかった。そうこうしている間に武当山に比丘慧表なるものが居た。彼は羌族の生まれであった。非正統の国王、姚が従子を侵略し、国が滅んだ日、晋軍の何澹之の得るところとなった。わずか数歳にして聡明であり賢かった。澹之の字は螟蛉であり、（慧表を）養って養子としたが、（彼は）間もなく家を出て、苦労して道を求め、南北に遊び尋ね、野蛮人や危険をも顧みなかった。斉の建元三（四八一）年には、再び奇なものを訪らい秘なるものを探し、遠く嶺南に至り、広州の朝亭寺において中天竺の沙門、曇摩伽陀耶舎に会った。（彼は）手には隷書を書くことができ口を開くこと速やかであり、この経典を伝えようと願ったが未だに授けるところを知らなかった。（慧）表は慇懃に請いをしたが、その心も態度も切なるものであった。一〇日あるいは一ヶ月の間留まり、やっと一本を得た。そこで峰の北に還り携えて武当山に入った。今、

永明三（四八五）年九月一八日に、頂戴して山を出て弘通されることとなった。

其無量義経、雖法華首戴其目、而中夏未覩其説。毎臨講肆未嘗不廃談而歎想見斯文。忽有武当山比丘慧表。生自羌冑。偽帝姚略従子。国破之日、為晋軍何澹之所得。数歳聡黠。澹之字曰螟蛉。養為仮子、俄放出家、便勤苦求道、南北遊尋不択夷険。以斉建元三年、復訪奇捜秘遠至嶺南、於広州朝亭寺、遇中天竺沙門曇摩伽陀耶舎。手能隷書口解斉、欲伝此経未知所授。表便慇懃致請心形至。淹歴旬朔僅得一本。仍還嶠北齎入武当。以今永明三年九月十八日、頂戴出山見投弘通。（大正五五、六八頁上～中）

とあるのが典拠である。この話は、『法華文句記』巻二（大正三四、一九二頁下）にも踏襲され、ほぼ同文が引用されている。なお、『無量義経』に対する注釈書は、日本天台の最澄（七六七〔一説に七六六〕～八二二）の『註無量義経』が現存する数少ないものの一つである。典拠の文章は「言大転輪王者、領大千界名大転輪、言小転輪王者、領小千界名小転輪」（巻三、四～五頁）であろう。この箇所は、日本の先師の著作が引き合いに出されている点で重要である。

（第二問答）問。宗師依大経意、付判菩薩次位。尓者、大経文、説四依位、未得第二第三住処文以此文対菩薩次位者、地前地上中、何耶。　答。涅槃経四依之位、諸宗之解釈、不一。唯天台家、初依属凡不同名聖、二依三依、地前也。天親涅槃論、地上判四依位、故未得第二第三住処。文依宗心、地前可云也。

（問者）質問する。宗師が大経の意によって菩薩の次位を判じることについて。今の大経の文章は、四依の位を説くのに、「いまだ第二第三の住処を得ていない」とある。この文章をもって菩薩の次位に対応させれば、地前、地上のうちにはいずれであろうか。

（講師）答える。『涅槃経』の四依の位について、諸宗の解釈は一つではない。天台家には、初依には凡人に属し、聖と名づけるのとは同じではない。二依三依には、地前である。天親の『涅槃論』には地上に四依の位を判じている。だから、「第二、第三の住所をまだ得ていない」との文は、宗の心に依れば、地前というべきである。

第二問は、『涅槃経』（南本）巻六の四依品の

第二人者名須陀洹斯陀含。若得正法受持正法、従仏聞法如其所聞。聞已書写受持読誦転為他説。若聞法已不写不受不持不説、而言奴婢不浄之物仏聴畜者、無有是処。是名第二人。如是之人、未得第二第三住処名為菩薩已得受記。（大正一二、六三七頁中）

との記述を念頭に置いたものと推定される。

対する答えは、章安灌頂（五六一～六三二）作湛然再治の『大般涅槃経疏』巻十の

古来三釈皆不可解。河西云、後人従初人受名。第四従第三、第三従第二、第二従第一、即名第一人。所以未得第二第三住処。観師云、合凡聖両人共作一依。但是初依、未得第二第三住処。依増一集初二。二果為第二依人。初果未得第二、第二果未得第三。彰此二果並有未得。同是功用。故為一依。此解易見。不同諸師。今明若依円教初依之人、已断通惑長別三界。豈有第二依未得色無色界住処。若依別教地前初依亦断通惑、早過三界、不応以色無色為第二三。亦不応以初果為一住処斯陀含為第二住処。（大正三八、九五頁上）

の記述を念頭に置いていると推定される。「円教の初依」「別教地前の初依」とあることから類推して、菩薩十地の前であるということになるのだろう。

以上、初日朝座において澄憲が答者となって行った、五回の論義をすべて翻刻し、その内容を検討した。論義された内容の主題は、②以外は第一問目は『無量義経』と関連すると言えそうであるが、第二問目はそうとは言えない。また①の論義は質問が繰り返され、議論されている感じが伝わってくるが、②以降では、回答は一回限

りしか記されておらず、それが感じられない。どちらかと言えば、質問に対して公式の見解を披露しているという感がある。

四　経釈と論義の関係

さて、それでは、先の『釈門秘鑰』巻十七之一の最初の「無量義経惣釈」に対応すると見られる論義はあるのだろうか。

まず「無量義経惣釈」に表現されているもので教学的に注目される用語は、「未聞四十余年之席」「説法瑞」、「非三教」、「非四時」、「歴別」、「随縁真如」、「円乗」などであろう。いずれも、『無量義経』が『法華経』の開経として存在し、それまでの釈尊の説法が「未顕真実」であり、『法華経』のみが真実の経典であることを示そうとして用いられたものである。これらの用語は、ごく一般的に『法華経』に関する教学の中で用いられており、論義の内容と対照させてみれば、①、②、③、④、⑤それぞれの内容と、何らかの関係があったと想定することは可能かも知れない。たとえば、経釈の中の「非三教」「非四時」との箇所が発端となったとすれば、①の第一問答や④の第二問答などが、論義としては相応しいもののように見受けられる。しかし、これらは、逆に言えば、どれにも配当し得る、という程度のものであって、密接な関係を見出だすことのできる積極的な根拠となり得ない。

よって、これらのみからは、経釈と論義の間に一定の関係があった、すなわち経釈に示された内容に基づき、論義の論題が決められていた、とは判断できないと言わざるを得ない。

おわりに

本章では、唱導の中心部分である経釈の内容と、続いて行われる論義の内容とに何らかの関係が見出だされるのであろうかという関心から、法勝寺の御八講を例に取り、『釈門秘鑰』に伝えられた「無量義経惣釈」と『御八講問答記』に伝えられた澄憲の朝座の論義とを対照させ、検討を試みた。しかし、何らかの積極的関連性を見出だすことは困難であるという一応の結論に達した。もちろん、僅か一例を根拠にしようとすること自体が愚行であることは言うまでもない。しかし、その一例からでも、全体への鳥瞰の手がかりがつかめる可能性は否定しきれないというスタンスから検討を試みてきたのであるが、見通しを得ることは出来なかったと言わざるを得ない。

ここで指摘できることは、『無量義経』が講ぜられる初日の朝座においては、『無量義経』に関連するテーマがほぼ第一問目には出されているが、第二問目は、『無量義経』との関連は薄いものが出されているようである、ということのみであろうか。いずれにしろ、唱導と論義が行われた法会において、その場で開陳された唱導と論義の内容の関連性について、新たな資料の発掘と今後のさらなる検討が待たれる。

注記

（1）阿部泰郎「仁和寺蔵『釈門秘鑰』翻刻と解題」（国文学研究資料館文献資料部『調査研究報告』一七、一九九六年）。

（2）なお、『釈門秘鑰』の第十七之一の目次に相当する箇所では、「無量義経惣釈　四篇。同経三門釈。普賢経惣釈　四篇。同経三門釈　二篇。普賢無量一双釈　二篇。同経釈　三篇。同三門釈　二篇。同経名仏母釈。阿弥陀経惣釈　五篇。同三門釈　三篇。同

経阿弥陀経一双釈。同経、阿弥陀経、普賢、無量。此寄親音釈」とあり、惣釈は四篇となっているが実際には五篇が収録されている。また、「普賢無量一双釈」との語が示すように、単一の経典のみが経釈の対象とされる場合と、対となる複数の経典が経釈の対象とされる場合とがあったらしい。「双釈」と呼ばれるものが講説された場が実際に存在したのかどうかなど、今後の検討課題の一つでもある。

(3)　大島薫「『花文集』解題」(国文学研究資料館編『法華経古注釈集』真福寺善本叢刊2、第Ⅰ期、臨川書店、二〇〇〇年)、六三八〜六三九頁を参照。

(4)　最初の経釈は、山崎誠氏「「法勝寺御八講問答記」小考」(『南都仏教』七七)に翻刻されているものを参照したが(九頁)、読みを変えた部分もある。

(5)　たとえば、法勝寺御八講、天承元年の初日朝座の論義が同じ主題である。

第十一章　法勝寺御八講における論義の典拠
――長承二・三年・保延元年を素材に――

はじめに

御八講という法会の中で行われた論義は、どのような特徴を持ったものであったのだろうか。法勝寺御八講の記録が『法勝寺御八講問答記』（以下『御八講問答記』）であるが、これまで見てきたように、問を中心に簡潔な文章で記されるものである。

本写本に最初に注目したのは平岡定海氏であり、その歴史学的な成果は『東大寺宗性上人の研究』の中に結実している。(1)次にこの論義に触れた研究者は北畠典生氏や山崎慶輝氏であった。山崎氏は、御八講は『法華経』教学に関わる内容が議論されているものであると推論した。(2)その後、筆者は、唯識など法相教学に含まれるものも議論されており、『法華経』教学に限定できないのではないかとの意見を述べた。(3)やがて、国文学研究資料館において行われた共同研究の成果が『南都仏教』七七に掲載され、その中で楠淳證氏及び筆者は、それぞれ法相論義、天台論義と題し、実際の論義の内容を分析したが、全体的な傾向まで分析するには至らなかった。(4)

これらの諸研究も、まだ全体像をつかみきってはいない。たとえば、論義を個別に見れば、何を典拠として問を作成し、また、それらにはどのような傾向が認められるのだろうか。さらには、その論義を天台論義、法相論義等と大別することが果たして妥当なのであろうか。

　このような関心から、第九章において戒律に関する論義を若干調査したのであるが、検討を加えた戒律論義は、ほぼ天台の三大部及び湛然（七一一～七八二）の三大部に対する注釈書に典拠が求められたのであった。これは、山崎氏が述べるように、やはり法勝寺御八講は『法華経』教学に関する主題に限定されたということなのだろうか。一見、九章の戒律に関する論義の検討からする限り、全て『法華経』教学に関することに絞られるようにも想像される。

　しかし、第九章で検討した戒律論義は、すべて講師が北嶺出身者で占められていたことに注意しなければならない。これは講師が天台系であるが故に天台教学から出題された可能性もあるからであり、講師が他宗の僧侶である場合には如何様であったのかという視点からの検討がまだなされていないからである。

　本章では、その論義の出題がいかなる資料に基づくものであるのか、また天台教学や法相教学に関するものが問答されているとすれば、御八講全体の中でどのような意図があって行われていたのか、問答全体の傾向を探求し、おおよその枠組みを見出だそうと試みるものである。なお、再確認になる部分も多々あるが、ご諒解を願いたい。

一　講師の出自と論題の関連

　ここでは、法勝寺の御八講が開催されるようになった初期のうち、長承二（一一三三）年から保延元（一一三五）年までの連続した三年間を対象に検討を行う。まず、問者と答者（答者は講師が勤め問者は聴衆が勤める）とは、南都・北嶺で対になるよう組み合わされることが多かった。たとえば長承二年の講師、問者を所属寺院別に挙げてみれば次のようになる。

長承二年	講師	所属	問者	所属
初日朝座	証寛	園城寺	尊珍	延暦寺
夕座	隆覚	興福寺	朝円	円宗寺
二日朝座	覚誉	興福寺	忠春	延暦寺
夕座	覚心	園城寺	静諶	不明
三日朝座	覚晴	興福寺	覚豪	延暦寺
夕座	道祐	不明	覚珍	興福寺
四日朝座	済円	興福寺	寛勝	延暦寺
夕座	弁覚	延暦寺	玄縁	興福寺
五日朝座	覚賀	東大寺	覚智	園城寺
夕座	覚樹	東大寺	祐覚	不明

長承2年法勝寺御八講　講師・問者一覧

なお、第九章でも見たように、北嶺同士、すなわち延暦寺と園城寺の僧侶で対論するよう組まれた場合があったが、これはさほど例外的なことでも無かったようである。

さて、講師が北嶺側、すなわち天台側であった場合、その論義の中身はどのようなものであったろうか。まず具体的な事例として、長承二年初日の朝座の問答を見よう。第一問答は、『無量義経』の「未曾不説苦空無常」の文意が問題とされ、問者は最澄（七六七〔一説に七六六〕～八二二）の『註無量義経』を典拠に相手に会通を求めている。第二問は、『大経』、すなわち『涅槃経』の「一切世間外道経典皆是仏説」との文章を掲げ問答を起こしているが、その文章は、『摩訶止観』中の文章を踏まえたものと推定され（大正四六、七七頁中）、問答の中で引用される文章は、湛然の『止観輔行伝弘決』（以下『伝弘決』）巻六の「大経在法華後、已開権竟。是故顕説」（大正四六、三四一頁中）であり、その文との整合性を問われている。

また同年第二日夕座の問答においても、その典拠は、第一問は不明であるが、第二問目は湛然の『四十二字門』が典拠として明記され、『法華文句』等の記述との会通が求められている。第四日の朝座においては、第一問は『涅槃経』の文章を引用し、斯陀含果（一来果）が煩悩をいくつ断じるかを問題にし、第二問は「欲界の異性」を問題にするが、この箇所は残念ながら典拠が検出できない。

以上の考察から推測すると、北嶺系の僧侶が講師として立った場合、その質問の論拠は、ほぼ天台系の典籍、たとえば天台三大部や湛然の三大部注釈疏などに求められることが知られるのである。この場合は、論義の内容は『法華経』教学に関わるものであり、天台論義と銘打ってもほぼ大過はあるまい。

では、興福寺に所属する僧侶が講師として立った場合はいかがであったのだろうか。これも具体的な例から考察してみよう。典拠が明示できるのは、まず長承二年初日夕座第一問である。論義は次の通りである。

夕座第一巻講師権少僧都隆覚（興福寺）　問者朝円闍梨（円宗寺）

問。三乗無学、不退菩薩捨頼耶名云々所云不退菩薩者、指八地已上歟。　進云、指七地已前文　付之、不退菩薩者、可偏八地已上也。

（問者）質問する。「三乗の無学と不退の菩薩は、阿頼耶の名を捨てる」と。いうところの不退菩薩とは八地已上を指すのであろうか。

（講師）（回答記載されず）

（問者）進めていうことには、「七地已前を指す」と。これについて、不退の菩薩は八地已上に限定されるべきである。

（講師）（回答記載されず）

論義の典拠となっているものは慈恩の『成唯識論述記』（以下『述記』）の記述であり、「謂、有成就転識非阿頼耶識。謂三乗無学、不退菩薩、不入無心位。有成就阿頼耶非転識。謂七地以前」（大正四三、三四一頁中）とあるのが典拠であろう。また不退菩薩は八地以上を指すべきであるとの記述は、『法華玄賛』巻二に出る「八地已上名不退地」（大正三四、六七二頁中）とある記述に基づくと推定される。すなわち、慈恩の『述記』の記述と『法華玄賛』の記述との相違を問い質したのであろう。

次に典拠が明記できるのは保延元年第四日夕座の第一問である。講師は興福寺の寛誉であり、論義の内容は以下の通りであった。

夕座講師寛誉已講（興福寺）　問者俊智闍梨（園城寺）

問。経文。不専読誦経典、但行礼拝文慈恩大師如何尺云耶。　答。非但礼拝、亦行読誦尺給。　付之、但行礼拝之文、専不読誦経典聞耶。　答。既専之字上置不字故、二行三乗尺歟。

（問者）質問する。経文。「もっぱらは経典を読誦せずして、ただ礼拝を行う」とある。慈恩大師は、どのように解釈するというのだろうか。

（講師）答える。ただ礼拝するだけではなく、また読誦を行なうと解釈している。

（問者）これについて、「ただ礼拝を行う」の文は、まったく経典を読誦しないと聞こえないだろうか。

（講師）答える。「専」の文字の上に「不」の文字を置いているのであるから、二行の三乗と解釈するのだろう。

この箇所の問答は『法華経』の常不軽菩薩品の「而是比丘、不専読誦経典、但行礼拝。乃至遠見四衆、亦復故往礼拝讃歎而作是言」（大正九、五〇頁下）の「但行礼拝」との文章をどう解釈するかを議論するものであり、その典拠は慈恩の『法華玄賛』巻十本にある。その箇所は、

既不専読誦、亦不専礼拜、二事兼故。新学比丘礼維摩足。未有知故非旧学故。然有解言、其此比丘不行読誦。但為礼拝。若爾応言不読誦経。何用専字。故知不専読誦。亦不但行礼拝是此中意。（大正三四、八四〇頁上）

であり、「専」の文字の位置を根拠に論義を進めている。

僅かの事例ではあるが、法相系の僧侶が講師に立った場合の論義の内容は、慈恩の『述記』によって問いが作成されていたことが知られ、また『法華経』の文言に関わる解釈は『法華玄賛』に基づいて質問が作成されたことが知られる。なお、この品は巻七に属するので、第四日の夕座に講じられる巻と対応する。

このような考察の結果から、講師が法相宗の場合には法相系の典籍、すなわち慈恩、慧沼（六五〇〜七一四）、智周（六六八〜七二三）の典籍等から質問が立てられていることが推測されよう。また、この場合には『法華経』に関わらない主題も選ばれており、『法華経』教学に関する論義とは言えない。あえて言えばやはり法相論義とすべきであろう。よって、法勝寺御八講においては、全てが『法華経』に関する論義であるとは言い難いとせざるを得ない。

二　問答の形式的傾向

永村眞氏の指摘によれば、興福寺維摩会で行われた研学竪義では、出題される論義の問題は、文短釈と義短釈に分かれていたという。(5) 文短釈とは、経典の一々の文句に対する問題を議論させるもの、義短釈は、様々な義について問題を議論させるものである。ただし、短釈は残された資料に対する名称であるので、ここでは、仮に

経典の文句に対する論義は文論義、様々な義に対する論義は義論義と命名して論を進めたい。

さて、このような相違を念頭において『御八講問答記』を眺めてみると、第一問目に経典の文に関する議論が多いことに気づかされる。たとえば、「問。経文」または「問。経文云々」という形式で始まるものが、長承二年においては、初日朝座第一問、第三日朝座第一問、夕座第一問、第五日朝座第一問、夕座第一問、長承三（一一三四）年においては、初日朝座第一問、夕座第一問、第二日朝座第一問、夕座第一問、保延元年においては初日朝座第一問、夕座第一問、第二日朝座第一問、第三日朝座第一問、夕座第一問、第四日朝座第一問、夕座第一問、第五日朝座第一問、夕座第一問に見られる。第二問で「問。経文」というような形式で記載されるものは、管見の範囲では存在しない。つまり第二問目においては、「文」を契機とした論義は見出だされない。

このような事から推測すれば、おそらく朝座・夕座ともに、第一問目には文論義が出され、また第二問目には、義論義の問題が出されるという傾向が存在したのではなかろうか。もちろん、『御八講問答記』から見る限り、第一問目から義論義である例外の場合も数多く見出だせ、これが原則と言えるほど厳しいものであったかどうかは断定できない。ただし、文論義は第一問目に限られていることから見れば、そのような傾向があったことは否定できない。

さらに、保延元年第五日朝座の第一問目の論義も興味深い点を示唆する。

問。経文云々　尓者、無尽意在家出家中何耶。　答。或云在家或可云出家。　付出家菩薩云釈、不明。
経云、解頸真珠瓔珞文若出家菩薩者、寧以瓔珞庄□（厳カ）身乎。　答。浄大菩薩故出家云歟。

（問者）質問する。経文。そうであるならば、無尽意菩薩は在家、出家のいずれであるか。
（講師）答える。あるいは在家といい、あるいは出家という。
（問者）出家の菩薩であるという解釈について、明らかではない。経典に「解頸真珠瓔珞」と。もし出家の菩薩であれば、どうして瓔珞をもって身体を飾ろうか。

（講師）答える。浄大の菩薩であるから、出家というのであろう。

経文として引用された箇所は『法華経』「観世音菩薩普門品」の無尽意菩薩が登場する箇所であろうと推測される。普門品は巻八に収録されるので、第五日目の朝座に講じられる巻である。とすれば、文論義の場合は、講じられた巻に応じて出題がなされたことを示す証左となる。「浄大菩薩」は、慈恩の弟子で鏡水寺沙門栖復（生没年不詳、七世紀）が慈恩の講説を聞いて残したといわれる『法華玄賛要集』（『鏡水鈔』）に登場する言葉であり、一例を挙げれば、巻一に「唯有清浄大菩薩衆、即是妙」（続蔵三四、一七二丁右）とある。

また、同じ朝座の第二問目の末尾には次のような興味深い記事が見える。

問。成論意第十六心、見修二道中何耶。答。見道云釈、不明。証文全不見。何況以無量心断諸煩悩、非八非九文既不応十六心、何属見道耶。　答。見論文、出他心智、知見道心、挙知第十六心。知非修道云事。

難者云、彼文、即以毘曇義、難毘曇義文也云々

（問者）質問する。『成実論』の意である第十六心は、見道、修道のうちいずれであろうか。

（講師）答える。

（問者）見道という解釈は明らかではない。証文がまったく見あたらない。ましてや、「無量心をもってさまざまな煩悩を断じ、八でもなく九でもない」と。すでに十六心に対応してはいないのに、どうして見道に所属することがあろうか。

（講師）答える。論の文章を見てみると、他心智を出だして見道の心を知り、こぞって第十六心を知る。修道ではないということを知る。

難者が言うことには、「彼の文は、すなわち毘曇の義によって毘曇の義を非難する文である」と。十六心は八忍（苦法忍・苦類忍・集法忍・集類忍・滅法忍・滅類忍・道法忍・道類忍）、八智（苦法智・苦類智・集法智・集類智・滅法智・滅類智・道法智・道類智）を指し、八忍は欲界に関わるもの、八智は上の色界、無色界に関わるものという。経量部、成実宗の教学では八忍、八智は見道と考え、説一切有部では前の十五心は見道に、最後の第十六心は修道の摂としており、その両者には相違が存在する。この見解の相違が問われているようである。

問者は第十六心、すなわち道類智は見道、修道のどちらの摂かを質問した。講師は最初は答えていないようである。そこで、『成実論』巻十の

修行道時、雖不分別、知今日所尽若干諸漏、昨日所尽若干分数。但尽已乃知漏尽。故知、以無量智、尽諸煩悩、非八非九。（大正三二、三二四頁中）

との文を根拠に、十六心は見道の所属ではないのではないか、と再問した。対して講師は、『成実論』の他心智の説明から第十六心が知られ、修道の摂ではないことが知られるから、見道の摂であろうと解答した。しかし、この典拠を確定できなかった。

ところで、末尾にある難者の一文は、論義の傾向を示すものとして注目されるものである。すなわち、論義は「毘曇の義をもって毘曇の義を非難する」ような、一つの教学の中で完結させるものではないとの事を暗に前提していると考えられる。つまり法勝寺御八講という講問論義の目指したものが、他の教学との会通（調整と言い換えても良いだろう）であり、しかもそれは大乗に基づいての会通であった、ということを示唆するのではないだろうか。この点については次章でも触れたい。

おわりに

講師が北嶺側の僧侶の場合、論義はほぼ天台三大部、及びその注釈書という天台教学に関わる内容で出題されると推定された。また、講師が南都の興福寺僧侶の場合、論義はほぼ慈恩基、慧沼、智周の著作に関わる法相唯識教学に関わる内容で出題されると推定された。また、講師が東大寺僧侶の場合は、論義はほぼ三論教学及び華厳教学に関わるものの中から出題されていたものと推定して大過はあるまい。しかも、これらの問は、出題者となる問者から発せられるのであるから、問者は寺僧として所属する自己の寺院に特有の教学を学ぶのみだけではなく、相手側の教学にも精通する必要があったことは間違いない。つまり、当時の論義に出仕する僧侶たちは、確実に天台、三論、法相、華厳等の教学を満遍なく学ぶ必要性があったことが確認される。すなわち、法勝寺御八講という講問論義の舞台に登場する僧侶たちは、自宗以外のあらゆる教学にも造詣が深いことが要求されていたのである。ただし、論義の実際の内容には、会通が求められているようであり、ここに一つの傾向を見て取ることができる。それは、四箇大寺の僧侶が出仕して行われた講問論義は、一つの学派内で行われた論義とはかなり性格を異にするのではないかということである。

注記

（1）平岡定海『東大寺宗性上人の研究』上・中・下（臨川書店、一九五八年初版、一九八八年再版）。
（2）山崎慶輝「東大寺所蔵法勝寺御八講問答記の考察」（北畠典生還暦記念論集『日本の仏教と文化』永田文昌堂、一九九〇年）。
（3）拙論「法華経――論義の世界」（『国文学　解釈と鑑賞』六二―三、一九九七年）。

（4）『南都仏教』七七（「法勝寺御八講問答記」特集号、一九九九年）。

（5）永村眞『中世寺院史料論』（吉川弘文館、二〇〇〇年）、二三八〜二四三頁。

第十二章　法勝寺御八講における文短釈――最勝講と比較して――

はじめに

古代を代表する法会として著名なものは、東大寺の大仏開眼供養であるが、継続的に開催されたものとして、南都三会とよばれる興福寺維摩会、宮中御斎会、薬師寺最勝会があった。やがて平安時代になり、永観二（九八四）年、源為憲（?〜一〇一一）の著した『三宝絵詞』巻下には、当時著名であった法会が月ごとに記されている。これらの法会は男性の僧によって執行されるものだけではなく、尼僧によるものも存在した。たとえば淳和皇后が創建した淳和院、すなわち西院に行われる法会などは、尼僧による法会として重要であった。

貴族の活躍の場が京都に移ってからは、京都に開催される法会が必然的に重要性を増し、やがて南都三会に匹敵する北京三会なるものが登場した。円宗寺法華会、同最勝会、法勝寺大乗会である。京都と奈良に三会が並び立つような状況のもと、院政期にはこれらの法会の上位に位置する三講なるものが整備された。成立の事情はそれぞれ異なるが、その三講が法勝寺御八講、宮中最勝講、仙洞最勝講の三つである。

御八講は『法華経』を講説するものであり、最勝講は『金光明最勝王経』（以下『最勝王経』）を講説するものである。これらの法会において、講師や問者を勤めることは、当時の仏教者にとっては名誉あることと考えられ、また、それが僧侶世界の昇進と深く結びついていたことは、序章でもすでに述べた。

本章の主題は、法勝寺御八講において行われた論義を、同時代の最勝講と比較しながら探求することにある。三講も南都北嶺の僧侶達が共同で出仕して行われた行事であり、法勝寺御八講も最勝講も、南都と北嶺出身の四箇大寺の僧侶が「御請」によって選ばれていた。法勝寺御八講の場合には、論義の内容も、北嶺の天台と南都の法相、三論などの教義に関して幅広く行われていたことは前章までに述べたが、最勝講と比較することによってさらに明らかになる点がある。

一　最勝講の歴史

まず最勝講の歴史について概観しておこう。そもそも最勝講は、『最勝経』を講じる講会を指す一般名詞であるが、もっとも権威のある格式の高い最勝講は、宮中に行われた宮中最勝講や院の御所である仙洞において行われた仙洞最勝講である。宮中最勝講は清涼殿に行われ、その嚆矢は長保四（一〇〇二）年にあった。毎年五月中の吉日を選んで五日間実施されたという。そして、東大寺に、宗性（一二〇二～一二七八）が記した『最勝講問答記』（内題では『最勝講問答日記』）なる写本資料が存在する。(1)本写本は内題下に「於閑院被始行之」（一丁裏）とあり、閑院(2)で開催された最勝講の記録であることがわかる。そこで行われた論義の問答を書き記したものであり、宗性が最勝講に備えた勉学のための資料と推測される。『最勝講問答記』は、建久二（一一九一）年から始まる。ところで、宮中、仙洞、閑院等で開催された最勝講が、一般に格式の高い「最勝講」と位置づけられ、同名称で呼称されていたようであるが、この点の確認は後考を待ちたい。いずれにしろ、ここで検討の対象とする『最勝講問答記』は格式の高かった最勝講の記録であると推定したい。

さて、『最勝講問答記』には、出仕の講師、問者、証誠などの役僧の名前がまず記され、また出身の寺院名も記され、その最勝講への出仕が何回目であったかも記されている。

開催月は五月が一般的であったというが、実際には開催月が異なることもあった。たとえば建久三（一一九二）年の場合には八月二四日から行われており（「建久三年八月二十四日、於閑院被始」）、月の変更があったことが知られる。また法勝寺御八講や仙洞最勝講で功のあったものを選んで、講師、聴衆、証誠に任じたという。[3]彼らは「御請」で選出されたが、希に辞退する者があった。一例を挙げれば同じく建久三年、聴衆の条に「三井能珍闍梨、預新聴衆御請了、然而辞退云々未曾有事歟。仍十口、皆旧参之輩也」との記述があり、辞退する者が出たことを「未曾有事」であると驚いている。このことから想像すれば、当時、最勝講に出仕することは大変な名誉であったと考えられる。

さて、『最勝講問答記』も、内容的には前章までに見た『法勝寺御八講問答記』（以下『御八講問答記』）と同じく、問を中心とした問答記である。[4]ここでは、残る資料の中では、もっとも初期の記事である建久二年のものを最勝講の例として検討の対象とする。

二　法勝寺御八講及び最勝講にみる論義の形式的特徴

まず、最初に最勝講の記述を見る。講説される経典は『最勝王経』であり、論義の内容も経典の記述に関わるものがまず問われたようである。ちなみに『最勝王経』は全十巻で品数は二十六品である。問答は朝座夕座にそれぞれ二問ずつが配されるが、建久二年の記録によれば、その第一問目は必ず「問。経文〇」の形式をとるのである。以下、煩を厭わず、問答の最初の文言を掲げておく。

第一問目は、まず経典が引用されたと考えられ、その論義の内容も経典の内容に関連したものであったと想像される。これは、維摩会等の論義でも採用されていた形式に近く、ほぼ必ず一問目はこの形式を取る。続く二問目は、「ある論蔵の意では」とか「ある論蔵では」という形式で、問答が展開する。論義の内容も、『最勝王経』に関わる内容ではなく、天台、法相、三論教学に関わる内容等、多岐に渡る。前章で定義したように前者は文論義、後者は義論義と呼んで良いであろう(5)。よって、宮中で行われた最勝講の論義は、第一問目は文論義、第二問目は義論義という原則の中で展開したと推定される。前章でみた長承二年から保延元年までの御八講でも原則と言えるほどではないが、一問目に文論義がなされた傾向が見られたので、形式的特徴は法勝寺御八講と同じで

建久二年	講師	所属	問者	所属	第一問冒頭	第二問冒頭
初日朝座	覚什	延暦寺	順高	興福寺	問。経文○	問。一家天台意
夕座	信宗	興福寺	明禅	延暦寺	問。経文○	問。法相大乗心五識
二日朝座	行舜	園城寺	玄俊	興福寺	問。経文	問。天台円宗意
夕座	公雅	園城寺	信弘	興福寺	問。経文○	問。龍樹大士心
三日朝座	顕忠	園城寺	恵敏	東大寺	問。経文	問。有論蔵意
夕座	円長	興福寺	顕尊	園城寺	問。経文○	問。有論蔵意
四日朝座	成宝	東大寺	隆円	園城寺	問。経文○	問。論蔵中
夕座	弁忠	延暦寺	頼恵	東大寺	問。経文○	問。有論蔵中
五日朝座	範円	興福寺	兼尊	園城寺	問。経文○	問。慈恩大師
夕座	覚親	園城寺	経雅	延暦寺	問。経文○	問。或大乗論中

建久２年最勝講　講師・問者一覧

あったことが了解されるのであり、南都北嶺の四箇大寺からの出仕によって行われた論義の共通のパターンであったと考えられる。

また、対論者の組み合わせを見てみれば、講師、問者の組み合わせは五日の夕座を除いて、すべて南都と北嶺の対論になっている。なお、五日夕座は講師の割注に「信憲已講、俄以辞退仍臨二十五日子時、請定之」とあり、急な変更であったことが記されている。信憲は参議藤原俊憲の子息で、覚憲（一一三一～一二一二）に師事した興福寺の僧侶であることが知られるので、当初は五日間すべて南都と北嶺の僧侶が論義を行うよう組み合わされたことが確認される。

ここで、同じく宗性の手になる『御八講問答記』の建久二年の条を見てみよう。

建久二年	講師	所属	問者	所属	第一問冒頭	第二問冒頭
初日朝座	澄憲	延暦寺	順高	興福寺・新	問。無量義経	問。宗師依大経意
夕座	覚什	延暦寺	顕範	東大寺・新	問。経文云々	問。成実論意
二日朝座	行舜	園城寺	玄俊	興福寺	問。大経中	問。犢子部意
夕座	公雅	園城寺	明禅	延暦寺・新	問。経文文	問。章安大師
三日朝座	貞覚	不明	光珍	三井寺	問。経文云	問。龍樹智論
夕座	顕忠	園城寺	明雅	延暦寺・新	問。山家大師	問。摂大乗論中
四日朝座	成宝	東大寺	円家	不明	問。有論蔵中	問。破僧出仏身血
夕座	弁忠	延暦寺	隆円	園城寺・新	問。論蔵中	問。龍樹智論
五日朝座	信憲	興福寺	兼尊	園城寺	問。経文	問。有論中
夕座	弁暁	東大寺	成豪	延暦寺	問。以梵網経	問。香象大師

建久2年法勝寺御八講　講師・問者一覧

まず、論義の記録の形式を比較してみる。表を一覧すれば了解されるように、第一問に「経文」「経文文」等という形式が一〇回の内、四回までも登場する。それに対して、第二問目に「経文」という形式は一度も登場しない。ここから、法勝寺で行われた御八講においても、形式的には第一問目には経典の文言を典拠にした文論義が出され、第二問目には、教学に関する内容がそのまま出される場合が多かったことが推定される。(6)

つぎに、同じく出仕の僧侶という視点から考察してみよう。先の最勝講と御八講とで重なる人物は、講師で六名（覚什、行舜、公雅、顕忠、成宝、弁忠）、聴衆で五名（順高、明禅、玄俊、隆円、兼尊）である。最勝講が五月に行われ、恒例の法勝寺御八講は、七月三日より行われたことが知られる。また表中の問者の所属寺院の後に記された「新」は御八講に初めて仕出した者であることを示すものであるが、このうち、同年の最勝講を経た上で初めて法勝寺の御八講に出仕したことになる人物が三名存在する。該当の人物は順高、明禅、隆円である。明禅は、最勝講の聴衆として三回、出仕した後に初めて法勝寺御八講に出仕している。この順番は、後に『釈家官班記』下に記された内容、すなわち「先参法勝寺御八講或仙洞論匠等、以彼労効参最勝講也」（四八頁下）とあって、法勝寺御八講よりも最勝講の方が格式が高く、僧侶にとって最後の到達点であるとするものと矛盾する。

また、先の最勝講では俄に講師を辞退した信憲が、こちらでは第五日の朝座に出仕している。この点から考えれば、法勝寺御八講に出仕したものの中から最勝講の聴衆等が選ばれたというよりは、最勝講を経た者が法勝寺御八講に招請された、と考えた方が適切ではないだろうか。

このように、中世の時代、格式のもっとも高いと考えられた法会は、南都北嶺の僧侶が選ばれて出仕し、それぞれ互いに論義を行うように設定されていた。そして、第一問目は経文の一文を発端に議論する文論義が、二問目は教学に関する義論義が議論されるという一応の傾向が存在したと推定されるのである。では、次に実際の論義の内容を検討してみよう。

三　論義の内容

1　法勝寺御八講にみる論義

では、建久二年の法勝寺御八講から検討する。選び方は恣意的であるが、興味深い箇所を取り上げる。まず初日の『無量義経』の巻が講じられた朝座である。論義の内容については第十章で取り上げたので、ここでは触れない。しかし、朝座の論義の記録が終わった後に次のような興味深い記述が存在する。

依為証誠、無疑難打鐘了。

証誠であることにより、疑難なく鐘を打った。

証誠というのは論義の問答がどのようなものであったか、すなわち論義の善し悪しを判定する役職である。この初日朝座は法印澄憲（一一三六〜一二〇三）が講師を務めたが、彼は証誠も務めていた。そのために論義では「疑難」が無かったというのである。証誠という講問論義における最高位の役割を務めている場合には、問答は疑難無く終わらせるということなのだろう。確かに、この時の問答は質問に対して回答を与えるという内容で終わっている。また、その朝座に出席している貴族の面々も、「公卿　右大臣兼雅　内意大臣忠親　右大将頼実　権大納言忠□　中納言定能　右衛門督通親　民部卿経房　右衛門督隆房　威儀師感縁」とあり、朝廷の上位の貴族であり、この御八講が格式の高いものであったことを如実に示している。

次に、第四日の夕座、講師は弁忠大法師（延暦寺）、問者は隆円（三井寺）である。第二問目を取り上げる。

問。龍樹智論明造論之縁起、帰敬三宝。其中仏法者、妙覚如来帰敬歟。　進云、尺此事、帰敬因位仏文付之、見帰敬文、或智度大道以窮底、或稽首智度無子仏文此文、妙覚仏聞。　依之、大師解釈中、此帰命仏宝極果不因文如何。　答。

証誠云、偏可云妙覚。若可亘因果、而只云因位、甚不審也。何処尺哉、何拠尺哉云々　問者云、南岳大師尺也。以帰命偈、対当次位之時。以仏宝文、対十住十行也云々

（問者）質問する。龍樹の『大智度論』に造論の縁起を明らかにするところで、三宝に帰敬している。その中の仏法（宝の誤りか）とは妙覚の如来に対する帰敬であろうか。

（講師）（回答記載されず）

（問者）進めていうことには、このことを解釈するに、「因位の仏に帰敬する」と。これについて、帰敬の文を見てみると、「あるいは智度の大道によって窮底し、あるいは智度によって無子（等の誤りか）仏に稽首する」とある。この文章は、妙覚の仏のように聞こえる。これによって大師の解釈の中に、「ここに仏宝に帰命するのは、極果であって、因ではない」とあるが、どうであろうか。

（講師）答える。

証誠が言われることには、「ひとえに妙覚というべきである。もし因果にわたるのに、ただ因位であると言うのはとても理解できない。いったいどこの箇所の解釈であるのか、何を根拠に解釈したのか」と。問者が言うことには、「南岳大師の解釈である。帰命の偈をもって次の位の時にあてている。仏宝の文をもって十住、十行に対応させる」と。

この箇所の議論は、『大智度論』の造論の縁起に関する記述を対象とする。すなわち、『大智度論』巻一の冒頭部分の「智度大道仏従来　智度大海仏窮尽　智度相義仏無礙　稽首智度無等仏」（大正二五、五七頁下）との記述が発端であろう。問われているのは、「稽首智度無等仏」とあるが、帰敬の対象となっている仏は、因果いずれの仏であろうかというものである。しかし、この論義は、質問に対し答えがどのようであったのか、「答」とあ

るから何らかの返答がなされたことは確実であるが、その内容は不明である。

ただし、証誠（澄憲が務めている）の言葉である「何処尺哉、何拠尺哉」との言辞は重要である。というのは、この記述が論義の基本的な性格を物語るものと考えられるからである。すなわち経論に典拠のある内容でなければならない、というものであり、解釈上の問題点を指摘するものとして論義が存在した、ということを如実に物語る。ここから考えれば、経論に記述のないものは論義の対象にならない、ということが言えるのではあるまいか。また、そうであるとすれば、あくまで解釈の整合性を競い合うものが、これらの論義であったということができる。

最後に五日の夕座を検討する。この時の講師は、東大寺の弁暁（唱導の名手として名高い）、問者は成豪（仁和寺や、東寺で後に活躍する真言僧）であった。検討の対象は第二問目である。

問。香象大師、証十廻向位不退義。引何文証耶。　答。引仏地論之薩婆多義也。　付之、十廻向退不退、大乗之浄義也。何引薩婆多義、証之耶。　答。

（問者）質問する。香象大師は、十廻向の位は不退の義であると証している。いずれの文証を引いているのか。

（講師）答える。仏地論の薩婆多の義を引いている。

（問者）これについて、十廻向が退不退であるというのは大乗の浄義である。どうして薩婆多の義を引いて、これを証拠立てるのか。

（講師）答える。

答える立場の講師は弁暁であり、著名な東大寺僧である。香象大師は法蔵（六四三〜七一二）であり、華厳が述べる行位に関する質問である。論義の典拠は『華厳五教章』巻二の次の記述であろう。

二不退位者、依仏性論、声聞至苦忍、縁覚至世第一法、菩薩至十廻向、方皆不退也。当知、此中声聞縁覚、非是愚法。是故皆是此始教中三乗人也。亦可菩薩地前総説為退。以其猶堕諸悪趣故。如瑜伽云、若諸菩薩住勝解行地、猶往悪趣故、此尽第一無数大劫。如是等也。（大正四五、四八八頁下）

ここは典拠として『仏性論』と『瑜伽論』の二説が並記されている。おそらく『御八講問答記』の『仏地論』というのは『仏性論』の誤りなのであろう。さて、ここにも重要な点を指摘し得る。それは、「十廻向退不退、大乗之浄義也。何引薩婆多義、証之耶」との記述である。これは、論義の内容に関し、前提条件とされているものの存在を示そう。すなわち論義の内容は大乗の観点から会通しなければならない、という視座が彷彿される。具体的には大乗の経論を用いてであり、小乗の経論のみではいけないとの視点が存在することが知られるのであって、貴重な発言であるといえる。

2　最勝講にみる論義

まず、文論義から検討する。初日の朝座の第一問答であるが、次のようにある。

有表白問。経文〇　大経中昔所不得今得之云々尓者、章安大師六通中釈何通耶。　答。神境通歟。或不然意可有也。　進云、章安大師、漏尽通釈給也。　付之、依解釈見経文、尤可神境通也。所謂経文具出六通之中、此文在初故、任六通次第可云神境通也。是以妙楽大師、如此尺耶、如何。

（問者）質問する。経文〇　大経の中には、昔、得なかったところを今得た、とある。では、章安大師はこれを六神通のうちの何神通であると解釈したのか。

（講師）答える。神境通であろうか。あるいはそうではない意があっても良い。

（問者）進めて言うことには、章安大師は漏尽通と解釈している。これについて、解釈によって経文を見れば、もっとも神境通が相応しいはずである。所謂経文は詳細に六通を出す中で、この文が最初にあるので、六通の次第に任せて神境通というべきである。このようなわけで、妙楽大師はこのように解釈したのであろう、如何であろうか。

（講師）（回答記載されず）

内容的には神通に関するものであり、念頭に置かれた『最勝王経』の経文は、おそらくは巻一序品の「自在遊戯。微妙神通。逮得総持。辯才無尽」（大正一六、四〇三頁上）であると推定される。「大経中……云々」の文章は、『涅槃経』（南本）巻二十二、光明遍照高貴徳王菩薩品之四の「善男子。菩薩摩訶薩修大涅槃。昔所不得而今得之。昔所不見而今見之。昔所不聞而今聞之。昔所不到而今得到。昔所不知而今知之」（大正一二、七四七頁下）の文章である。この箇所の「昔所不得而今得之」を灌頂は何通であると解釈したのか、というのが問者の質問の意である。まず、講師は「神境通であろうか」と答えたのであるが、問者は、「章安大師は漏尽通と解釈なされている」との意見の返答を行った。この灌頂が漏尽通と解釈したという根拠は、『大般涅槃経疏』巻二十一に、「列名雖異、今指此文亦名六通。不得而得、即漏尽通。不聞而聞、即天耳通」（大正三八、一六四頁上）とあるのに基づくものであろう。

この問者の意見に対して、講師は「もっとも神境通が相応しいはずである」と述べ、六通の次第から言えばやはり神境通であるから、妙楽、すなわち湛然もそのように答えているのだと述べてこの問答の記録は終わっている。

さて、湛然の意見は、『止観輔行伝弘決』（以下『伝弘決』）巻九之三の神通を解釈する箇所の文章に見出だすことができる。該当箇所は次の通りである。

次明神通中諸不委論。但略知相状以備発得。初挙数列名。大経二十二。略明大小。経釈第二功徳云。通有二種。一外二内。外与外道共。内有二種。一者二乗。二者菩薩。菩薩修行大般涅槃。所得神通不共二乗。是故菩薩昔所不得而今得之身如意昔所不聞而今得聞天耳昔所不見而今得見天眼昔所不知而今得知他心・宿命・漏尽（大正四六、四三二頁中）

「神境通」との用語はここでは使用されていないが、『涅槃経』の「昔所不得而今得之」の文章に対して、「身如意」であると明確に解釈している。ちなみに六神通は、阿含等の経典では、順番に多少の出入りが存在するが、「神足通・天眼通・天耳通・他心智通・宿命通・漏尽通」であることが多い。一方、玄奘以後の法相系の影響を受けた経論では最初が「神境通」に変化しており、この問答で使用されるのは、この系列の名称である。たとえば、宗密の『仏説盂蘭盆経疏』では、

六通者、一神境通。智證神境故。亦名如意通、身如其意欲往即到故。二天眼通。三天耳通。謂能見能聞若近若遠、障内障外色声等故。四宿命通。能知宿世本生本事故。五他心通。謂於定散漏無漏心。一切能知故。六漏尽通。謂身中漏尽而能知故。六皆無擁故総名通。（大正三九、五〇七頁下～五〇八頁上）

と説明する。

この論義においては、章安大師が『涅槃経』の「昔所不得而今得之」の記述を「漏尽通である」と解釈した『大般涅槃経疏』の記述が発端になったことがわかる。

ここでは、講師は、まず、神境通であろうかと答えた。対して問答は、灌頂には、「昔所不得而今得之」は漏尽通であるとする解釈のあることを示した。次いで湛然はその六通の次第にしたがって神境通であると解釈したのであり、そのような証拠があるが、これをどう思うか、と講師を詰問したのであろう。この後の答えは、残念ながら記されていないので、講師がどのように対応したのかは知られない。ここの論義も灌頂と湛然の解釈の相違の整合性を問うものであったことがわかる。

続く第二問は「一家天台意」で始まる、天台教学に関する論義である。

問。一家天台意、対円接通機根所説者、教権理実也可云耶。　答。可有二心也。　進云、教理倶実云々

付之、円接通機者、自如約即空観八不但中之理也。尓者偏可云教権理実耶。是以為別接通機所説者、教理倶

権耶、如何。

（問者）質問する。一家天台の意では、円接通（円教に繋がる通教の）機根に対する所説は、「教は権、理は実」であると言うべきであるか。

（講師）答える。二つの意味があるべきである。

（問者）進めて言うことには、「教も理も倶に実である」と。これについて、円接通の機根の者は、みずから即空観、八不但中の理に約するようなものである。そうであるならば、ひとえに「教は権、理は実」と言うべきではないか。このようなわけで、別教に繋がる通教の機根の者への所説は、「教も理も倶に権」であろう、どうであろうか。

（講師）（回答記載されず）

この論義の内容は、円摂通の機根の者に説かれる「教・理」の「権・実」に関するものである。これに関しては、湛然の『伝弘決』巻一之五に「別教教権理実。是権中実。円教教理倶実。是実中実」（大正四六、一七七頁上）とある記述が参考になる。円摂通の機根の者が対象となった論義の内容である。化法の四教のうち、通教の機根の者が覚りに到達して円教に転入することを「円摂通」と言うが、その場合、教と理とは、権か実のどちらか、というものである。講師の答えは、「二つの意味があるべきである」であった。すなわち、二通りの解釈が可能であり、「教が実で理が権」、「教が権で理が実」の二つということであろう。対して問者は、『伝弘決』の記事を念頭に、円教は「教も理もともに実である」という立場から考え、通教から円教に転入するのであるから、

円接通は「教権理実」なのではないか。またそこから考えれば、別接通は「教理倶権」になるであろうがどうであろうか、と返答したのである。化法の四教における、教と理との権実の組み合わせを問題にした論義である。なお、この問答の場合には、再問の後に「講答云」など、さらなる展開が記されているので、講師と問者の間で議論が続いたことが知られる。

以上、初日朝座の論義を見た範囲では、講師の所属する天台教学の範囲内で質問の内容が構成されていることが確認される。

次に、夕座の論義を検討する。講師は興福寺の信宗、問者は延暦寺の明禅である。第一問は次の通りである。

問。経文○　対法論所説自順決択分位廻趣独覚者、瑜伽所説三種独覚中第一類摂歟、将如何。　答。第一類摂也。　両方。若云第一摂者、云第一類、一類安住独覚種姓云々不可摂先声聞者。若依之云尓者、対法論文与本地分文同云事、宗家所定判給也。而瑜伽三種独覚中後二、部行也。不可摂耶。故第一麟喩、可摂之也、如何。

(問者) 質問する。経文○　『対法論』に説かれる順決択分の位よりの廻趣の独覚は、『瑜伽論』に説かれる三種独覚中の第一類に収められるものであるか、はたまたどうか。

(講師) 答える。第一類に収められる。

(問者) 両方である。もし、第一類に収められるというのであれば、第一類というのは、「一類は独覚の種姓に安住する」と。だから先の声聞を摂することができない。もしこれによってそうであると言うならば『対法論』の文と『瑜伽論』本地分の文とが同じであると言うことは、宗家が定判とするところである。ところで『瑜伽論』の三種独覚の中の後の二は部行（独覚）である。だからこれ（廻趣独覚）を摂めることはできないだろう。だから麟喩がこれを摂めるべきであるが、どうであろうか。

（講師）（回答記載されず）

経文をまず出し、そこから論義を導くが、引き合いに出された記述は『最勝王経』巻二分別三身品第三の「如是依法如如、依如如智、説種種仏法、説種種独覚法、説種種声聞法」（大正一六、四〇八頁下）に出る「種々独覚」であると考えられる。この「種々独覚」の文言を発端に、『対法論』すなわち『阿毘達磨雑集論』（以下『雑集論』）と、『瑜伽師地論』（以下『瑜伽論』）とに説かれる独覚がどのような関係にあるのかが問われた。

『雑集論』の「順決択分よりの廻趣独覚」とは、順決択分以降の独覚の者を指すが、「順決択分」は、「順解脱分」を修了し見道に入り、煖・頂・忍・世第一法の位にある者を言う。また、廻趣独覚との語は、実際には『雑集論』には見あたらないが、『成唯識論了義灯』（以下『了義灯』）巻七末には「廻作独覚」（大正四三、八〇六頁中）とか、「何位廻趣即是独覚煗頂忍位」（大正四三、八〇八頁中）とあるので、これから言われるようになったものであろう。その意味するところは、声聞から転じた（廻趣）独覚である。

次に瑜伽所説の第一類とは、『瑜伽論』巻三十四の「云何独覚道。謂由三相応正了知。謂有一類、安住独覚種姓」（大正三〇、四七七頁下）とある記述に基づいたものである。また第一類は独覚に安住して、最終的には「於当来世、速能證得独覚菩提。如是名為初独覚道」（大正三〇、四七七頁下）とある。また第二類の独覚は「於当来世、能證法現観得沙門果。是名第二独覚道」（大正三〇、四七七頁下）とあって沙門果を得るとされる。また第三類は「依出世道、於当来世、至極究竟畢竟離垢、畢竟證得梵行辺際阿羅漢果。是名第三独覚道」（大正三〇、四七八頁上）とあり、こちらは阿羅漢果を得るという。また、「独覚習」として、「謂有一類依初独覚道、満足百劫修集資糧、過百劫已、出無仏世、無師自能修三十七菩提分法、證法現観、得独覚菩提果、永断一切煩悩成阿羅漢。復有一類、依第二或依第三独覚道。（中略）当知、此中由初習故、成独覚者名麟角喩。由第二第三習故、成独勝者名部行喩」（大正三〇、四七八頁上）とも言及される。ちなみに『倶舎論』によれば「然諸独覚有二種殊。一者部行、二麟角喩。部行独覚先是声聞、得勝果時転名独勝」（大正二九、六四頁上～中）とあるから、部行は先世に声聞であったという。

さて、まず廻趣独覚が「第一類の摂である」と答えた場合である。この場合は、『瑜伽論』の「第一類の独覚は独覚種姓に安住している」とあったので、「先の声聞を摂めることはできない」ことになり、廻趣独覚の定義に反する。よってまず第一類の摂と答えた場合、矛盾が生じることになる。

つぎに、「第一類の摂ではない」と答えた場合である。この場合は、言外には第二第三類の摂であることが意味される。しかしこの二つは、『瑜伽論』には「当知、此中由初習故成独覚者名麟角喩。由第二第三習故成独勝者名部行喩」（大正三〇、四七八頁上）とあり、第二、第三は両方とも部行喩独覚に入ると明言されているので、廻趣独覚は部行喩独覚になる。

ところが、『雑集論』巻十三には「若先未起順決択分亦不得果、如是方成麟角独住」（大正三一、七五三頁下）とあり、また『了義灯』には「一云、准彼論文云、或未起順決択分、或未得果、得成麟角。准此、若在声聞順決択分廻趣独覚、是未得果。亦得百劫修行練根説餘生故。如趣無上大菩提者得多劫修」（大正四三、八〇六頁中）とあって、『雑集論』に従えば、廻趣の独覚は麟角喩独覚であると解釈されざるを得ない。

よって、廻趣独覚が第一類の摂ではないと判断すると、『雑集論』と『瑜伽論』の記述に齟齬が生じるのである。

このように考察すれば、「両方」すなわち廻趣独覚は第一類の摂である、または第一類の摂ではない、とどちらに解釈しても矛盾が生じるが、どうであろうか、という内容であったことが分かる。

おわりに

法勝寺御八講、最勝講のいずれにおいても、南都北嶺の僧侶が「御請」によって出仕し、南都側の僧侶と北嶺側の僧侶が対論するよう組み合わされて論義が行われた、と考えて良い。その論義も、講師の中心とする教学に関する内容を、二問二答の形式で行った。第一問目は、それぞれ『法華経』、または『最勝王経』の文言を端緒に出題される文論義であることが原則であったと推定された。

その座に講じられた『法華経』または『最勝王経』の各巻に存在する経典にある文言を取り出し、それに関連して講師の教学にかかわる内容が、論義の題材として質問されたのである。二問目は、講師の教学に関する義論義であることが確かめられた。ただし、法勝寺御八講の方では、その原則が充分に遵守されたとは言い難く、しばしば最初から義論義と考えられる形式で議論が展開することもあった。

また、『御八講問答記』や『最勝講問答記』長久二年の記述からは、形式的な論義に堕していたとは思われない部分も窺われ、まことに興味深いが、論義の判定の基準として、まず経論に記載があるものという点が窺われたこと、また大乗の経論を最終的な典拠としなければならないことなどの二点が確認されるであろう。

また、次の点については論じることができなかったが、それは、三講のような格式の高い論義の場ともなると、いわゆる典拠に基づいた質疑応答の場になっていた一方で、ある一定の基準がもうけられた儀礼的な空間としても存在したことは否定できないように思う。これは、以後の検討課題としたい。

最後になるが、最勝講にしても、法勝寺御八講にしても、その名称から前者は『最勝王経』に関する内容が、後者は『法華経』に関する内容が議論された、と思われがちであるが、実際には、講師の所属する宗の教学に合わせた質疑応答が、それぞれの経典の文言を発端に、または直接に、議論された場であったことに注意しなければならない。

注記

（1）東大寺図書館架蔵。一一三―二一―一〜六。外題『最勝講問答記』建久二年〜建永二年、第一冊。

（2）閑院とは閑院内裏のことで、もとは平安京二条にあった藤原冬嗣（七七五〜八二六）の邸宅であったものである。庭内に泉が湧き、その閑雅な風情から「閑院」と名付けられたという。平安時代後半は白河上皇・堀河天皇・高倉天皇・土御門天皇等の里内裏であり、鎌倉初期まで存続したことが確実で、正元二（一二五九）年の火災で消失、後に再建されることはなかった。

（3）『岩波仏教辞典』『望月仏教大辞典』『国史大事典』等の「最勝講」の項を参照。

（4）問を中心とした問答記が展開するのは、講の場においてもっとも注目されるのは問者であり、鋭い質問が期待されたからという。永村眞『中世寺院史料論』（吉川弘文館、二〇〇〇年）参照。なお『最勝講問答記』も同様の傾向にあると考えて良い。

（5）永村氏、前掲書、二四一頁。維摩会の例からすれば、「問曰、何故○文意何」との形式の問題が文短釈、「〜法如何」との形式の問題が義短釈であるという。若干、体裁は異なるが、ほぼ同じものと考える。

（6）ただし、『御八講問答記』建久三年条では二〇問の内、僅かに二問（五日の朝座と夕座）という例もある。

結　語

東アジア世界に伝わった仏教が、その営みの中で強めていった特徴が法会を大事にすることではなかったかという視点から、論究を試みてきた。それは、とりもなおさず儀礼を大切にする東アジア世界の文化に影響されたものであることは間違いない。それはまた日本仏教における特徴ともなった。では、法会という営みの中で実際にどのようなことが行われたのであろうか。実際にはさまざまな要素が含まれているが、ここでは経典の講説と経典の内容に関する質疑応答、すなわち論義に焦点を当てた。

そもそも法会の場においては経典が講説され、また経典の内容理解のために質疑応答が行われたが、それは中国の南北朝時代から存在する営みであった。講説のために経典の来意、その経典の題目、時には品の題目の解釈、そして一々の文章について解説する入文解釈という形式ができあがったのであるが、それはそのまま東アジア全体に共通する形式として流布したといえる。事実、円仁が『入唐求法巡礼行記』に伝える法会の様は、まさしく日本に存在したものと同様と推定される。

さて、東アジア世界では、幅広い語義内容を含む唱導との用語が存在する。しかし、その中核を構成する意味内容は、仏教を人々に普及させる言説であるということであり、一般的にそのような言説が唱導と呼ばれたと位置づけられるが、しかし日本の場合には、格式の高い法会において行われた経典の講説が特に唱導との用語で呼ばれるようになったと考えられる。それは、平安時代後期から中世にかけての時代であった。

格式の高い法会で行われる経典の講説、それはとりもなおさず聴聞の貴族たちの心を仏教に誘い、またその信仰を強める働きをした。そのような意味で、法会における経典の講説は正しく唱導であった。

さて、そのような唱導における経典の講説に対し、経典の内容を簡潔に要約し、聴聞の人々を感動させる言説の雛形として、経釈という資料が作られていた。平安時代以来、経典の講説を行う法会は重要なものとなっていたのである。その講説の元となった経釈にどのような傾向が見られるのかという視点から、『法華経』の場合を探ったのであるが、その結果分かったことは、それぞれの僧侶が所属する宗の基本的な典籍を参考に作られていたことであった。たとえば天台の僧侶であった澄憲が作成したと伝わる『法華経品釈』は、明らかに智顗の『法華文句』を参照していたことが知られた。それ以外には湛然に仮託された『法華経大意』が用いられていた。天台系の僧侶は、天台系の注釈書を参照しながら経釈を作成していたのである。

一方、東大寺に講説された『妙法蓮華経釈』の場合には、時代が一四世紀中葉と少々下るが、三論宗の吉蔵の著作『法華遊意』『法華義疏』が用いられていたことが知られた。このように、天台系、三論系の僧侶が製作した『法華経』の経釈は、それぞれの宗の祖師の注釈書を参照して作成されていたことが確認されたのである。また、法相宗の場合は、少なくとも慈恩基の『法華玄賛』及び慈恩基の講説に預かって聞法の記録を取った栖復の『鏡水鈔』(『法華経玄賛要集』)が参照されていただろうと推定した。

また、天台系の僧侶が作成したと思われる『金光明最勝王経』(以下『最勝王経』)の経釈を検討した結果、同じく智顗の『金光明経文句』を参照していたことが知られた。実は、智顗の時代には曇無讖訳の『金光明経』しかなく、義浄による『最勝王経』の訳出はまだ行われていなかった。ところで、日本の講説では、奈良朝期より義浄訳の『最勝王経』が用いられた。そこで、天台の僧侶たちは、祖になる智顗の『金光明経』に対する注釈(＝『金光明経文句』)を用いて『最勝王経』の経釈を作成していたのである。

また、凝然の製作した『六十華厳経品釈』も東大寺図書館に残っており、それも検討の対象とした。その結果、『六十華厳経品釈』は法蔵の『華厳経探玄記』を主に参照して製作されていることが知られた。その特徴は、入文解釈の半分程度までは典拠を『探玄記』に置き、後半の半分を、自らの文章で作成していることが知られた。しかも、自らの文章は対句表現をとるものが多かった。やはりいかに聴聞の人々を感動させるのか、すなわち文章の美しさ、リズムが重視されていたと言わざるを得ない。経釈によって示された教学的な内容は、それぞれの宗の基本的な主張を述べるに留まり、教学よりは言説の上での美辞麗句を用いることに意が注がれていたと言える。

第九章以降は論義を中心に考察を進めた。考察の対象としたものは、院政期に白河天皇の御願寺として創建された法勝寺に行われた法勝寺御八講の記録と閑院に行われた最勝講の記録である。

平安初頭に整備された格式の高い法会は、南都三会と呼ばれる興福寺維摩会、宮中最勝会、薬師寺最勝会であった。この法会において、講師からさまざまに質問され、答えなければならない竪義に選ばれて、その務めを果たすと、やがてそれらの法会の聴衆を務め、そして講師に任命される道が開かれた。すなわち僧侶世界の出世の階梯を上がることができるようになった。このような法会における竪義の論義と、聴衆に選ばれた僧侶と講師の間で交わされる講問論義は、僧侶の学問研鑽を奨励する良い契機となった。こうして、仏教界には、学問研鑽を何よりも大事な僧侶の営みと位置づける素地ができあがっていったと推定されるのである。それは、三学でいえば慧の重視と言うことができる。

南都三会がそのような役割を果たしていた時期がしばらく続くが、やがて南都の三会が南都出身の僧侶によって独占されるようになると、院権力によって創建された北京の寺院を中心として、北京三会と命名される法会が登場した。それが円宗寺法華会、円宗寺最勝会、法勝寺大乗会であり、京の僧侶によって行われた。そして南都の僧侶と京の僧侶とがともに出仕して開催される講が南都三会、北京三会の上に新たに設けられた。それが当時のもっとも格式の高い法会となったと推定される。それが三講と呼ばれるものであり、具体的には法勝寺御八講、宮中最勝講、仙洞最勝講であった。このうち、法勝寺の御八講において行われた論義と、格式の高い最勝講に行われた論義の幾つかを検討した。その結果、つぎのような点が認められた。

講問論義が行われた「講」においては、まず経典の講説があった。それは唱導とも呼ばれる部分であった。経釈の検討から判明したことは、僧侶の所属する宗の典籍に基づいて経釈が作られていたことであった。この点から考えて、三講のような場合でも、講師の教学に合わせて担当する経巻の経釈が作られ、講説がなされていたと推測して良いであろう。「公請」または「御請」と呼ばれる選任方法で選出された僧侶たちが聴衆や講師となったのであるが、彼らは当時の四箇大寺から選出された僧侶たちであった。彼らが所属する宗は、天台、華厳、法相、三論に大別された。

そして、その講の形式や特徴は次のようなものであったと言って良いだろう。すなわち、講の場で行われた講説と論義の出題の間には、形式的には第一問目は経典に登場する文句、文章等に端を発し、それに関わる講師の理解が問われた。これは興福寺の維摩会などでも同様であったと見え、講説される経典の「文」に基づくところから、仮に「文論義」と名づけることができるであろう。また、御八講においてなされた論義に関しては、先行研究には『法華経』教学に関することが議論されたという見解が示されていたが、実際にはそうではないことが明らかになった。基本的に幅広い仏教学に関するものが議論されていたのである。

また、第二問目は経典の文章から離れて、いきなり講師の所属する宗の教学に関することが問われている場合が多く目に付いた。二問目には経典の「文」に関する論義は存在しないようである。そして、法相宗の僧侶が講師に立っている場合には、法相教学の内容についての論義が、三論宗の僧侶が講師の場合には、三論の典籍を対象にした論義がなされている。よって、これも「義短釈」という言葉を根拠に、仏教の義が議論されていることから仮に「義論義」と命名することができるであろう。つまり、第二問目は「義論義」が行われるという前提が存在していたと推定されるのである。ただし、法勝寺御八講の場合では一問目からいきなり宗に関する論義がされている場合が見られる。これは時代が下るにつれて数を増やしているように思われるのであるが、後学の研究を待ちたい。

次に、論義の内容に関する総体的な見通しであるが、それは大乗の立場からの会通が目指されていたらしいということである。たとえば論義の部分においてなされた問答に対して、問者が難じるという例が知られたが、そこには「薩婆多の義をもって証拠立てている」との批判の言葉が発せられていた。ここから推定されることであるが、この場の論義には大乗の立場から会通するということが暗黙に前提されていたのではないかと考えられるのである。たとえ直接の論義の契機となった典籍が毘曇すなわち小乗仏教のものであっても、回答は大乗の立場から折り合いをつけ、会通を図ることが目指されていたのであろう。それは正しく教学の調整でもあり、また成立でもあったろう。

以上、知られる内容は限定されたものに過ぎないが、法勝寺御八講や格式の高い最勝講において行われた論義には以上のような傾向があったということができる。

法勝寺御八講の問答の記録にしても最勝講の問答の記録にしても、膨大な分量が残されている。本書ではそのほんの一部を検討したに過ぎない。全体的な見通しをつけるには少なすぎる分量であることは否めないが、それでも一定の傾向は朧気ながらも把捉できたのではないかと思う。今後、この領域の研究に後進が入ってきて多くのことを明らかにしてくれることを願ってやまない。

参照テキスト一覧

続蔵＝『大日本続蔵経』香港影印続蔵経会版
大正＝『大正新脩大蔵経』
大日本古文書
大仏全＝『大日本仏教全書』国書刊行会版
日蔵＝『日本大蔵経』鈴木学術財団本

烏亡問答鈔＝『中世唱導資料集』真福寺善本叢刊4、第Ⅰ期、臨川書店、二〇〇〇年
栄華物語＝『栄華物語』新編日本古典文学全集①、小学館、一九九七年
叡山大師伝＝仲尾俊博『山家学生式序説（付　叡山大師伝）』永田文昌堂、一九八〇年
延喜式＝新訂増補国史大系『延喜式』吉川弘文館、一九九〇年
円照上人行状＝『東大寺円照上人行状』東大寺図書館刊行本、一九七七年
勧学会記＝後藤昭雄『平安朝漢文文献の研究』吉川弘文館、一九九三年
漢書＝『漢書』中華書局、一九七五年
公事根源＝日本文学全書二二、博文館、一九〇九年
公請表白＝阿部泰郎「安居院唱導資料纂集（六）」『国文学研究資料館文献資料部調査研究報告』一七、一九九六年
解脱上人戒律復興願書＝『鎌倉旧仏教』日本思想大系、岩波書店、一九七一年
興正菩薩御教誡聴聞集＝『鎌倉旧仏教』日本思想大系、岩波書店、一九七一年
後漢書＝『後漢書』中華書局、一九七五年
三宝絵詞＝『三宝絵　注好選』新日本古典文学大系三一、岩波書店、一九九七年
最勝講講師初日次第＝『守覚法親王の儀礼世界』本文編二、勉誠社、一九九五年
最勝講結座講師次第＝『守覚法親王の儀礼世界』本文編二、勉誠社、一九九五年

最勝講中間講師次第＝『守覚法親王の儀礼世界』本文編二、勉誠社、一九九五年
史記＝『史記』中華書局、一九八二年
釈家官班記＝『群書類従』第二四輯、続群書類従完成会、訂正三版、一九八三年
小右記＝大日本古記録、東京大学史料編纂所、初版、一九九二年
続日本紀＝『続日本紀』新訂増補国史大系、吉川弘文館、一九八五年
晋書＝『晋書』中華書局、一九七二年
世説新語＝高橋清編『世説新語索引附原文』藍星書舗、一九五九年、台北
高倉院御斎会講師次第＝『守覚法親王の儀礼世界』本文編二、勉誠社、一九九五年
註無量義経＝『伝教大師全集』（新版）巻三、世界聖典刊行協会、一九七五年
殿暦＝大日本古記録、東京大学史料編纂所、三版、一九九五年
東大寺要録＝筒井英俊編『東大寺要録』全国書房、一九四四年
入唐求法巡礼行記＝小野勝年『入唐求法巡礼行記の研究』全四巻、鈴木学術財団、一九六九年
日本書紀＝岩波書店、日本古典文学大系、上・下、一九六五年、一九六七年
日本霊異記＝『日本霊異記』日本古典文学大系、岩波書店、一九六七年
年中行事秘抄＝『群書類従』第六輯、続群書類従完成会、訂正三版、一九八三年
法則集＝『安居院唱導集』上巻、角川書店、再版、一九七九年
法華修法一百座聞書抄＝山岸徳平開題『法華修法一百座聞書抄』勉誠社文庫四、勉誠社、一九七六年

初出一覧

序章 → 書き下ろし。
第一章 → 「中国における講経と唱導」（平成一一―一四年度科学研究費研究成果報告書・基盤研究(C)(2)『安居院唱導資料における注釈学的研究』第一章）一部、書き改める。
第二章 → 「古代日本における講経と唱導――講師・読師を中心に――」（前掲報告書、第二章）大幅に書き改める。
第三章 → 「法会にみる資料――経釈を中心に――」（前掲報告書、第三章）大幅に書き改める。
第四章 → 「石山寺所蔵『法華経品釈』について」（前掲報告書、第五章）一部、書き改める。
第五章 → 「東大寺所蔵『法華経釈』について」（前掲報告書、第六章）一部、書き改める。
第六章 → 「『釈門秘鑰』に収載された経釈の研究――『最勝王経釈』を中心に――」（前掲報告書、第四章）一部、書き改める。
第七章 → 「『薬師経釈』と『寿命経釈』」（前掲報告書、第四章）一部、書き改める。
第八章 → 「東大寺所蔵の法会に関する写本」（『印度学仏教学研究』五二―二、二〇〇四年）大幅に書き改める。
第九章 → 「法勝寺御八講問答記に見られる戒律論義――巻第一・巻第二を対象に――」（勝呂信静編『法華経の思想と展開』法華経研究Ⅷ　平楽寺書店、二〇〇一年）一部、書き改める。
第十章 → 「唱導と論義――『法勝寺御八講問答記』と『釈門秘鑰』から――」（前掲報告書、第七章）一部、書き改める。
第十一章 → 「法勝寺御八講における論義の典拠――長承二・三年・保延元年を素材に――」（『印度学仏教学研究』五〇―一、二〇〇一年）一部、書き改める。
第十二章 → 書き下ろし。

第二部　資料篇

第二部・資料篇　凡例

一、以下、第一部で使用したテキストのうち、主だった資料の翻刻を次の順で収録する。

石山寺所蔵『法華経品釈』（第一部第四章に詳論。ただし、写本は順序に混乱があるため本来の形に復元した）

東大寺所蔵『妙法蓮華経釈』（東大寺図書館架蔵番号一一一—三〇六—一紙背。第一部第五章に詳論）

東大寺所蔵『六十華厳経品釈』（東大寺図書館架蔵番号一一一—三〇六—一。第一部第八章に詳論）

法勝寺御八講問答記（部分）（東大寺図書館架蔵番号一一三—二七—一七の一。第一部第十、十一、十二章に関説）

最勝講問答記（部分）（東大寺図書館架蔵番号一一三—二一—一。第一部第十二章に関説）

一、漢字は原則として当用漢字を用いた。ただし、「辦」「辯」「餘」「余」など当用漢字との対応が一対一でないものは、原文の用字のまま残した。

一、割注・傍注などはなるべく写本の原典籍に近い形で表示するよう工夫した。ただし、句読点は筆者が独自に付した。

一、□は書体の崩れや虫食い等により判読不能な文字を表す。

一、○は写本に実際に使用されている経文の省略を表す記号である。

一、（ ）は筆者による注記である。

石山寺所蔵『法華経品釈』

法華経品釈**（一紙）**

無量義経

将釈此経、三門分別。一大意者、般若之後、法華之前、方便漸蕩、円機已熟、頓説一乗之法、悉授八相之記、而世間之事、猶有表示恐。況出世之理、寧无瑞相乎。因之、先説序分之無量義、後顕正宗之一仏乗也。方今、現座聴聞之衆、暫雖得三法四果之益、後世受持之人、遂応昇七地十地之位也。　二尺名者、従无相一法、出无量義故、名无量義経也。　三入文判者、三品如次、序正流通也。謂、初徳行品為序分、次説法品為正宗、後十功徳品為流通也。其初分云何。

序品

将釈此経、三門分別。一述大意、二尺題目、三入文判也。大意者、今法華経者、三世諸仏出世之本懐、一切衆生成仏之直道也。四花六動、開方便之門、三変千涌、示真実之地。故開三顕一、草庵之声聞、受記、開近顕遠、微塵之業蔭、損生。五種法師、現浄六根、四安楽行、夢唱八相。若有聞法者無一不成仏、此大意也。　二尺名者、妙者不可思議之義矣。言語道断、心行処滅也。法者自行擁実之法矣。十界十如、因果不二也。蓮華者有二義。一法蓮華、是明法花三昧之清浄法門也。二喩蓮花、是譬生死泥中之真如仏性理也。**（一紙）**経者聖教都名。序者次申述義。品者義類相同。第一者挙次也。　三入文判者、此経分為三。序品者序分。従方便品至分別功徳品十九行偈為正宗分。従偈已後十一品半為流通分。且序分有通有別。其通序初文、云何。

方便品第二

将尺此品、略有三意。一来意者、欲説此経、現六瑞、而騒動衆心、述三周、而令生渇仰。表瑞相已、従三昧起。略開三顕一、動執生疑、広開三顕一、除迷開悟、故序品之次、方便品来也。　二尺名者、方便有三。一法用方便、二能通方便、三秘妙方便也。前二方便、非今経意。第三方便是此今品旨也。所謂方者是秘、便者妙也。点内衣宝、便是王頂之珠、指客作人、寧非長者之子耶。是名方便品也。　三入文判者、是法説、五仮□中第一法説収也。方今始開方便之門、位須挙手、皆成仏道、遂顕真実之相、三乗五性、悉入知見。五仏開三、二乗顕一。具如経説。此品有長行偈頌。熟其長行。且初文、云何。

譬喩品

将尺此品、略有三意。一来意者、上根之輩、聞法説先悟、中下之流、抱迷未達、大悲不息、巧智無辺、挙扇喩月、動樹訓風、令其悟解。故法花之次**（三紙）**譬説来也。　二尺名者、譬者比況、喩者暁訓也。託此、比彼寄浅諷深。是故、以世間夫子、譬出世師弟、所以言譬喩也。　三入文判者、此品応在諸天説偈之後、火宅譬喩之前、而経家為調巻、量法説中也。大分為二。初法説四収、次譬説収也。方今欲将出火宅、説開三之中、羊鹿遂坐路地、給等一之宝車、具如経説。

信解品（梵字有り）

将尺此品、略有三門。一来意者、夫根有利鈍、或有厚薄、説有法譬、悟有前後。所以四大声聞、初開法花、蒙籠未明、今聞譬喩、円乗始悟、陳已所解、領仏之旨。故上品之次、此品来也。　二尺名者、聞譬生喜、信発解生、疑去理明、故入大乗見道、名之為信。入大乗修道、称之為解。是言信解也。　三入文判者、但此品是第二周領解収也。方今、宿彼草庵之昔、只除糞穢、定此天姓之今、忽旧宝聚。具如経説。

薬草喩品

将尺此、略有三門。一来意者、上品則弟子之領解、此品是如来之述成、故上品之次、此品来也。　二釈名者、土地是能生、雲雨是能潤、草木是所生所潤也。此中述成中草之領解、故別挙薬草為品名也。　三入文判者、文分為二。一略述成、二広述成也。方今、説三草二木譬、五無差別、述大雲一雨譬、一実之無差。所以桃李之**（七紙）**芽茎、遂帰大地、大小之善根、悉会実相。具如経説。

授記品

将尺此品、略有三門。一来意者、声聞之領解者、陳如来之述成、亦畢当授記別、令知作□故、上品之次、此品来也。　二尺名者、授是与義、記是決義。聞其当果、定彼劫国、故名授記也。　三入文判者、此品是第二周授記収也。抑方便之時、権乗未開故、迦葉涕泣、声動大千、善吉茫然、手捨一鉢。方今、真実之日、円機已熟故、敗種灰心、自生大乗之声芽、□高原陸地、始開仏性之蓮花。具如経説。

化城喩品

将尺此品、略有三門。一来意者、上二周之開三顕一、上中之輩、皆入中道、第三周之開三顕一、下根之人、述破無明、故譬説之次、因縁説来也。　二尺名者、無而欻有、名之為化、防非禦敵、称之為城。二乗之滅、雖無権智之力、説有以、是為化。防思惟之非、禦見或之敵、称之為城。即是未到宝所、権仮施設故、云化城也。　三入文判者、是第三因縁周也。文分為二。一明知見久遠。二名宿世結縁。方今、過去塵点劫之前、大通智勝仏之時、十六王子発菩提心、八万四千劫、講法花経、而王子講経、声聞縁結。中間是大**（六紙）**于今未入所以、初過三百由旬、仮説二乗之化城、後離二百由旬、今帰一乗之宝所。具如経説。

五百弟子受記品

将尺此品、略有三。一来意者、仏説因縁、下根開悟、須聞授記、輿納結縁、故上品之次、此品来也。　二尺名者、此品具記千二百者、標五百者得記之名、是聞五百領解、語不略故、云五百弟子授記品也。　三入判者、文分為二。一記満願。二授千二百。此中五百以喩領也。方今、心酔無明之□、暫遊有為狠、衣繋実相之珠、遂帰大乗之家。具如経説。

学無学人記品

将尺此品、略有三意。一来意者、名上品之中□□得記。此品之中、学无学蒙別、故上品之次、此品来也。　二尺名者、研真断惑、名之為有学。其窮惑尽、名之為无学。鹿苑之昔、向果之人、雖異鷲峰之令、作仏之記是同、故云学无学人記品也。　三入文判者、此文為二。一請記莂。二与授記。阿難乃発起、而諸有学得記、羅云為上首、而諸有无学蒙別。具如経説。

法師品

将尺此品、略有三門。一来意者、上来八品是迹門之正宗。此下五品、即迹門之流通也。故上品是正宗之終、此品即流通初也。所以上品之次、此品来也。　二尺名者、五種法師、自軌々他、故名法師。謂入如来室、□**（五紙）**悲覆者、着如来衣君、忍辱遮悪、坐如来座、着空无着。如此弘経之人、豈非如来使乎。故云名法師品也。　三入文判者、文分為二。初長行偈頌、歎能持之人、復長行偈頌、歎所持之法。方今蔵通別之人、外円人最尊、已今当之中、妙法殊勝、一□随喜、早明菩提之記別、寂莫読誦、遂見如来之梵明。具如経説。

見宝塔品（四紙）

将釈此品、略有三門。一来意者、上品尺尊、説弘経之福、今募流通。今品多宝、発証明之願、来勧機縁、故上品之次、此品来也。　二（尺字脱カ）名者多宝仏塔、従地踊出、一切大衆、皆見宝塔。依之生中道、善破本根（根本ノ誤リカ）悪、登菩提薩埵位、入第一義、故云見宝塔品也。　三入文判者、文分為三。一明多宝踊現。二明分身遊来。三唱滅募流通也。□（方カ）今、多宝塔之昇空中、三変之浄土、惟□、分身之坐樹下、一乗之付属、尤感。又抱虚空於手中、顕書写之功量、大悲於是甲、□読誦之力。具如経説。

提婆品

将釈此品、略有三門。一来意者、上品、雖勧流通、等有証拠。此品殊引往因、令信功徳、故上品之次、此品来也。　二釈名者、提婆達多者天竺之語也。此翻云天熱。此人生後、可造五逆、故一切天人、皆悉熱（八紙）悩、以是事故、名天熱也。本住清涼。雖離五逆之悩、迄示天熱、令憂三有之心而已。　三入文判者、此品有二。文初明達多弘経、釈尊成道、後顕文殊利生、龍女作仏。方今、五道調達之受記、寧非旨力、八歳龍女之作仏、誠依今経乎。具経説云々

勧持品

将釈此品、略有三門。一来意者、往昔、仙人弘経、自他藉利、今菩薩発誓、内外忍悪、依前弘経、勧後流通故、上品之次、此品来也。　二尺名者、先二万菩薩、奉会流通、故名勧持品。後八十万億那由他、依勧受持、故名勧持品也。　三入文判者、就文為二。先明受持、後明勧持。方今、五百八千之声聞、他方発誓、八十万億之菩薩、此云弘経。具如経説。

安楽行品

将尺此品、略有三門。来意者、諸声聞人、不堪此土弘経、皆楽他方流通。何況初心、始行触事、有退故、説安楽行為初心之方法也。故上品之次、此品来也。　二尺（名字脱カ）者、着如来衣、故法身安、入如来室、故解脱心楽、坐如来座、故般若導行、故云安楽行也。　三入文判者、品文有三。一標四行。二尺方法、三明行成。方今、静処誦経、勤末代之四行、夢裏作仏、表当来之三身。具如経説。

涌出品

将釈此品、略有三門。来意者、安楽以前十四品、是迹（九紙）門、踊出以後十四品、則本門。故迹門已畢、本門欲説門、以此品来也。　二尺名者、如来一音、告勅菩薩、四方奔踊、故云従地涌出品也。　三入文判者、初本門序分、後本門略説也。方今地涌菩薩、久住寂梵、如子之百歳、尺迦如来、初坐道場、似文之□然。如来、早服種智還年之薬、老而少、菩薩、久稟常住不死之方、少而似老。具如経説。

寿量品

将尺此品、略有三門。一来意者、下方大士、従地涌出、虚空会衆、皆懐疑惑。為払此疑、説此品也。　二尺名者、如来者、乗如実道、来成正覚、故名如来。一門理、十方三世本仏迹仏之通号也。無量者、是則詮量諸仏士之命、故名寿量。一門理、十方三世本仏迹仏之功徳。　三入文判者、此品広開近顕遠、分文為二。一法説、二譬説也。夫迹門之実相、前経半顕、本門之遠成、今品全陳。方今、一一塵劫、専顕寂梵之遠、本種之方便、仮示伽耶之近成、依失心之子、暫趣他国、為救世之文、常在霊山。具如経説云々

分別功徳品

将尺此品、略有三門。一来意者、上演釈久遠之成道、下分別現座之得益、故寿量品之次、分別功徳品来也。　二尺名者、次有浅深、故名分別。二世有利益、故名功徳也。　三入文判者、文分為二。初十方微塵之益、属正宗分、後四信五品之文、為流通文。方今、増道損生之益塵、砕十方衆、天花流水之供香、善尽（一〇紙）虚空。現在四信者、坐見実報、滅後五品者、早詣道場。具如経説。

随喜功徳品

将尺此品、略有三門。一来意者、上品説滅後、五品之中、雖説四品、未説初品。因之、弥勒承機、而如来赴縁而答也。一門、以上品之次、此品来也。　二尺名者、随喜者順事順理也。喜者、慶己慶人也。聞深奥之法、発随喜之心、故順理有実功徳、順事有権功徳、慶己有智恵、慶人有慈悲、権実智行相、並応説之、故名随喜功徳品也。　三入文判者、分文為二。初明随喜人。二名聴聞人、方今、五十将之。随喜雖是无深浅、八十年之布施、不及其分。一門、以好堅処地、芽生百囲、頻伽在卵、声勝衆鳥。具如経説。

法師功徳品

将尺此品、略有三門。一来意者、上品中、明五品之用、此品中、説六根之功徳。故上品之次、此品来也。　二釈名者、法師者五種法師也。功徳者六根清浄也。謂諸根互用、内外荘厳也。　三入文判者、文分為二。初惣列六根之盈縮、次別作六章而解釈。方今、六根清浄、目具六千之功徳、十信力用、遥像十□之□声。依之、種々楚毒之普目、起下化衆生之誓、在々世馬之□将、権上求菩提之心。具如経説。

不軽品

将尺此品、略有三門。一来意者、上品雖説六根之**（一一紙）**功徳、未有証拠。今品為励。後世之流通、引昔勧進。故上品之次、此品来也。　二尺名者、内懐不軽之解、外敬不軽之境、身立不軽之行、口宣不軽之名。昔毀者、以此目人、今経家、以此目品。故名常不軽菩薩品也。　三入文判者、文分為三。一双指前品罪福。二双開今品信毀。三双勧後善順也。方今、堪罵詈而近礼、専表迹門之開三、忍杖木而遠避、但示本門之顕一。両以使彼二十四字之功滅此三十二相之里。具如経説。

神力品

将尺此品、略有三門。一来意者、本迹已顕、属累欲説先以神力、驟動衆会、次宣誠言、付属菩提。故上品之次、此品来也。二名釈（釈名カ）者、挙能証之人、神力者、顕両証之用也。神名不測、力名幹用。不測、天然之体深、幹用、則転変之力太、故名神力品也。　三入文判者、文分為三。一菩薩受命也。二仏現神力。三結要勧持。方今、十神力、兼表本迹之幽微、四摂要、専顕権□□枢柄。具如経説。

属累品

将尺此品、略有三門。一来意者、先現神変、次宣付属。故上品次、此品来也。　二釈名者、属者慇懃付属、累者煩尓宣伝、故言属累品也。　三入文判釈者、文分為二。初正付属。次衆勧喜。方今、□□起座、三宣教勅、並曲躬、重自流通、故百千万億之行、只為娑婆阿僧祇劫之法、専施会議。具如経説。**（一二紙）**

東大寺所蔵『妙法蓮華経釈』

妙法蓮華経釈

無量義経徳行品第一

将釈此経、可有三門。初大意者、今経昔法王出世之大意、群類入聖之玄門、大乗方等之精要、諸仏菩薩之父母也。良以、此法出生之法門者、会三帰一之由漸、一相無相之妙理者、開示悟入之序分也。大意如斯。次題目者、無量義者実相之体、包含法界而超校量之表、随縁之用、出生万法而過（一丁表）算計之分。体用共有深所収、故云無量義。経者常義、明如来之果徳、述大士之因行。品第一者、類別次第也。惣云無量義経徳行品第一。第三入文解釈者、徳行品説法十功徳三品者、如次序正流通三段也。凡今経者、四十余年未顕真実、□法文理真正尊無過上之説也。然則受持読誦之輩、浴一味之法水、得三法四果之益（一丁裏）信解随喜之類、除二障之塵垢、階五忍十地之位、一経之始終、三品之大綱、如此。

妙法蓮華経序品第一

将釈此経、可有大意釈名章段料簡三門。初大意者、夫今経者窮理尽性之格言、究竟無余之極説、理致淵遠而統群典之要、文旨婉麗而窮巧妙之談。三聖之所楡揚、四依之所頂戴。昔仙人園内、未曜此（二丁表）摩尼、今霊鷲山中、方灑此甘露。是以開三顕一之席、三根声聞成仏、開近顕遠之砌、塵数菩薩得益。諸仏出世之本懐、顕雨吹撃演之大事、見聞随喜之衆生、成五十二位之賢聖、大意如斯。次釈題目者、理超言外、強称為妙。為物軌則、目之為法。仮蓮華之譬喩、顕妙法之自体。品者類別、第一者数之始也。惣云妙法蓮華経序品第一。（二丁裏）第三入文解釈者、文雖八軸、義有二章。一開二種方便。二顕二種真実。但就二十八品、有三段、以序品為序説分、従方便品至分別功徳品格量偈、十五品半為正宗段、従又阿逸多下流通分也。一部三段、略如此。次別就序品、開為二段、初証信序有六句。所聞之法、能聞之人、聞法之時、説教之主、聞法之処、同聞之衆也。次尓時世尊下、発起之序、有六（三丁表）段。衆集、説経、入定、現瑞、疑問、答問也。方今、弥勒尋因縁、散衆会之疑念、文殊引古証、顕正説縁由。良以問答巧妙、共談法華、古今比度、同説一乗。一品大意如斯。

妙法蓮華経方便品第二

来意者、由序已説訖、正宗宜開。序正成次。此品来意也。　次題目者、通号如前。別目者理正云方、言巧称便。品第二者、類別次第也。惣**（三丁裏）**云妙法蓮華経方便品第二。　第三入文判釈者、此品大有三文段。初長行偈頌者、略開三顕一、動執生疑。自尓大衆中下、第二執動疑生申疑致請段。自尓時舎利弗、汝已慇懃下、第三広開三顕一、断疑生信段也。惣品大意者、釈尊慇懃称歎、巧開智之門、弟子強勧請、即入成仏之道。開示悟入之法門、一色一香、是中道也。唯一仏乗之道理、森羅万法、即**（四丁表）**妙法也。一品所説、梗概如斯。

妙法蓮華経譬喩品第三

来意者、上品対上根、直説唯一仏乗之法、今品為中根、巧明大白牛車之喩。法譬相承、次上此品来。　題目者、譬者類也、喩者暁也。説火宅類三界、以羊鹿比二乗。故云譬喩。　入文解釈者、一品分両段。初則法説余段、領解、述成、授記、歓喜之四段也。悟一乗之身子、**（四丁裏）**壊威儀踊躍、聞記別之人天、脱衣服歓喜。自尓時舎利弗自言下、第二譬説段中正説段也。於中有二。初身子請説。自尓時仏告下、第二受請為説。就此有三文段。縁起正説弘経也。夫以、説三界我有、定父子之天性、述五陰無常、誘耽戯之童子。権示羊鹿二車、開三乗方便之教、実与大白牛車、顕一乗真実之理。大綱在斯。

（五丁表）

妙法蓮華経信解品第四

来意者、前品世尊正説、此品弟子領解、成次来。　題目者、信決定旨、解了悟義、権実疑息称信、有无執除名解也。　入文解釈者、開為二段。初経家、序得解之相。而自仏言下、第二自述領解。此有二段。初正述領解、次歎仏恩深難報。夫以、昔瞻権教之玄旨、愚亡正観之覚月、今聞譬説之法門**（五丁裏）**自得無上之大法。是以、説二乗窮子之譬、定父子之天性、破草庵滞情之執、授法王之家業、良以、信解孤不成、必由如来之化縁。故挙十種恩、歎釈尊徳也。

妙法蓮華経薬草喩品第五

来意者、上品迦葉領解、此品如来述成也。来意如此。　題目者、薬者治病之通称、草者形木之別名、喩者暁也。惣云薬草喩品第五。**（六丁表）**　入文解釈者、有二大段。第一如来述成、迦葉之所解。自如来復有下、第二広歎仏徳、有長行偈頌。長行有略広二文。広歎分法譬両門。譬説有開譬合譬、偈文頌法説譬説。今品意者、述成迦葉所解、讃歎如来功徳。所謂内有権実二智、無幽不察、外有形声益物、平等無私。然則如雖一地所生、一雨所潤、而草木不同、芽茎非一。故雖仏性一味、**（六丁裏）**利益平等、而五乗各別、稟教万差。一品大意如斯。

妙法蓮華経授記品第六

来意者、上品八法八譬之述成、今品当来当果之記別也。述成授記成次。　題目者、授者与也、記者決也、品第六者次第也。　入文解釈者、開品為二段。初正授記。自我汝等下、第二為下根開宿世説。夫以、捨十**（七丁表）**種各別之行、入平等大恵之門、改自謂究竟之執、趣利他広済之道、信解一乗之功徳、即備劫国名号、供仏修行之善根、終階妙覚尊位。

妙法蓮華経化城喩品第七

来意者、今品三周之中、亦法亦譬門也。上根聞法説初領、中根由譬説次解、下根猶鈍故、法譬并挙、過現相成、是其来意也。**（七丁裏）**　題目者、無而欲有為化、防非禦敵曰城。当品中説化城之譬、類二乗之涅槃。故為品題。　入文解釈者、分文為二段。初長行偈頌、第一略述結縁時節。自仏告諸比丘下、第二明現在相値、就中有法説譬説。次偈中初頌過去結縁。我在十六数下、頌現在説法矣。凡品意者、三千塵点之前、智勝寂室之後、如来戢影、菩薩舒光。所以依伝灯功、十方**（八丁表）**唱覚、以結縁力、三根烈座。然則出離三界之焚籠、止息二乗之化城、行廻偏空之茂林、進趣一実之宝所、亦法亦譬、具意如斯。

妙法蓮華経五百弟子授記品第八

来意者、宿世因縁之説、惣有二段。上品正説、今品授記也。以是為来意。　題目者、五百者標数、弟子者顕資、授者与也、記者**（八丁裏）**決也。此五百人、現在同時得記、未来相継成仏。故為品題。　入文解釈者、品有二段。初別列満願記。次授餘声聞記。就餘人記、有得記有領解。々々中有法説、譬説、合譬、歓喜四段。終偈文頌□上四段。夫以、満願尊者、内秘大智精進之徳、外現小欲懈怠相、心念領解、磨昆山之玉、随宜之言論、流懸河之波。実説法第一之功近、利生無二之導師也。**（九丁表）**自余声聞者、以親友之餚饍、解往昔之結縁、由衣裏之宝珠、領初発之菩提。一品所説如此。

妙法蓮華経授学無学人記品第九

来意者、就第三周授記段、上品高名顕徳之衆、依領解蒙授記。今品顕名密行之流、亦以領解預授記。来意如斯。　題目者、断**（九丁裏）**惑進求名有学、窮理息求為無学。鹿苑之昔、向果之人雖異、鷲峰之今、作仏之記是同。故云授学無学人記品。　入文解釈者、開品有二段。初請記、次授記。請記有二。二人請二千請。授記亦有二。二人与二千也。惣品意者、阿難羅云之二人、有学無学之二千、捨中途化城、入一乗宮殿、解王子結縁、期灌頂職位。然則二千声聞、拝於尊顔、其心泰然。十力世尊、授於記別、令生歓喜。一品之**（一〇丁表）**所説如斯。

　妙法蓮華経法師品第十

来意者、就乗権乗実、有四章段中、先三正宗、今是第四流通段也。是以為来意。　題目者、平等正観可為心軌、故称之為法。人上弘大法、下為物師。故云法師。　入文解釈者、文有二段。初長行偈頌、歎持経之人徳、後長行偈頌、示弘経模軌。凡歎持経功**（一〇丁裏）**徳、顕妙法力用、説信毀罪福、勧未来之弘経。然則寂寞草庵而諸仏共宿、空閑樹下而八部囲繞焉。

　妙法蓮華経見宝塔品第十一

来意者、有成前開後二義、成前一乗真実義、開後近成方便義、是来意也。　題目者、衆珍所成名宝、仏体所居名塔。大衆都見。故云見宝塔。　入文解釈者、有五段。第一宝塔**（一一丁表）**涌現。第二分身来集。三正開宝塔。四二仏共坐。五覔弘経人。次有偈頌、々上長行。夫品意者、多宝涌現、破生滅之執、分身来集而散一多之疑。顕証明之誓願、示妙法難値、述弘経之利益、勧未来之流布。一品意如此。

　妙法蓮華経提婆達多品第十二

来意者、有成前開後二義。成前之弘経、開後寿量。二品旨、同是其来意也。　題目者**（一一丁裏）**提婆、此翻云天熱。現身犯三逆、順生随人間、諸天知此事、初生時、熱悩。依此因縁、名為天熱也。　入文解釈者、文有三段。初成仏力、次自於時下方下、第二広大力。第三自智積菩薩問文殊師利下、明龍女成仏。歎経速疾力、惣而言之、三逆調達、得十号記別。五障龍女、唱八相成道。寔今品説法界順違之方便、顕一乗難思之力用。暢平等大**（一二丁表）**恵之妙義、勧五濁悪世之弘経矣。一品肝要如斯。

　妙法蓮華経勧持品第十三

来意者、持経功命菩薩者、上成前義、住忍力開寿量者、上開後義也。両義之同致、一品之来意也。　次題目者、勧者奨勧、持者秉持也。勧物令持、故云勧持。　三入文解釈者、文分五段。一二万菩薩発誓。二五百羅漢（**一二丁裏**）弘経。三学無学八千人流通。四諸比丘尼得記弘経。五重命菩薩弘経。次有二十行偈頌、頌上事矣。夫以、直往菩薩、悲願強勝、励穢土之弘経、廻小入大、迹劣弱而楽浄土之弘経、発誓雖異、所暢惟同。故一乗妙法之大義、発誓弘経之要行、厭離穢土之因縁、欣求浄土之法門、此品悉顕者乎。

妙法蓮華経安楽行品第十四（**一三丁表**）

来意者、四行悪世弘経之方法者、成前義、四行仏寿長遠之修因者、開後義。来意如斯。　次題目者、安住四行、則得楽故、称安楽。行者、渉行之義、以之為品題。　三入文解釈者、開文為二。初文殊問、次如来答也。答文又有二。初標四行名、次別出四行体。知恵、無憍慢、離嫉妬、慈悲、是其四行。次有偈頌、々上諸文。是則縁妄想之衆生、而生慈悲之心、（**一三丁裏**）付顛倒之有情、而生憐愍之想。蓋種覚之洪基、求道之本意也。然則天諸童子為給仕、四衆八部為外護、無畏之力用等師子、知恵之光明同□照、安住四行、弘通一乗之大旨也。

妙法蓮華経従地涌出品第十五

来意者、上四品証前開後、下之三品正明後説。所謂辨身権身実也。其中今品、挙（**一四丁表**）所化菩薩之多、顕能化成道之人也。　次題目者、仏智無辺而所化無量也。其中三千刹土震烈、無数菩薩涌出。従此事故云従地涌出也。　三入文解釈者、就身権身実段、有四章段之中、前三段当品文也。第一序文有開発疑問誡許之三節。尓時世尊是偈已下、第二大段、略開身権身実、動執生疑段。自尓時弥勒菩薩下、第三大（**一四丁裏**）段、執動疑生申疑致請段也。説所化菩薩之行相、顕能化仏不思議也。寔一百倶胝之中、不知其人之始末、三転法輪之間、無聞所行之因縁。然則弥勒唱乃不識一人、世尊説此等是我子。雖然、執伽耶之方便而不悟塵点之実成、申父小而子老之疑、致願仏為未来之請也。当品意如此。

妙法蓮華経如来寿量品第十六（**一五丁表**）

来意者、身権身実之四段中第四広開身権身実断疑生信毀（段カ）也。申疑致請断疑生信是其来意也。　題目者、如来者無所従来名如来。寿者所受之命、量者無量之量。惣云如来寿量。　入文解釈者、此品有二段。勧信正説也。正説中有長行偈頌。長行有法説譬説。夫示樹下成道、化薄福衆生、仮良医譬喩、彰法身常住。所以近成（**一五丁裏**）方便之春華、開随縁利物之苑、遠成真実之秋月、明一実法界之空。然則、真応倶彰遠近、並説一品大旨也。

妙法蓮華経分別功徳品第十七

来意者、広開身権身実五段中勧信正説二段、上品説之。得益称歎格量三文、今品所説也。　題目者、分別開経信解之人所得功徳、故云分別功徳也。　入文解釈者、分品為二段。（一六丁表）初正説餘談、於中有得益感瑞格量三段。自又阿逸多下、大段第三、流通文中有讃歎付属二段。今品、讃歎流通中略説之文也。凡恒河沙菩薩得無生忍、微塵衆生発菩提心、皆得法性淵底、而尽重玄之妙理、同浴一味之法水、而除二障之塵垢。在世之聞経者、得三恵之益、滅後之流布者、等四事之勤。品意如斯。（一六丁裏）

妙法蓮華経随喜功徳品第十八

来意者、就讃歎流通、上品略説、今品以下四品広説也。其中上品、説聞経信解之功徳、今品、明転経随喜之善根、是其来意也。　題目者、随権実之体用生慶喜、順前人之所作生歓喜。故云随喜也。　入文解釈者、開品為二。初弥勒問、次如来答。各有長行偈頌。凡一念随喜之利益、五十転聞之善（一七丁表）根、超過財法二施、而所得功徳、無量也。加之往詣僧坊之輩、得宮殿輦轝之財、分与半座之類、感釈梵転輪之福。勧人聴経之者、預見仏聞法之益、如説修行之人者、証阿耨菩提之果。品意如斯。

妙法蓮華経法師功徳品第十九

来意者、就讃歎流通有四品半。其中前一品半、説須臾信解之功徳、等四事供養、刹（一七丁裏）那随喜之善根、致五十転聞。今品中説五種法師、明六千之功徳。皆是歎法養人、以為流通之弘宣也。　題目者、歎妙法下為物師、故云法師。除六根之罪云功。得六千之福云徳。故云法師功徳也。　入文解釈者、有二段。第一惣明五種法師得六根清浄。自是善男子下、第二別開為六段。一々段中各有長行偈頌。惣品意者、明修五種之（一八丁表）妙行、浄六根之罪障、依一乗之威力、得六千之功徳。所謂読誦声静而聖衆合掌、解説心澄而普賢摩頂。是以寂莫草庵而見三千界色、空閑樹下而聞六種音声。入伊蘭林、流栴檀香、服雑毒薬、変甘露味。身根瑠璃而現諸仏之色像、意根清浄而了一実之境界。良以善悪倶説一乗者、即雑毒醍醐味。染浄同帰妙（一八丁裏）法者、分段即法性身也。法華勝用、弘経利益、専在斯品説矣

妙法蓮華経常不軽菩薩品第二十

来意者、今引釈迦本生、証上持経功徳也。　題目者、威音王仏像法之中、有一菩薩、知衆生仏性、常不軽之。故従人標品

名於常不軽菩薩也。　入文解釈者、開二段、長行偈頌也。長行有三。双摽双証双歎也。偈有（一九丁表）十九行半、初項上双証両事。末後四行、歎教勧修也。夫威音王仏之像法、有忍力堅固之比丘、於四衆上慢之中、修一乗妙法之行。凡法身平等号無自無他、仏性一味号唯仏与仏也。所以悪口罵詈是顛倒之戯論、瞋恚杖木、只妄想之因縁。然則、聞罵詈之声、弥挙手礼拝之、見杖木之影、増以頭恭敬之。良以、但行礼（一九丁裏）拝之故、常得六根浄、広説流布之故、終證三菩提。妙説一乗功力、巧勧未来之弘経矣。

妙法蓮華経如来神力品第二十一

来意者、就讃歎流通、上三品半、説経勝用、勧進宣持、今品現神通力、奨勧弘経也。　題目者、神者霊変也。如来内徳霊異無礙也。故云如来神力也。　入文解釈者、（二〇丁表）開為二段。第一、諸菩薩聞上歎法養人、発誓弘経、第二、仏見諸菩薩発誓弘経、心生歓喜、故現大神力。就之、有長行偈頌。夫涌出菩薩、仰尊顔而発誓、無上世尊、現神力而勧信。所謂出広長舌相、至大梵天、放無量色光、照十方界。弾指謦咳之声、響諸仏之宝刹、六種振動之瑞、調衆生心行。寔今経、如来所有之法、如来自（二〇丁裏）在之徳、如来秘密之蔵、如来甚深之事。為勧発明如来神力、為付嘱歎妙経力用也。

妙法蓮華経嘱累品第二十二

来意者、就大段流通、有二種義。上称歎妙法而勧弘経、今教誡菩薩而摩頂付属也。　題目者、嘱者付属、累者憑累也。以一乗法、付諸菩薩、以三世衆生、付四依（二一丁表）大士也。　入文解釈者、開為三段。初仏付属、次菩薩受付、三説経事畢。凡法依人即流布、人依仏而修行。是以申入定大智之手、摩菩薩衆会之頂、以無虚真実之詞、請広令増益之誠。寔所乗之法妙、能乗之人妙。此品究竟而大衆悉奉行也。

妙法蓮華経薬王菩薩本事品第二十三（二一丁裏）

来意者、付属流通中、上来諸品、明仏所乗、自下六品、菩薩所乗也。従果向因、成来意。　題目者、薬者療病之名、王者自在之義、此菩薩為衆生善友、弘一乗妙法、除煩悩之患病、持法身之恵命、故云薬王、明彼昔事。故云薬王菩薩本事品也。　入文解釈者、有四大段。宿王華問、如来之答、時衆之得益、多宝之称歎也。当品（二二丁表）意者、宿王華菩薩尋薬王之苦行、無上大覚尊述喜見之本事、捨二恩所愛之全身、供養日月徳仏、燃百福荘厳之両臂、敬礼八万四千宝塔。凡一偈受持之善根十喩、不及比度。一勺書写之功徳、千仏無知辺際。五障女人、感華臺於宝池中、三毒衆生、結草坐於道樹下。

寔長生之勝報、不死之妙薬、往生之因縁、成（二二丁裏）仏之直道也。

妙法蓮華経妙音菩薩品第二十四

来意者、上品功徳業多、是自行。今品智恵業多、是化他也。以之為来意。　題目者、此菩薩往、以十方種伎楽、供養雷音如来、依得微妙音声、故名為妙音也。　入文解釈者、品有六段。一者釈尊放光、二妙音来詣、三弘経功徳、四聞品得益、五還帰（二三丁表）本土、六来往利益也。夫教主世尊者、放光明照妙音、宿王智仏、命妙音令弘経。始示不来之来、衆宝所成蓮華豫成瑞、終現不去之去、諸天花徳菩薩各得益矣。

妙法蓮華経観世音菩薩普門品第二十五

来意者、上品任形声之利益、弘権実之教法、今品奨末世之弘経。顕護難之流（二三丁裏）通、是其来意也。　題目者、観者能観之智、世音者所観之境、普者周普之義、門者開通之名也。境智相応而適化無窮。故云観世音菩薩普門品也。　入文解釈者、一往分為四双。双標双釈双歎双益也。品別号為双標。自品初、双釈文。初釈観音名。次自無尽意菩薩、釈普門徳。次有二十六行偈、是非関中之所訳。後周闍那崛多、重訳（二四丁表）双釈之文、加置一段之終。尓時持地菩薩下、第三双歎。仏説是云下、第四双益也。夫以一心称名之輩、徐七厄於千里之外、常念恭敬之数、滅三毒於一念之中。三十三之化身者、浮影於随縁之水、十九種之説法者、応響於機感之谷、為上求菩提、分瓔珞於二仏、示下化衆生者、顕憐愍於八部。然則持地菩薩者、歎功徳甚多、八万衆（二四丁裏）生、発三菩提心也。

妙法蓮華経陀羅尼品第二十六

来意者、就護難弘経、上品以観音之人、解脱留難、今品説神呪之法、擁護行者。人法相承、当品来。　題目者、陀羅尼者此云惣持。一言含無量義。即憶持生々不失、故云惣持也。　入文解釈者、開有三段。第一対薬王、説経福重、第二五人説呪擁護。第三（二五丁表）得益也。夫今品者、教主世尊、挙挌量顕経力、薬王勇施、説神呪弘一乗。然則二聖振威神、却千万億之魔鬼、二天加擁護、払百由旬之衰患、皐諦藍婆等者、比首而守護、鬼子母眷属者、交脇而囲繞。寔依持経之功者、諸難非怖。任修行之徳者、何願不成乎。品大意如此。

妙法蓮華経妙荘厳王本事品第二十七（二五丁裏）

来意者、上両品、護末世之留難、令弘宣妙法、今一品、彰過去之勝妙、更勧進弘経也。　題目者、為彰勝功徳力、説妙荘初嚴王本事、故従所化之人、立品目也。　入文解釈者、開品為二。第一明縁由。尓時彼仏云下、第二正述本事。此有二。初生信心、後得正解。二文各有十句。尽化導之始終。夫浄徳之愍、念酬二子之一願而勧化導、厳王之邪見、由善（二六丁表）友之神変而生信心。故雷音如来之法雨、灑信伏帰依之頂、沙羅樹王之記別、授勤行精進之身、良以、善行孤不立、心随知識之教訓、菩提自不證、更由善友之助成。尓則入仏之初門、衆生之依止、発心之因縁、化導之根本也。所以説薬王知識、明妙法功徳。当品大意也。

妙法蓮華経普賢菩薩勧発品第二十八（二六丁裏）

来意者、上明薬王知識、説勝功徳力。今依普賢勧発、述護法弘経也。　題目者、無化不周曰普、隣極亜聖称賢。勧者奨勧、発者是発起也。以諸勝事、奨勧発願持経人心、故云勧発也。　入文解釈者、開品為五段。一普賢問、二如来答、三普賢発誓、四如来称歎、五時衆悟道也。凡普賢勧発而悪世弘経、釈尊称歎而擁護行者。然則空閑樹下之（二七丁表）思惟、憑乗白象王之願、寂莫草庵之読誦、念還令通利之誓、当知、閻浮弘経是普賢威力、末代修行即如来加持也。

仏説観普賢菩薩行法経

将釈此経、有大意釈名入文解釈三門。初大意者、今経修普賢之行法、悟一実之境界、励事理之懺悔、滅六情罪障。良以、普能乗普賢、所乗白象、出妙法之宮殿、来（二七丁裏）読誦之草庵、示一実境界、教二種懺悔。然則、不一不異之妙体、普出恒順衆生之門、不来不去之化用、独趣空閑読誦之窓、依之、修行此経典、入普賢願海、成就此観解明。一実法界、大意如此。　第二題目者、仏者三覚円満之主、説者四辨具足之教、観者能観智、普賢菩薩行法者、所観之境、経者常義也。惣云仏説観普賢菩薩行法（二八丁表）経。　第三入門解釈者、有序正流通三段。自云如是我聞下、序説段。初則通序、告諸比丘却後三月、我当般涅槃者、別序。自尊者阿難下、正宗、自仏告阿難於未来世下、第三流通分也。良以、本覚真如之功徳、具虚心方寸普賢菩薩之身量、遍尽虚空界。是以楊柳靡水上下、即恒転法輪之誓願、紅葉（二八丁裏）随風東西、是恒順衆生之利益也。然則、寒暑春秋、勧道心之知識、飛花落葉、教菩提之因縁。依之、念朝露、道心弥堅固。向夕光、菩提永不退。実罪業似露、任空観之光、戯論如雲、随懺悔之風。所以沐一実之法水、除三業之塵垢、得六根之功徳、瑩万像於明鏡。大旨如斯。（二九丁表）

写本云

康永之初暦、暮春之下旬、励衰齢之眼精、染老兔之毫端畢。凡此経釈者、少輔法印権大僧都懐紹之草也。理致幽邃而巧顕金陵天台之実義、文旨宛蕩而飽交白楽元稹之花詞、為末（二九丁裏）代之重宝之間、恐古本之損失之餘、案新写於安居之机、納旧釈於年預之櫃而已。

五師大法師実専生年六十四（三〇丁表）

東大寺所蔵『六十華厳経品釈』

六十華厳経品釈

大方広仏華厳経世間浄眼品第一

将釈此品可有三門。初大意者、凡今経者、集海会之盛談、照山王之極説也。理致宏遠、尽真源於法界、文言浩行、被嘉会於塵国、一多即入、泯隔碍之相、念却円融離極限之事。因陀羅網、参互影而重々。錠光頗梨、照塵方而隠々。金剛種子、三生証究竟之果、宝網転輪、現身入円極之（一丁表）位。足輪一光、忽摧五無間之報、温堂少水、頓感六欲天之果。読誦書写、則獲尽空界之徳、講説思惟、則証遍劫海之益。寔是広大普周之教法、甚深微蜜之宗旨。就中当品所説相者、五六成就、為証信之体式、十八震動為発起之状貌。寂滅道場之砌、示華蔵世界之飾、始成正覚之遅、顕毘盧舎那之粧、十刹塵数衆海、前後囲繞、三世（一丁裏）常常眷属、左右坐烈。同生異生、別遠方之雲而来、風神河神、凌刹海之波而集。四輩八部連袂、各主遮那之徳、六欲四禅翻袖、互顕正覚之形。三十四類、皆運聞法之志、一十八衆倶抽供仏之誠、主伴円備、尽広大之嘉会、依正鎔融、窮自在之祥瑞。此則当品布量大意也。　次題目者、大方広等七字、一部之都名、世間浄眼等七言、（二丁表）当品之別目也。当体包容名大、徳相軌範為方、業用普遍是広、覚照果満即仏。万行因果、感十身之果、名為華厳。八会玄文、詮四界之義。名之為経。器生智覚、照耀昏闇、名世間浄眼。格類相従、名品。諸数□□次烈、無濫名為第一。是故惣名大方広仏華厳経世間浄眼品第一。　第三入文解釈者、先惣分別一部文段。此経六十巻有三十四品、或三段五分、或五周因果、勢変多（二丁裏）端。不可一例。且依三段、顕文起尽。初一品名□□分。盧舎那品下是正宗分。流通有無解釈非一。且以末後二偈、為流通分。此拠有流通之義故、子段雖繁、大概如此。然於当品科段者、如是我聞一句、為唯証信、一時已下四種成就、為通二序。六種十八相、震動已下為唯発起。通二序中、説時是第二旨、該通（三丁表）過未無量劫海、教主是三世間身□仏、舎那、周遍法界。三十四類、是嘉会聴衆、一十八衆是供養円満、欲界六重之天、本昇如来所得之高山、浄刹十地之人性、遊善逝所証之大海、仏徳円満非他、以衆海所得、為□徳、衆相顕現無外、分如来功徳、為自徳。師子宝座、涌現十地等覚之内衆、刹塵世界、運出一切衆珍之外供、伎楽歌詠之音、（三丁裏）遍空海而無際、衆宝荘厳之光、満塵国而不窮。此則七処八会之惣瑞、十方十際之□□、普法円明之奇表、鎔融交徹之嘉相也。

盧舎那品第二

将釈此品、可有三門。初来意者、教起之由致、前品已終。正宗妙義事、須陳説。是故、此品次前而来。　次題目者、惣題如前。至別目者（四丁表）盧舎那者是印度語。此云光明遍照。智光明朗、照真俗故、身光赫奕、耀世界故。　第三入文解釈者、当品之中、惣為二分。初大衆疑請分、後自尓時世尊下、如来現答分、此中有十段。一面光集衆分、乃至十正陳法海分也。然則海会大衆、致念請於三十五句法門、教主世尊、放面光於十仏刹塵国土、十方大士集仏会、而飡円乗、普賢菩（四丁裏）薩、入三昧而証法体。諸仏加被、示同説之義、大衆啓請、顕慇懃之志。定中略説、是湛海之水深澄、出定広陳、乃溟渤之波高騰。如来蔵身之姿、施応用於十方、五海十智之勢、垂利潤於三世。十世界海、開諸仏所得之果、形体因縁、陳衆聖常恒之洪規。風輪重畳持無尽之荘厳、香悔湛然、生広大之蓮華、香憧華台、等法界之量。金剛（五丁表）囲山、繞珍台之辺、刹種界性、縦広安布宝国浄土、上下行列。仏々各居、説微妙之法、聖々並持、施任運之用。十二仏国、備衆徳而巍々。七世界性、開諸門而蕩々。須弥世界、依華蔵安住、雑類国土、託本界而侍立。帝網、重々瑩明珠而歴焉。錠光隠々懸宝鑑而炳然。如是世界、皆是盧舎那円満常恒転法輪処。斯乃由普荘厳童（五丁裏）子円融妙行、所感得成就也。

名号品第三

将釈此品可有三門。初来意者、前是第一会。於菩提樹下、已説仏果功徳竟。今於普光法堂、開第二嘉会、先説仏果之三業、為信位所依。身業在初故、此品初来。　次題目者、惣題如常。別目之中、乗如実道成等正覚。故名如来。仏果徳多。随徳立（六丁表）称、故云名号。　後入文解釈者、大分為三。初是序分。主処同聞、啓嘉会故。二是請分。海会菩薩、作念請故。三是説分。文殊承仏力、説仏名号故。然則一万名号、歴百億而施利潤、十種業用、応万機而示妙相。他三千界、皆蒙舎那之化導、十方国土、悉感本師之応迹。機縁純熟、利益無窮。仏果妙用、不可思議。（六丁裏）

四諦品第四

初来意者、前品明仏身業、今明如来語業作用。故此品来。　次題目者、審実不謬、名之為諦。苦集滅道、是其四也。故名四諦品。　後入文解釈者、此品之中、明娑婆為首、乃至不可説虚空法界、一切世界、四諦名字、各有四十億百千那由他。皆是随諸衆生楽欲所施設也。然則苦集有漏之郷感因果。於生滅**（七丁表）**滅道、無漏之都、顕実理於真詮。法義遍於沙界、教理通於塵国。如来語業、不可測量也。

光明覚品第五

前明語業、今明意業。麁細隠顕義次第故、是其来意也。　次題目者、廓然明朗。周遍照触。作驚覚事、名光明覚。　後入文解釈者、文中惣有二十五重放光之事。始自娑婆乃至法界、窮究円満。教主舎那**（七丁裏）**耀身光於空界。大聖文殊、放智光於義天、足輪円明、示満行之嘉瑞、信手堅牢、顕億度之表相、仏地三業、生成信行。如来徳用、深広無際、身光智光、照耀法界、如来文殊、顕示因果、当品教義、宗致如是。

菩薩明難品第六

来意者、前明所依果相、今辨能依信行。信行**（八丁表）**之中、大解居初。是故、此品次前而来。　題目者、惣題如常。別目之中、菩薩是人、明難是法。初則妙首牢強之問、九首極了之答、後則九首同音之詰、妙首円通之対、各窮法源、倶尽義底。故言明難。　文段者、当品之中、惣分為二。初明十義。後尓時此娑婆世界下結通普見。所言十義者即十義甚深義也。縁起教化業果説法乃至仏境界是為其**（八丁裏）**十。斯乃法界甚深之水、浮無作大用之影、縁起転変之風、敲任運高下之波、調御之福田、栄一乗之嘉苗、助道之衢路、進十玄之駿馬。仏境甚深是文殊之内証、正行円通乃法首之良因、尽極微蜜之道、大遊覚都、窮源幽寥之法、深入解宮。位居初首、高昇智峯者、則十甚深之大解而已

浄行品第七

来意者、大解在前。大行今説。　題目者、**（九丁表）**万行離染曰浄、千修奔路曰行。　文段者、智首起問。文殊作答。触所問之縁、発百四十之願、随所対之境、趣五□□位、即事而真之嵐、払妄想之塵、託事顕法之光、照無明之闇、業行熾然。徳用不窮。福智繁広而果相無罄。

賢首菩薩品第八**（九丁裏）**

来意者、前説諸願、成円融行。今説普徳顕広大用。是故此品次前而来。　釈名者、徳用調順曰賢、衆徳初基曰首。簡果取因故曰菩薩。　釈文者、初文殊請問、後賢首陳答。一品始終、皆是偈頌、賢首偈答、惣為八分。一歎深難説分乃至四摂諸

行位分自証究竟故。五無方大用分、化他円満故、乃至八顕実証誠分也。無方大用分中（一〇丁表）有十大三昧、謂円明海印三昧門、乃至寂用無性三昧門也。信位成満、頓備衆徳。果海現前、直入極位。自行円足之空、払二障之雲、大用円満之薗、開四意之花。十大三昧之門、立万徳無尽之車、十身相作之路進千象遊歴之梯、澄停之香海、浮森羅之影、泯峨之霊前、栄行烈之樹。華厳三昧、積因行、於法界因陀羅網、懸宝珠（一〇丁裏）於妙殿、現法門於無尽之境、誘引万機出供具、於無窮之手、敬養諸尊。引摂衆生之徳、普充沙界、応同世界之事、等済塵刹。放光之益、皆由初発心之行。抜苦之粧、悉大慈悲之功、二利満足因果円備、十身具周、福智究竟。仏慧無畏之光、作覚悟安慰之業、安楽見仏之勢、蒙除苦生浄之益、宝厳光明、有供養諸尊（一一丁表）之功、大雲光明、播香雨香水之用、主伴厳麗通浄法界之空、寂用無碍、遍他劫海之時、定散無方出入諸方之国、事理円明、往来衆塵之域、釈殿龍象、現天女端厳之姿、海中妙音、懐覚音歓喜之徳、大梵天王、現無尽之身量、摩醯首羅、知大千之雨滴。龍王雲雨随処、満衆生之楽欲、帝釈変化任意、顕異類之相貌、世間浅（一一丁裏）近浮事、自在如此。出世甚深之徳、円通可知。是故、校量勧発出諸乗之表、顕実証誠、居衆典之上。絶々難思祥々難量者、唯是信位満心之徳用而已

昇須弥頂品第九

来意者、前是信会、已明具相。今至三会、欲説十住法、不離道樹、上昇釈天。随感応時、故此品来。　次題目者、惣名如常。別名之中、三覚円（一二丁表）満名仏、一足一切名昇。妙高八万名曰須弥、泯峨、広博、名之為頂。　後入文解釈者、当品分二。初不離昇天。二帝釈厳殿、三昇座成益。結通十方随応可見。菩提樹下、不動住座而昇天、妙勝殿宮、待接赴応而迎仏、一万梵天、囲繞歌歎仏徳無量。楽音寂然荘厳嘉会。過去諸仏、入勝殿通跡、現在善逝、坐宝座同応。三世化儀、相続無絶。（一二丁裏）

菩薩雲集説偈品第十

来意者、十方十慧、各来詣歎仏、一刹多刹、倶集会讃徳。是故此品次前来。　題目者、菩薩挙人簡異果位。雲集惣顕嘉会之相。妙勝殿上挙仏菩薩所住之処。言説偈者、正顕讃仏。十方十偈、各尽徳故。是故惣言菩薩雲集妙勝殿上説偈品。　入文解釈者、初以長行、明十方千菩薩雲集之相、并明如来放光大会顕現、後明十方菩薩（一三丁表）讃仏之相、十方讃仏、即為十段。如文易見。

菩薩十住品第十一

来意者、昇天偈讃由序已竟。十住正宗事、須宣暢。是故此品次前来。　題目者、簡異果人、故云菩薩。一周円数、是故云十、住是安住居止異名。位居不退行成堅実。安住諸仏深広妙座。異縁不動、永離退転。十地方便、獲一分義。故名為住。是故惣言菩薩十住品。　文段者、初説主法慧菩薩、承仏神力（一三丁裏）入菩薩無量方便三昧、次説主定中、承諸仏三業顕加。次従定起、次説本分、次説分中、広明位相。顕実証誠、顕法誠諦、偈頌惣摂、示慇懃故。然則治地修行之林、雑華騰色、不退童真之原、祥草異類、自分堅固橋下、顕本末之覚。勝進上昇之坂上、見修生之徳、入諸仏内証、在此品功。至衆聖本宅、由今典力。寔是三世之通基、十方之法源者也。

梵行品第十二（一四丁表）

来意者、前十住品、是解門竟。今此梵行、顕其修業。解必導行、故此品来。　題目者、三業皎潔、名梵。運造構修、名行。　文段者、法慧菩薩為其説主。正念天子為其対揚。十種梵行、次第演通。後明修行所得果実、然三業身心、澄清浄水、六根手足、結映徹之氷、仏法僧宝、是梵行之勝縁、戒律尸羅、乃梵行之正体。十乃仏智、示正位之階陛、初心正覚、顕妙徳之果証。梵行十門、勝徳無（一四丁裏）尽。究竟十身、大利無窮。

初発心功徳品第十三

来意者、十住梵行、解修已満、住位妙徳、今方宣暢。行徳次第。故此品来。　題目者、惣題如常。趣向菩提、名初発心。力能業用、名為功徳。　文段者、初釈提桓因、結滞塞疑氷、後法慧大士、流深広之辨河。於中、初長行散説、後偈頌惣摂十一校量、讃初住寛広之徳、十方証明、顕説主誠諦之事。発心一（一五丁表）念上、徹究竟之果、起願行時下、遍群萌之心。平等観行之峯、寂知霊明風涼、心境相称之谷、止観双運流潔。大悟朗然、遍鎔融之空、妙解蕩焉、満勝義之天。相即無窮。難可測量。此乃初発心之心、始入之功者也。

明法品第十四

来意者、前明住位自分円満、今陳勝進具修相。自分勝進、由漸法故。　題目者、教義境智離染（一五丁裏）軌持、名為明法。　釈文者、此品有三段。請分説分証信分故、以為起尽。信恵発問、挙上昇之行、法恵作答、示進修之相。十法行人、速入不放逸之門、十位学者、直遊満足願之道。清浄転勝之臺、安如実智之玉、無尽法蔵之床、瑩分別法之鏡、随機説教之音、通沙界而不息。常行六度之誓、遍生数而無尽。十住始終之功、深奥自在。三賢初位之徳、超勝任運。

仏昇夜摩天宮品第十五**（一六丁表）**

来意者、為説十行之位、方昇夜摩天宮。斯乃不離道樹、能現不思議事。　題目者、随応機感名昇。梵云夜摩、此名時分。釈文者、分為七段。謂、十方学樹、法王同現。十方諸仏、不離昇天等、是也。道樹之中、本有六天、不起座、即至夜摩天宮。塵刹之内、示有道樹。不運歩、忽入塵界。随縁普応示現、重々。合宜遍通。交参隠々、転易改変不可思議也。**（一六丁裏）**

夜摩説偈品第十六

来意者、十方十林、歎如来之功徳、八方上下、讃薄伽之威力。教主、前応衆海。須讃。是故此品次前而来。　題目者、夜摩天宮、挙仏菩薩所住之処。言菩薩者、簡果取因、能讃之人。言音陳咄、名説結句、調詞名偈。故云夜摩天宮説偈品。入文解釈者、初明従十方国、十菩薩来詣、各坐本方、即有此方来詣。有結通十方来詣。次仏放**（一七丁表）**足指之先、大会顕現。次菩薩説偈。十方偈讃即有十段、文相易見。

功徳華聚菩薩十行品第十七

来意者、此四会四品之中、前二即是由序已畢今正説其十行位也。　題目者、功徳花聚、是説主名、亦名功徳林。十度薗林、開十行之華、万善之枝条、結万億之菓。十行挙其法体、一周円数、構作運善故。　文段者、分為七段。謂、三昧分、加分、起分、**（一七丁裏）**本分、説分、証誠分、偈頌分。然則財施法施之庭、含満願歓喜之笑、摂善摂生之砌、作抜苦饒益之事。忍辱之床、顕身心不動之徳、精進之床致行住無倦之功。禅思静慮之海、湛凝寂之水、引発弁事之空、耀応変之光。奥度蘂林、栄花葉於大用之枝、千門原沢、滋草木於妙葉之野。般若善現之法、導万行趣菩提、生法空弱之道、泯衆相入妙玄。方便之門、安無住涅槃之車、誓願**（一八丁表）**之戸、構無念堅固之鎧。大力勇猛之志、遍尽空界之衢、上智決断之計、通窮源際之郷。十度円満、引十智之妙位、十行周備、招十身之極果。

十無尽蔵品第十八

来意者、前品是自分行位、今是勝進功徳故。　題目者、行徳泉涌不絶。功能蘊積無息。故名十無尽蔵。　文段者、惣為二段。初惣相標顕。後別**（一八丁裏）**顕十蔵之相。浄信堅牢、湛澄明之深水、戒行清潔、瑩円満之妙珠。忍辱慚愧之衣、覆五分之体、多聞広解之室、厳二空之窓。檀行普遍、亡怨親於無我之境、恵悟明朗、窮理事於鎔融之域、憶念分別之路進、以無生之馬、惣持弁才之門入、以不滅之駒、万徳貪摂、成無竭之事、諸法出生、満靡窮之相。十無尽之旨、終古無改、億無涯之業、遐方不変。此品意致、如是。（一九丁表）

仏昇兜率天宮一切宝殿品第十九

将釈此品、亦有三門。初来意者、中品賢位前会已竟。今欲宣敷上賢十回向法。是故不離菩提樹下、而昇兜率天宮一切宝荘厳殿。宝殿仏坐、荘厳殊特。以三百一十ヶ百万億荘厳之師子座、不可思議阿僧祇上妙供養具、供養如来二百一十九種諸妙功徳荘厳事供法供、周遍円満。是故此品次前而来。　題目者、如来是能昇之主、昇是登踏異名、兜率（一九丁裏）天者、挙惣天処、宮是挙其所住之処。一切宝荘厳殿者、是挙鏤飾奇麗之相。故云如来昇兜率天等也。　文段者、初機縁、時至如来赴応。後天王迎請説偈、陳賀。三世道同、示其来儀。過仏已垂赴応。現覚亦同感徴。

菩薩雲集説偈品第二十

来意者、昇天已竟。須陳讃儀。是故十方菩薩雲集、讃歎仏徳。　題目者、二利均平名為菩薩、十方（二〇丁表）奔飛、会集来住。故名雲集。陳吐清雅、歌歎仏徳、名為説偈。　文段者、十方大士、各説偈頌。十方十段、不科自別。然則十方十幢、各従自国而来。四辨十辨、倶以語音而讃。金剛幢之為説主。大開惣持之門、堅固幢之為讃者。高騰海潮之浪、雄猛夜光、耀長夜於刹那之間、智幢法幢、寤睡夢於本覚之上。離垢幢之峯、栄大願之樹林、真実幢之谷、流恒説之浄水。理法身之都、安融即無碍之財、（二〇丁裏）妙真如之国、納帝網無尽之珎。備徳之相、在此讃詠者也。

金剛幢菩薩廻向品第二十一

来意者、以前二品、由序已竟。十廻向品正宗、須説。是故此品次前而来。　題目者、不壊堅固、名為金剛、勝出高顕、名之為幢。所修善根、資熏三処、名為回向。　文段者、一品之文科、為六文。三昧分加分乃至誠証分也。明智三昧、尽三回之源、陀羅尼光、窮十世之底。不可説尽之仏、悉説廻向之法、去来今世之聖、皆陳大願之教。覆（二一丁表）護衆生之心、導十方無遺。離相平等之心、泯我人不存。六度万行、遍一切時処、三恵四弘、包無辺劫海。解脱之門、極寂静平等之因、摂受之路、示安楽自在之益。真如法食、普満衆生之楽欲、甘露之理漿、広沾含霊之根性。万法之妙味、無不充溢。千門之宝乗、皆悉運載。葛行森然、以虚空為量。億度繁焉、以法界為相。能廻之大智、是破盲闇之明（二一丁裏）燈、所依之妙行、進覚道之宝乗。願力深妙、向三処冥会。楽欲弘広、感十身而殊絶。

十地品第二十二

来意者、地前比観賢位、已満。地上証位、将欲開顕。　題目者、一周円数名十、生成住持名地。数譬為号、十地品。　入文者、欲界最頂之天、処摩尼宝蔵之殿、大智光明之定、証寂滅平等之徳。諸仏加被、与三業広大之威、菩薩崇敬、讃四辨甚深之能。説主是金剛蔵。顕不壊之大智、加勧乃薄伽梵、挙尊重（一二二丁表）極位。六種決定、通明十地之法体、十句妙智、惣□八音之淵源。三家五請之粧、示重法之軌儀、三世道同之標、顕倣仏之相貌。二空初起之空、深含歓喜之笑、両智創現之宮、大作極説之思。百法明門、懸日輪於浄界之天、百身化現、播光儀於諸塵之国。十大願之峯、扇随機説法之風、八妙音之谷、流楽説無窮之水。十心明浄、具満月之徳、三聚具足、播赫月之照。菩提分法之猛火、焼煩悩之薪、勝流能（一二二丁裏）証之智光、破等至法愛之闇。十二因縁之観、現前指掌、三界唯心之旨、生起満胸。三観円満之輪、耀光於勝義之座、十門往復之星、落影於澄停之淵、八地無功之悟、通周遍之境、十道弥満之位、播普潤之徳、大尽分之春華、開本具心地、灌頂位之秋菓、結大悟智林。十智功徳、恢々難測。億度帰託、巍々難思者也。

十名品第二十三（一二三丁表）

来意者、前十地品、是明位体行相。今此品中、陳勝□功徳故。　題目者、一周円数名十。行用朗照名明。　分段者、十名十段。不科自別。知無量衆生心念、各授法数、見無辺群萌業報、悉与医薬。宿命憶念之砌、衆機無漏。天耳遠聞之遅、豈遺宜縁。色身智明之徳、尽帝網之事、真実朗恵之用、窮主伴之境。神足智明之功、往反十方、滅定地明之能、無捨衆生。威力自在。妙用広大者、即是十明法門体相也。（一二三丁裏）

十忍品第二十四

此品来意、亦是十地法雲勝進。前是通明自在、今切法実性故。　題目者、一周円数故、印忍法理故。　文中相者、十忍十段、不科自別。随順音声之道、教文融摂、無生法忍之体、理性遍通。柔順之門、覚二利而広運、如幻之郷、導六種而普益。諸法縁生之相、炎々不久。葛象因起之姿、空々不実。即滅即生、懺塵之法無遺、如電如化、巌細之物無住。三無性門（一二四丁表）風涼、四無量心月満。一実明朗之夕、因縁之事、如夢。二転覚悟之朝、生滅之相、無転。無性縁性、森焉繁群。縁性無性、湛然空寂也。

阿僧祇品第二十五

来意者、前品具明十忍深徹、今説数量、明事細妙。是故此品次前而来。　題目者、一百三重之限、十大数量之始。故云阿僧祇品。　釈文者、初是長行散説。後是（二四丁裏）偈頌惣摂。然則数量甚深。仏自陳説。竿数微密。非問難顕。不変充満之相、能数所数等積、極高解脱之量、前後相望、是繁。無数無量之事、無等無分之数、塵竿尽量、恒沙極相。不可説々々。其事窮究者也。

寿命品第二十六

来意者、劫数相貌、前品説竟。寿命分限、今須陳故。　題目者、異熟識処、惣報果体、住時分限、歴焉感成。故名寿命。文段者、十重仏刹、不科自別。普光法堂之砌、前問十頂之法、他化天宮之遅、今答十重之刹。（二五丁表）前仏刹土之劫、成厳浄仏国之月夜、東方仏世之深、為西土覚者之浅事。十重格量、顕勝妙之相、無量対挍、示深極之義。安楽世界之鳥、宣根力覚道之法、金剛仏土之人、説無常苦空之教。十々無尽、是超出世界之祥瑞、主伴重畳、乃蓮華浄国之殊奇、絶々難量、離々亡言者也。

菩薩住処品第二十七

此品具明菩薩化用。誓願弘深、含済物之思、慈忍（二五丁裏）広大、播随機之業。是以、勝楼閣之峯、放普摂之大光、檀那城之内、靡円済之薬草。清涼山之洞、覚母説円融之法、金剛山之巓、法起宣微蜜之道、迦湿弥羅之内、大士啓遍説之化、乾陀羅国之境、薩埵騰普済之徳、那羅延山之形、絶々難赴、毘舎離城之姿、巍々難測。如是菩薩住所甚多。皆是随宜益物、任縁導人故也。

仏不思議法品第二十八（二六丁表）

来意者、差別之妙因、前品已満。修生極果事、須宣陳。覚体高妙、非思議境。故此品次前而来。　題目者、離思量故名不思、泯言議故名不議。仏功徳法、体性如是。故云仏不思議品。　文段者、此品所説、文亘二軸、十種法界、遍一切衆象、十无尽智、示念々業用。未曾失時之徳、超三乗之表、不可譬喩之相、出五位之上。出生住持、明智慧深広、無量内法、顕功徳蘊積。甚深大法、現化儀於無尽之円数、清浄功徳、開誘摂於靡窮之融量。十種仏事（二六丁裏）之門、安無障無碍之法、十種常法之宅、顕成覚転輪之事。色身厳麗、示以威粛之相、智体深済、成以明照之徳、十種仏事、天人絶称量之路、八相化儀、三乗隔窺窬之門。三輪業用、度衆生於無尽之境、十通力能、導群類於无窮之国。円満之果、窮万法之深旨、終尽之位、朗千門之宏致。

如来相海品第二十九

来意者、前明果徳体大絶離、今明如来相大周備。(二七丁表)　題目者、体性恒寂曰如、寂尓而帰曰来。福智荘厳果相顕著。厳麗珠妙曰相、玄邈寛広摂徳、蘊珎曰海。　文段者、如来所蔵相海、頭数次第演説、無量無辺。略説九十四種大相。広説、即有十蓮華蔵微塵数相。大相所依、有十九処、其上惣説九十四相。明浄大相、遍照十方世界、法界雲相、耀一切仏刹。仏三昧海、現如来荘厳、仏解脱雲、放大宝光明、普照自在之相、開解脱之華、覚光明雲之力、結法輪之菓。普照仏海、離障(二七丁裏)碍而蕩々、分別法界、照仏地而赫々。広長舌相、遍覆十方世界、順法界雲広、現一切諸音。大相荘厳如是、無尽普遍円通、不可思議。

小相光明功徳品第三十

来意者、前品具明如来大相、色身荘厳、周遍壮貌、今明随好利益、頓円証獲速疾。是故此品次前来。　題目者、前相海品即是大相、対麁顕相故名小相。々々即是随好異名。内智顕著、出外照物。施作大用、名(二八丁表)為光明。所作究竟、所顕尽極、果用自在。故名功徳。　文段者、如来自吐言声、宝千為其所対。海王随好、放宝炎於足輪、明浄光明、満眷属於僧祇、光照地獄、速滅六根之罪、報生兜率、証十地之益。自浄宝網位、至離垢定前、自在神力徳、居法雲極地。頓円三重、倶踏法雲之階、天鼓一声、直昇受職之壇、円宗之普周、別教鎔融、利潤超勝、証益速疾也。

普賢菩薩行品第三十一(二八丁裏)

来意者、以前諸品、修因熟果、差別因果、一周已竟。修生行位、教亦円備。今明平等因果形相、亦示修顕証得因果。於中先明平等妙因。亦名修顕円因。妙因不捨果故。　題目者、徳周法界曰普、至順調善曰賢。二利兼修名為菩薩。造修構営、名之為行。不捨果位、摂修因行故名普賢菩薩行品。　文段者、初長行散説、後偈頌惣摂、百千障碍門、是瞋恚重過也。一断一切断、是円教断惑。十種正法、到彼岸之船筏、十種清浄、昇覚台之梯橙、十種正(二九丁表)智、忽入万億之室、十種随順、頓住十門之宮、直心十種、安座高勝之床、善巧十門、登遊広大之壇、六種震動、雨過天之華雲、十方刹土、耀超凡之光明。如斯功能、具在此中。

宝王如来性起品第三十二

来意者、前明不捨果門之因。即是平等修顕之因。今明不捨因門之果。即是平等修顕之果。因果次第安立布烈。　題目者、宝王二字、以喩顕示。如意宝珠、雨宝自（二九丁裏）在。最上貴重宝中之王。故云宝王。如来自証、理智究竟。自然大用、本来自起。故挙宝王、合用自在。如来挙果、簡別因位、性是所証、平等妙理、大智冥理、心境平等、一体不二。是故所証、名為性也。起是大用、性即自起、本来生起、不待因縁。体上徳故、自然生起、自然随縁。随逐機宜、施作因果。故云宝王如来性起品。　文段者、初如来放光、次妙徳請問、後普賢演説。十門性起、各有長行及偈頌文。然則性起惣相、顕出現本意、（三〇丁表）自然業用、示済抜善巧、出現三業、明無方之応変、性起四等、陳任運之功能。出現菩提、示果位於道樹、転輪説法、施教詮於諸会。涅槃終帰、還元来之体、見聞種子、剋初位之生。十身如来、無碍大用、巍々難量、洋々難思者也。

離世間品第三十三

来意者、普賢性起、平等修顕、因果形相、普遍周尽。今此一会一品、経文広明託法進修之相、具顕成行因果之壮貌。是故次前此品而来。　題目者、永出煩籠、都（三〇丁裏）絶有漏。無有繋縛。故名為難。未来現過、移転遷流。有為之法、在三世中。不離世有。故名世間。　文段者、懸河二百之問、普慧菩薩、能之。写瓶二千之答、普賢大士、窮之。一問有十答。二百成二千。行法通因果、構造極巧妙。十々法門有二百種。一法一行成二千行。六位行法、各有数量。十心十重、各二百句、十行十向、各三百句、十地行法、是五百句。剰二十句、因円果満、亦五百句、余剰十句。就中、三百二十句、是因円究竟、行即等覚位、一百（三一丁表）九十句、是果満極位行。若開等妙正覚、即成七位行法。感果厳身之花、開三賢十地之薗、正報無尽之菓、結十仏十身之林。十種奇特、生諸想於人法、十種善友、導万行於菩提。十種精進、運衆徳於涅槃。十深入之道、養二利身田、十入劫之階、全三学意地。如是十々二百法門、生長行法、牽引菓実。

入法界品第三十四

来意者、前会品中、二千行法、成因果相。行成証入、（三一丁裏）法応尓故。行若無果、座行不実。今此円行、必成証入。是故、此会承前而来。　次題目者、入是契会、得法契合、及証入故。法界二字、是所入境、通三法界四五法界。有為無為、事理性相、体会契入、融通無碍。法謂軌持、界謂分性。軌則任持事理之性。故名法界。　文段者、文中大要、会開為二。

初是本会、如来為主。会中大衆、頓証法界。或入色法、或入心法、或有身入、或有語入、意入絶入、無尽契会、平等一相、本自体実。後是末**（三二丁表）**会菩薩為主。亦開為三。一摂比丘会。摂受身子之弟子六千比丘故。二摂龍会。摂龍王等諸乗機故。三摂善財会。歴諸善友、獲得法故。此会中、有五十五善知識。一人善友、摂善財故、五十五聖、分為五相。一文殊已後四十一人、奇位修行相。二従第四十二至有徳童女、十一知識、名会縁入実相。三弥勒一人、名摂得成因相。四再見文殊、名智照無二相。五普賢菩薩、名顕因広大相。三生究竟、見聞為初。善財一生躬、有解**（三二丁裏）**行。契入究竟、証十身於刹那、解行終心、窮因果於旧来。別教普周、重々円通、方広真旨、煥々詠遍。信解行証、輪転無窮。因果理事、貫括無尽。

六十華厳経品釈

于時徳治三季戊申孟夏四月十六日、於東大寺戒壇院草之。華厳宗沙門凝然。春秋六十九。**（三三丁表）**于時暦応五季□暮春十七日、於東大寺尊勝院新造寝殿、書写之訖。此釈者、示歓房上人、為八万宮夏中講問所被草也。明□□制作、可崇重之。上為一本書之間、依恐□失誂。于快賢伯耆君写之、永為夏中談義房之常住。於本者納年預之櫃訖。

五師大法師実尊**（三三丁裏）**

于時元文三戊午七月二十六日、得之。

雑花沙門

得業亮懐**（三四丁表）**

法勝寺御八講問答記（部分）

長承二（一一三三）年（法勝寺御八講問答記第一）

長承二年七月三日被始修法勝寺恒例御八講見聞

初日朝座無量義経講師証寛前大僧都　　問者尊珍阿闍梨

問。経文。未曾不説苦空無常文尓者、是ハ非ズト曾不説苦空無常云歟。　答。如文意者、非不説云トコソハ聞タレ。但有所見見者、進テ可尽難給也。　進云、山家大師釈此事不説之云也。　付之、大小諸経幾説苦空無常旨、何況尋今経前後上文、四十余年常説苦空等明耶。下結結戊之未曾不説等、明也。尋文起尽、初量未言非不説云ナリトコソ被得。尓者如何。　答。不説無量義経真実苦空無常旨故、云尓歟。

問。大経中、一切世間外道経典皆是仏説文尓者、是為唯円教意、為当如何。　答。可唯円益也。　両盈不明。若唯円益**（一二丁表）**□世法即出世法云事ハ権門ナリトモ有何障耶。彼出仮恒沙法門、普兼世間□世法薬引教談恒沙法門時、寧不云外道経典本仏説耶。何況彼成論説一切世間所有善論、皆是仏説文迦葉、何哉広説以如此。豈云唯円実益耶。若依之非唯円益者、見妙楽解釈、大経在法花後、已開権実。是故顕説文既事ヲ寄開権妙理、唯円益云事。尓者如何。

答。宗家解釈、無諍開権極説ナリト云事、自非円実□者、寧云外道教書仏説耶。両盈之御難アナリナリ。唯円益ト進テ可被難之。但至実論説者、非トモ如クニ円実ノ説、成論少乗中ニモ相似セル説之有耶。

夕座第一巻講師権少僧都隆覚　　問者朝円闍梨**（一二丁裏）**

問。三乗無学不退菩薩捨頼耶名云々所云不退菩薩者、指八地已上歟。　進云、指七地已前文　付之、不退菩薩者、可偏八地已上也。

問。瑜伽七作意中第七作意、解脱道時歟。　答。

第二日朝座、、覚誉権律師　問者忠春闍梨

問。菩薩以所修善根廻向仏時、作何念可云耶。　進云、念諸仏□□更増勝文　付之、仏果功徳、已円満。有何楽転増進耶。

問。七地已前菩薩、以種子現行倶潤生耶。　進云、唯以現行潤生文　付之、唯七地已前種現、倶有此唯以現行潤生耶。

夕座〳〵覚心権律師　問者静諶得業

問。就今経種子□□喩。尓者以何地唯種子可云耶。　答。**（一三丁表）**　進云、以二乗心為種子文　付之。

四十二字門下
問。弥勒等覚菩薩歟。　進云、釈此事非等覚文　付之、経論之空□弥勒等覚菩薩云事、如何。　答。等妙二覚、一仏二名之益アリ。約彼益弥勒非等覚云也。非指常途等覚者、不可相違也。

第三日朝座、、覚晴権律師　問者覚豪闍梨

問。経文。羅漢依九地証羅漢果、出観心随依何耶。証スルニモ有目他地不同耶。　進云、釈此事依初禅乃至識処証羅漢果者、安以目他地、心出観余地、通目他地文　付之、随依何地証羅漢果出観心、可亘目他地、唯限初禅トモ乃至識処也。

問。思心所取正因等相是惣相也可云耶。　両方不明。名惣相者、尺中正因等相是別相文　若依之云別相者、尺中今心

（一三丁表）王取正因等相文心王所取是惣相也ト定ルヲヤ如何。

夕座、、道祐已講　　問者覚珍得業

問。経文。従第四静慮還漸生下地者、名漸次捨耶。　進云、不名漸次捨文　付之、従下地漸生上地得、既許名漸次捨。従上地漸生下地時、何非漸次捨耶。　彼依身在下地得四禅者、従第四定漸退至初禅名漸次捨者耶。

問。舎利弗毘曇未知当知根亘共心生不共心生耶。　進云、且共生心文　付之、可亘共心不共心、例如余二根也。

第四日朝座、、済円已講　　問者寛勝闍梨

問。瑜伽論中明二十二根、依後三根静慮無色一入一不入文　尓者、後三根者、指三無漏根歟。　進云、撲揚大師了義灯疏尺此事、喜楽初三根文　付之、相違本論、如何。（一四丁表）

問。土用依処、安有土用果。　両方難之。若有者、釈中安得士果文　若依之尓者、又釈中有等流無異熟果。　尓者如何。

夕座、、弁覚已講　　問者玄縁得業

問。大経中、斯陀含果断四煩悩文　尓者、不云十煩悩有何故耶。　進云、五見疑ハ、□摂故不云十煩悩文　付之、常途義相見疑只見所断云者耶。

問。依身欲界異生、離第二禅染、未離第三禅染、以第二禅眼見自下地色之後、起分別意識耶。

第五日朝座、、覚賀已講　　問者覚智闍梨

問。経文云々　尒者、無諍願智、依何地可云耶。　進云、願智欲界四禅無諍定欲界第四禅文　付之、違常途耶。**（一四丁裏）**

問。成論意、第十六心、見修二道中何耶。　進云、浄影大師釈此事、修道文　付之。

夕座、、覚樹律師　問者祐覚闍梨

問。経文。尒者、離色界煩悩名羅漢向耶。　進云、不名云々　付之、離無色煩悩既名羅漢向、離色界煩悩、何不尒耶。

問。成論意、五支作在定中歟。　進云、釈此事、皆在定中。　付之、違本論耶、如何。**（一五丁表）**

長承三（一一三四）年

長承三年七月三日被行恒例法勝寺御八講見聞

証誠

座主権僧正恵尋　法印証覚兼第一座講師

初日朝座無量義経講師証覚　問者尊珍阿闍梨

問。経文。摩訶般若華厳海空文尒者、所言花厳海空者、五時中何耶。　答。有三釈。　且付之、法花尺不明。夫経文挙昔已説、対今無量義経。雖文字是也、其義異ナルコトヲ明也。若尒者、法花秘所未説文殊惟対初聞云々　今、花厳海空文、専不可属第五時法花況花厳海空文下、宣説菩薩歴劫修行文　非唯廻花厳文、□□法華円頓耶。　答。指不待時法花也、故不相違。

浄名疏第一
問。浄大説三蔵教耶。　答。慈覚智証両門、有諍事也。而智証開迹也。浄大不説三蔵。　両盈難也。若如講此御答者、同（一六丁表）只浄穢依惑持歟。説教一三、任葉浅兼仮惑兼故、其国浄トモ□□ナラバ何不説三乗教耶。依之見玄文解釈耶。何況黄金世界白銀世界。訣声聞訣支仏、非二蔵二乗、是何耶。　若依之説者、宗家只難消。所謂宝浄土中、雖無蔵教二乗之人云々　尓者如何。

夕座、、覚心律師　　問者静譏得業

問。経文。付列同聞菩薩、且文殊昔所唱龍種上尊、至仏成道□□究竟中何耶。　答。難定故両方可答。　進退疑之。

止第十
問。成論意、依中間禅発無漏耶。　答。云依中間禅有何失耶。　両方難之。若依中間禅者、見成論文、七依定外、依欲定発無漏云、更不云依中間禅。　若依　不依者、宗師毘曇成実相対、成論意向、根本禅中間欲定発無漏文如何。

第二日朝座、、豪覚権律師　　問者覚珍□□（一六丁裏）

問。経文。付挙三十七、不且七覚支中念覚支、為定品摂□当如何。　答。可通定恵。　尓也、所釈不明。念本順定五根五力中八、唯可恵也。　答。

問。有大乗経中、真俗二諦、其性非一文尓者、有此所以、其体非一云々。　進云、釈此事、真俗二諦、法界一故、其性二文　付之法界一故、可其体一也。

山座主云、是法住法位　世間相常住文　俗体モ本自法界理法然トシテ有也。真俗本有二也。故法界一故、其性非二云歟。

夕座、、覚晴権律師　　問者忠春闍梨

問。経文云々西明師、八解脱体、唯後得智文　尓者、撲揚大師許□□歟。　答。不許。　付之、瑜伽論中、八解脱体、世間出世間正智為体文　彼論意、指後得智立此名。若不許他人義者、還以違本論者耶。**（一七丁表）**　答。世間出世間者、並挙根本後得二智也。

問者難云、瑜伽論之習、於根本智、根本無分別智、後得智ニハ世間出世間智申也。

問。有論蔵中静慮処、三十七品相対四句分別。尓者第二禅中内浄支道品静慮処、倶倶摂歟。　答。可然。　進云、釈此□有道品摂文　今付之、内浄者、信根也。五根五力中列之耶。例如初二禅喜定、三四禅捨念定倶句摂也、如何。

答。小乗一途之説、雖内浄信根為体、大乗中以三法為体、不云信為本故無失。

問者重難云、此論之智、内諍非信為体、乍云然第二禅内浄非道品事也。論即尺其所以也。御答更不叶尺意耶。

第三日朝座、、真源法橋　　問者明海得業

問。臺上仏、依成道時、十方仏以白豪光照者。尓者何無光照葉上仏可。　答。分身仏光照葉上仏頂文　付之、花臺花葉儀式頂□□**（一七丁裏）**厳経。見彼経文、眷属光照眷属頂。更所不見分身光照□云事。　答。尓前帯権故、不云分身也。眷属光者、即分身仏光也。

正第五

問。宗師引成論五陰相生次第。尓者如何相生歟。　答。釈此事識受想行色文　付之、見本論文、色識受想行列。非唯色識二陰相違。又想受前後耶。

夕座、、道祐已講　　問者教覚□□

問。有共般若、不与二乗共説耶。　答。宗師有尺。　然者付之既云共般若、寧不与二乗共説耶。　抑指何経、如此尺耶。

正第六

問。浄名経中、弥勒為尺子、説不退行。尓者其天子昔発心、権実中何耶。　答。因発心判。　付之。

第四日朝座、、済円已講　問者覚智闍梨

問。付三三摩地有漏無漏分、無漏空三摩地、自相続他相続非相**（一八丁表）**続三種共縁云耶。　進云、不共縁云文
付之。

問。唯識論中尺円成実性有真実成就等三義。尓者弁中辺論中有此三義耶。　両方難之。若有三義倶有者、尺中有初三之
義云々　若依之尓者、見弁中辺論文、明円成実無変意故ト述タリ。唯識第二義之益ナルヲヤ如何。

夕座、、覚雅已講　問者証禅阿闍梨

問。依身在下界、起上地計度分別耶。　答。　進云、尺此事起文　付之、此生得聞思、更不可起之、如何。

問。摂大乗論九、別宣一経論、為当如何。　答。通証法経文　付之。

第五日朝座、、寛勝已講初度　問者玄縁得業

問。宗師尺般若有会三。尓者、以何人発心為会三証入耶。**（一八丁裏）**　答。以人天子発心文　付之、天子既□二乗
人、何以故発証会三義耶。

問。以欲界道諦、与無漏縁或倶識為憂根縁之識耶。　答。　進云、不為文　付之、苦集法智是憂根ノ縁識也。道諦
□□縁或倶識先縁、彼苦集法智、専可云縁之識耶。

夕座普賢経、、覚誉権律師　問者朝円闍梨

問。仏果位定力通力、倶根立倶反耶。　進云、定力即不尓。唯起根塵文　付之。

問。付第八識十門義、且恒転義例五数心所歟。　進云、恒転義、心所不具。　付之。**（一九丁表）**

保延元（一一三五）年

保延元年七月三日被始行法勝寺恒例御八講見聞
証誠
山座主権僧正忠尋　法印証覚
初日朝座無量義経講師証覚　問者静諶大法師
問。経文。如来法輪相如是文　尓者、今文、山家大師如何尺之耶。　答。　進云、明前他法輪相也文　付之、経文既云如来法輪。何預前他法輪耶。
正第八
問。付八背捨第三浄背捨、何処立之耶。　進云、亘三四禅文　付之。
夕座、、相仁権律師　問者義暁
問。経文。無有余乗若二若三文　他人無縁覚第二無声聞第三文者、宗師如何破之給耶。　進云、破此事、何処経以声□**（二〇丁表）**第三、以縁覚為第二破給アリ。　付之、処々経中、以声聞縁覚為第二耶。
問。大乗論中、付明等待相、且聖正三摩地、以正精進為因耶。　進云、不以正精進為因文　付之、精進ハ衆善之本也。何不成聖正三摩地因耶。

第二朝座、、覚晴権律師　　問者忠俊闍梨

問。経文云々然定果色、但於因地無障碍歟。望他地有障碍可云耶。　答。於他地可云無障碍也。　両方不明。若望他地有障碍者、定果元本無障法也。縦望他地、更不可有障碍。　無障碍者、撲揚大師所釈中、非是二乗、互不得也。　知二界相望明互障碍云事耶。

問。有論蔵中、於慢煩悩、弁方他不方他二種、可云証不方他慢耶。（二一〇丁裏）　答。　進云、釈此事、無滅尊自往論。尊者舎利子所釈有□眼清浄、尽人観千世界、不夢用力乃至此是汝慢云文。　付之、既云清浄尽人、何云自相続慢耶。何況漏尽人也。寧起慢煩悩耶。

夕座、、維覚法橋　　問者珍海

問。地持論中十二経、経三大僧祇文　然者、是少乗三蔵教意歟。若三蔵者、二番悉具通華厳云耶。　若非三蔵者、既云経三祇、不可云余教耶。

問。依中間禅修因、感何処何果耶。　答。可生大福天。　進云、釈此事、感初禅身受楽文　付之、中間禅無尋唯伺之定也。初禅有尋有伺之処也。況諸善無尋業、許唯感心受トコソ云ヘ何感身受楽耶。（二一一丁表）

第三日朝座、、道祐已講　　問者覚珍

問。経文云々四無畏中第四無畏、以幾智為体耶。　進云、心苦集智文　付之。

問。二乗経、幾時即得応果耶。　答。蔵通二教分タリ。何教二乗被尋耶。　進云、声聞一生二生、縁覚八生八生文　付之、常途義相、三生六十四生百劫耶。

夕座、、済円已講　問者覚豪大法師

問。経文云々論中平等性智相応末那等文　尓者誰人義耶。　答。安慧等義。　付安慧義、安慧意ハ、三位無末那。末那□□等性智相応末那、知非安慧義云事、如何。

問。瑜伽論中、離生喜楽、滋潤其身、周遍滋潤、遍流遍悦、無有少分、不充不満文。尓者、此文、如何分別根本未至耶。（二一丁裏）　進云、釈此事、離生喜楽、滋潤其身者、未至也。周遍□□以□根本也。　付之、検顕揚論説離生喜楽、滋潤其身、周遍滋潤、遍流遍悦、四句未至也。無有少分、不充不満二句ハ根本也。以顕揚論唯フルニ瑜伽文、亦然可云耶。何如此尺耶。

第四日朝座、、弁覚已講　問者玄縁

問。経文。八世界塵数衆生発阿耨菩提心文　尓者、天親論主何発心也トカ尺給耶。　答。　進云、無生忍発心文　今、付之見論文、以彼発心為信門耶。

涅槃疏第七巻
問。章安大師、以大経十戒相対三聚浄戒、如何相対耶。　進云、禁戒一ハ、通三種清浄戒。善戒、摂善法摂、等文　付之此尺不明。凡禁浄善三ハ、同是律儀戒也。何如此相対耶。（二二丁表）

夕座、、寛誉已講　問者佼智闍梨

問。経文。不専読誦経典、但行礼拝文慈恩大師如何尺之耶。　答。非但礼拝亦行読誦尺給ヘリ。　付之、但行礼拝之文、専不読誦経典聞耶。　答。既専之字上置不字故、二行三乗尺歟。

問。四無量果報至下三無色、有何故耶。　答。　進云、大乗論釈此事、根本初禅摂故。　付之、初禅摂ナラバ、還不可至下三無色耶。　答。根本《ハ》、初禅摂《ナリト》云也。

第五日朝座、、覚雅已講　　問者証禅闍梨

問。経文云々　尓者、無尽意在家出家中何耶。　答。或云在家或可云出家。　付出家菩薩云釈、不明。経云、解頸真珠瓔珞文若出家菩薩者、寧以瓔珞庄□（厳カ）身乎。（二二二丁裏）　答。浄大菩薩故云出家歟。

問。成論意第十六心、見修二道中何耶。　答。　見道云釈、不明。証文全不見。何況以無量心断諸煩悩、非八非九文既不応十六心、何属見道耶。　答。見論文、出他心智、知見道心、挙知第十六心。知非修道云事。

　難者云、彼文《ハ》即以毘曇義難毘曇義文也云々

　夕座普賢経、、覚与権律師　　問者尊珍闍梨

問。経文。説衆生有無始着五塵境界。且付善味二塵、無色界波羅蜜多、声聞許、不犯香味二塵。然者、若犯之者、有何失可云耶。　答。上界可有香味有《アリ》。　所答業、当撲揚大師所釈。　付之、於業果色具者、無色界無《トモ》尋定果色天、彼処亦非□若□者、香味随定正上地所摂、何失耶。色界広恵声聞五塵倶□、（二二三丁表）如何。

問。法相大乗意、本有新薫倶与現行成因縁耶。　答。可然。　両方。若倶成因縁者、慈恩大師所釈中、如縁本識薫種々時、能薫心聚、共薫成一本識之種、此増上縁本有種子為因縁故文　既以新薫種為増上縁因縁者、此尺如何。　若依之増上縁者、尺論文自種子《ヲバ》為因縁、依之。　答。既論本識新薫故、非一切事耶。於本識者、異熟識也。因善恵果無記也。親《シキ》不順因縁相、且属増上縁歟。（二二三丁裏）

建久二（一一九一）年（法勝寺御八講問答記第七）

建久二年恒例法勝寺御八講

上卿権大納言兼右近衛大将頼実　行事左小弁資実

証誠

法印前権大僧都澄憲　賜身賑多年、不随公請。而興福寺
別当僧正固辞之間、前日給請書、参仕之。

講師

法印兼証誠権大僧都弁暁十一　権少僧都覚什　々々々々行舜九

権律師公雅二　々々々貞覚　々々々顕忠四　々々々成宝六

大法師弁忠　々々々信憲四

聴衆

順高新興　顕範新東　成豪山　光珍新井　玄俊

円家　明禅新山　隆円新井　明雅新山　兼尊（一丁表）

初日朝座講師法印澄憲　問者順高

表白問。無量義経付列同聞衆。尓者、金銀四輪王外ニ、領大千界輪王可有耶。　答。恵表比丘通曇摩耶舎、得此経。唯令流布、漢大人師不釈此経。就中、天台妙楽、不副疏。但我山祖師伝教大師云、注釈之時、四輪王之外、所挙之大転輪王、少転輪王、如次領大千界少千界云々

問。宗師依大経意、付判菩薩次位。尓者、大経文、説テ四依ノ位ヲ、未得第二第三住処文以此文対菩薩次位者、地前地上ノ中ニハ、何耶。　答。涅槃経四依之位、諸宗之解釈、不一。唯天台ノ（一丁裏）家ハ、初依属凡不同名聖、二依三依ハ、地前也。天親涅槃論ニハ、地上判四依位、故未得第二第三住処。文ハ依ハ宗ノ心、地前可云也。

依為証誠、無疑難打鐘了。

行香

呪願法印　三礼信憲大法師

公卿

右大臣兼雅　内大臣忠親　右大将頼実　権大納言忠□

中納言定能　左衛門督通親　民部卿経房　右衛門督隆房

威儀師感縁　（二丁表）

夕座講師覚什権僧都　問者顕範

問。経文云々宗師判聞法等十種発心ヲ。尓者見相ノ発心ハ、一質異見ノ句ノ摂也ト可云耶。　答。　進云、以見相発心不為一質異見ノ句トハ也。　付之。

問。成実論意、貪等ノ不善ノ煩悩、通色界繋ニ可云耶。　答。疑、両方。若通色界繋云者、見論文、不善法ハ、唯欲界繋ト。定メテ会不通上界ニハ也。　若依之尓者、釈文ニ貪瞋二蓋、既通上界ニ。豈不善法ヲ無色界繋ト云ニ非耶。　答。

（二丁裏）

第二日朝座講師行舜僧都　問者玄俊

問。大経中付説三漏行相ヲ。尓者無明漏者限無明一惑歟。章安尺、不限無明之一惑ニ見タリ。　付之、見一経之上下文ヲ只限無明之一惑ニ見タリ。解釈何有経文耶。　答。

問。犢子部意、世第一法、通三界可云耶。　答。　進云、章安大師通三界云々　付之、尋彼部意、聖道現前之位ニ論

世第一法文欲界ハ非聖道之依地ニ。何発世第一法ヲ。依之、婆沙論中、明彼部意ヲ、挙此旨ヲ如何。　答。

夕座講師公雅　問者明禅**（三丁表）**

問。経文文　且妙楽大師□□教菩薩、第二□□得三不退文如何尺成其文耶。　答。　進云、至此名為上忍故也文　付之、以三蔵菩薩位、対判声聞七賢之時、第三祇、対頂善根位也。若尓者、依上忍ノ故ニ至テ樹下、可得三不退ヲ也。第三祇得三不退之義ナラバ、以上忍ノ故ヲ、不被成、如何。　答。

問。章安大師解釈中、約後三教ニ、判ス無生忍ノ位ヲ。如何判之耶。　進云、通経ハ初地已上、別教ハ七地已上、円教ハ十信已上。　付之、通ハ可云八人見、別円ハ可云初地初住ト。今尺有何拠耶。　答。**（三丁裏）**

第三日朝座講師貞覚律師　問者光珍

問。経文云　尓者証実有実空ノ二諦ヲ、引何経文耶。　答。引大品経文也。　進云、尓也引空色々空文也。　付之、般若不説三蔵経、何引彼経文、証実有二諦耶。　何況空色々空ハ衍門之意ナルベシ。加之、大品経中、全無此文。若尓引阿含経等文、可証三蔵二諦ヲ、如何。　答。

問。龍樹智論所引之十戒中、智所讃自在ノ両戒ハ、其体一也ト可云耶。　答。既十戒也。但尺一体無殊也。　疑、両方。若一体云者、既引十戒ト名義言可異ナル。依之、入空中道之戒、既其体各別也。出仮之戒□□一体哉。依之余処尺中、以大論**（四丁表）**之十戒、対大経之十戒□□□戒対不退随順二戒ニ、以智所讃対大乗戒也。智其体、各別也、如何。
答。

夕座講師顕忠律師　問者明雅

問。山家大師、以色所反之無為ヲ、証七重二諦ヲ也。尓者証通教真諦歟。　進云、証照不照之俗諦也別教也　付之、色所反之無為者三乗同証之無為也。専可証通教之真諦ヲ。何云別教俗諦耶。　答。

問。摂大乗論中約十地判三道ヲ。且宗家所立之果報土ハ、三道之中ノ第三ノ究竟道之所感歟。　疑、両方。若第三究竟道ノ所感云者、道理不可尓。初地ニ断三乗通障之見了。第二地□□（四丁裏）断思也。果報之生ハ思所引ト可云也。依之尺中、実報□因疾雖尽、猶有果疾云々　若依之尓者、論文第三ノ究竟道ニ果報土ヲ、感ト説ケリ如何自初地乃至如来地、取究竟道云々

第四日朝座講師成宝律師　　問者円家

問。有論蔵中付約九地聖道判同類因ヲ。尓者未至地所修之初禅ノ聖道乃至無所有処所修之初禅、聖道其体同耶。　答。疑、両方。若同云者、地々既各別也。何云同耶。若依之不同云者、婆沙論中、有人未来ニハ有繋属、可無カル同類因文評家云、聖者依第四禅同羅漢果時、九地聖道皆現前了文　後ニ何地ニテモ聖道現□□可無未来修文　此正義ノ心ハ其体（五丁表）同ケレバ、一座現前之後無ト□□定也、如何。　答。

問。破僧出仏身血之二罪、其前後如何。　答。雑心論与四分律前後不同也。　進云、浄影大師、出仏身血ハ前、破僧ハ後文　付之、非清浄持戒人者無破コト法輪僧ヲ。然前ニ犯セバ出仏身血罪ヲ者、既犯戒也。豈後造破僧罪ヲ哉、如何。依之雑心論中、先破僧後出仏身血文如何。　答。

夕座講師弁忠大法師　　問者隆円

問。論蔵中判断煩悩ヲ証離繋得ヲ。尓者聖者依身在欲界於上地ノ已断ノ修惑ニ、不成離繋得ヲ義、可有耶。　進云論家尺云、有之文　付之、以漏無漏之道ヲ、断随眠□□（五丁裏）寧不成離繋得ヲ哉。依之、依身在上界ニ断ニハ之ヲ、即滅離繋得文相例可同ル、如何。　答。

問。龍樹智論ニ明ニ造論之縁起ヲ、帰敬ス三宝ヲ。其中仏法者、妙覚如来ノ帰敬歟。　進云、尺此事、帰敬因位ノ仏文

付之、見帰敬文ヲ、或ハ智度大道以窮底、或稽首智度無子仏文此文、妙覚ノ仏ト聞タリ。依之、大師解釈中ニ、此帰命仏法ハ極果シテ不因文如何。　答。

　証誠云、偏可云妙覚。若可亘因果ニ、而只云因位ト、甚不審也。何処尺哉、何拠尺哉云々

　問者云、南岳大師尺也。以帰命偈、対当次位之時。以仏宝文、対十住十行也云々**（六丁表）**

　第五日朝座講師□□（信憲カ）已講　問者兼尊

問。経文。付説断惑得果相。且唯識論中、有出世断道、世出世断道、無純世間道、能永害随眠文此文簡後得智可云耶。

答。可有二意。　両方。若簡後得智者、今、純世間道、可限有漏智哉。由之、述其故云、是曾習故、相犯引故文若依之尓者、大師瑜伽略纂中、簡無漏後得智文如何。

問。有論中、約九十八随眠、分別見修所断。尓者如何判耶。　進云、三十七、修所断文　付之、任常性相者、可云八十八、見所断、十随眠、修所断。由之、毘曇等意、如此判哉。**（六丁裏）**

　夕座講師弁暁大法師　問者成豪

問。以梵網経可為華厳部類耶。　答。香象大師解釈中不然云々　付之、能説之教主、所説之法門、同聞之衆会、国土之儀式、華厳部経也。依之、唐土人師、梵網ハ華厳経云々香象解釈、何不尓耶。　答。

問。香象大師、証十廻向位不退義。引何文証耶。　答。引仏地論之薩婆多義也。　付之、十廻向退不退、大乗之浄義也。何引薩婆多義、証之耶。　答。**（七丁表）**

　今年初殊有　御幸。是則阿弥陀堂建立之後、最初也。月卿雲客、添々。**（七丁裏）**

最勝講問答記（部分）

建久二（一一九一）年

最勝講問答日記建久二年五月二六日於閑院被始行之

証義者

権僧正覚憲興福大安両寺別当

講師

権少僧都覚什延三　信宗興六　行舜井八

権律師公雅井初度　顕忠井四　円長興二　成宝東三

大法師弁忠延初度　範円興初度　覚親井四

聴衆

順高興新　玄俊興二　信弘興三　明禅延三　恵敏東新

顕尊井三　頼恵東二　隆円井新　兼尊井二　経雅延新　**（一丁裏）**

初日朝座講師権少僧都覚什　問者順高得□（業カ）

有表白問。経文〇　大経中昔所不得今得之云々　尓者、章安大師六通中釈何通耶。　答。神境通歟。或不然意可有也。

進云、章安大師、漏尽通釈給也。　付之、依解釈見経文、尤可神境通也。所謂経文具出六通之中、此文在初故、任六通次第可云神境通也。是以妙楽大師、如此尺耶、如何。

問。一家天台意、対円接通機根所説者、教権理実也可云耶。　答。可有二心也。進云、教理倶実云々　付之、円接通機者、自如約即空観八不但中之理也。尓者偏可云教権理実耶。是以為別接通機所説者、教理倶権耶、如何。

講答云、随所説理論、能詮教之時教亦可実也。故云尓無失歟。（二丁表）　問者云尓者、今此教者円教摂歟、通教摂歟。若円教者、何云円摂通耶。若云通教者、猶可教権也、如何。　講匠云、此唯円非唯通、只是為被接機所構教也。　問者云、若尓者、四教之外更可有教也。宗立教頗為不足、如何。

夕座講師権少僧都信宗　問者明禅闍梨

問。経文○　対法論所説自順決択分位廻趣独覚者、瑜伽所説三種独覚中第一類摂歟、将如何。　答。第一類摂也。

両方。若云第一摂者、云トシテ第一類ヲ、一類安住独覚種姓云々不可摂先声聞者ヲバ。　若依之云尓者、対法論文与本地分文同云事、宗家所定判給也。而瑜伽三種独覚中後二、部行也。不可摂耶。故第一麟喩ニ、可摂之也、如何。

問。法相大乗心五識、与恒行不共無明、不相応云々尓者、摂大乗□（二丁裏）意、如何成此義耶。　答。□有能詮此熟何所治云々而土□能治見道、故無不共無明相応之義判歟。　付之、八識心品、能治所治其義、不定也。何必以無能治、近成五識、無不共無明之義耶。彼五識、雖無見道因与見惑相応第六識、雖有能治不与恒行不共無明相応耶。加之、自宗所立畢竟無性趣寂二乗、第七末那□、雖不成無漏、既与不共無明相応耶。傍不可然、如何。

講答云、一義非大乗尽理之故也。対少乗余部之義、且有此義也。少乗云有能治処有所治云云此義如此云也。

問者云、正見了義灯文云又約菩薩起見道説述。且摂有性取見道、況於現。又明於大乗実義断簡、摂論文也。全破小乗之義、不可云耶。

証誠重云、雖勢尤可然也。但釈之趣、皆是一往□立也。殊取八難□□条、可謂神妙云々　殊褒誉不少耶。（三丁表）

第二日朝座講師権少僧都行舜　問者玄俊得業

問。経文。付説因果相、且円教意、可明習因習果之義耶。　答。道理決然也。雖円教意、更不可遮之。但末師釈云、円教唯明報因報果云々付末師釈、不可然護、非円教意、何不明之耶。同類因等流果之義、其理尤可然故也。是以宗師処々釈此旨感耶。

問。天台円宗意、付第三各明三宝。尓者、法身中僧宝、如何釈之耶。　答。依理和議歟。　進云、理智冥合故名僧云々　付之、法身者法如々理也、如何。就之、論僧之時、云理智冥合耶。況難身中僧宝、既境智冥合之義也。寧無相乱之失耶。

講答云、自宗之習、依摂論金光明経等説如々、如々智是名法身云々故以自受用含理云法身意、可有也。依此門之時、以理智冥合尺法身之中、僧宝、何失耶。但至報身中僧宝。無差別之難□□習境引□□**（三丁裏）**境云々故以智為主、論冥合之時、□身中僧也。以理為□□冥合之時、□□中僧也。有此屈曲故同、雖理智冥合、或云法身僧、或云報身僧、全何不可有相乱之失也云々

夕座講師権律師公雅　　問者信弘得業

問経文○　宗師意、付判見道位、断惑相、且鈍根人、如何断惑耶。　答。　進云、鈍根者先断愛後断見云々　付之、見道位、断□理惑而愛速事、煩悩也。何於彼位断之耶。是以利根人、先断見耶。

講答云、八十八使見所断者性相也。以愛不可云見断云事哉、如何。問者難勢□事、湯多記録有悼歟。

問。龍樹大士心、小乗影像色実有之義、如何破之給耶。　答。応二根取故破歟。　進云、影像色若実有、如瓶等応二根取也。而影像色、唯眼根取也。故非実有破給也。　付之、或義甚**（四丁表）**不可然耶。瓶等仮法者、大少共許之理也。何以彼瓶云可実有耶。況四大種色香味触等実法、又一根取也。旁此能破不可然耶、如何。

第三日朝座講師顕忠権律師　　問者恵敏得業

問。経文。付説如来名号、且成実意、無上士調御丈夫者、合為一号歟、為当如何。　答。合為一号尺歟。　疑云、章

安大師釈也。　付之、披成論尋之、未分別、何如此釈耶。況若夫合之者、十号如何可数之耶。是以漢大人師、不合之釈耶、如何。

問。有論蔵意、付明能縁所縁相、且無色界善心、其体已断而所縁未断義可有耶。　答。　進云、無之云々　付之、其義可広。何定無此類耶。　是以色界善心、有此義耶。加之、於空処善心、其体、已断之時、猶縁上地故、所縁未断也。豈云非無色界善心之体**(四丁裏)**已断、所縁未断之義耶、如何。

夕座権律師円長　□(問カ)者顕尊闍梨

問。経文○　且法相大乗心、種子生現行之時、必可云藉待衆縁耶。　答。可有二意也。　両方。若云不必藉者、種子六義中、待衆縁是第五義也。知必可有之云事。　若依之云必尓者、全対心種子生仏果現行之時、更不可有加行待衆縁耶。是以解釈中尓見、如何。

講答云、全対心種子生仏果現行云事、是先不極成事也云々

問者云、出解釈難中了於釈者不可諍之。生仏果現行云也。

証誠云、種子六義更不可闕減故、必可藉待衆縁也。更以不可有異義也。但於全対心難者、一念之間、備六義也。何云加行待衆縁耶。

問。有論蔵意、付明六通、且天眼天耳二通解脱道位、可云有見色聞声々々耶。　答。可尓也。　進云、無見聞義云々　付之起二通之源、為見聞被障細遠等色声也。若夫解脱道位無此義者、二通頗無用耶。又於此位不起云者、何時可□見聞**(五丁表)**作用耶。是以宿住等三通、於解脱道即縁目所縁境□□可等、如何。

第四日朝座々々権律師成宝　問者隆円闍梨

問。経文○　尓者、金陵大師一代教体、如何釈之耶。　答。以声為体尺給歟。　進云、十五種色中、三種為体云々

付之、夫定教体事、尤可依義相順也。色経巻故、以色可為体、言説故、以声為体可云也。　此外取何色、可云二種耶。
抑十五色中、三種為体者、其体何者耶。

問。論蔵中、付明随眠随増、且随眠等随眠不随増事、亘五部所断耶。　答。滅道二部也。　付之、苦集下他界縁、不共無明、滅道下無漏縁、不共無明、修所断。念等相応無明之中、縁色不相応及善無記等、皆是於随眠不随増惑ナルベシ。尓者、広可亘五部也。何云限二部耶。**（五丁裏）**

夕座々々弁忠已講　□（問カ）者頼恵得□（業カ）

問。経文○　付説戒善功力、且宗師所烈十種得戒中、見道得戒者、在見道位、発得戒品可云耶。　答。　進云、宗家解釈中、非見道位見タリ。　付之、任見道得戒之名言、思別解脱戒之発時、定在彼位、可云得戒耶。依之、毘曇論中、二内得入正性離生ト云。震旦人師乗此文、見道生時、得具足戒ト理エリ。若夫於見道位不発律儀者、恐見道得戒之稽、無由耶、如何。

講答之時、誦之。不染非六生、色定非見断云々矯乱答此謂歟。　諸僧含嘆云々

問。有論蔵中、明業為用、非業為因二法。尓者、今此非業為因法者、通他心智所知境可云耶。　答。可尓歟。　疑云、尓也。論蔵中十智所知判シテ、不嫌他心智也。　付之、他心智所知境者、唯心々所法也。而心々所法者、随直以身語意三業、可為倶有等五因。故必可開業為因法耶。若尓者、非業因法者、□不可**（六丁表）**通他心智所縁耶。是以於非業増上法者、論家因非他心智所縁嫌ナリ。彼此可等、如何。

第五日朝座々々範円已講　問者兼尊闍梨

問。経文○　尓者、法相大乗心、直往菩薩、必生広果天、可云受変易身耶。　答。　両方。若云不生者、受変易身事者、必依最勝身也。　若尓者、尤以広果身第七智満心、可受之也。　若依之尓者、怖煩悩者、無煩悩故起之義。若尓

者、以何現行煩悩起洞生用生彼天耶。
講答云、種子洞生之義、可有也。
証誠仰云、怖煩悩者、地前位也。於地上者、只任本意楽。雖有此名、更不可怖煩悩也。故可有。故起煩悩之義也。講
問不弁此旨之条、如何。

問。慈恩大師、付判諸部異計、且大衆部心於□□発身業□□（**六丁裏**）　答云々　進云、未見定中許発身業云々　付之、彼部心仏□□中現四威儀云々若尓者、何云未見定中許発身業耶。　況倶舎等論中、述彼部之意、那伽行在定云々如何。加之、既許発語業尺給ヘリ。身業何遮之耶。

夕座講師覚親已講信憲已講、俄以辞退 仍臨二十五日子時請定之。　問者経雅君非識

問。経文○　尓者、成実論意、十不善業道中、意三業道云非業云々　今此道非業ヲハ妙楽大師、如何尺給耶。　答。進云、箇身語業云々　付之、意三業道者、貪瞋邪行也。故又非意業ニモ。若尓者、広可云箇三業耶。何只云身語ノミ耶。是以披成論、不見此義耶。

問。或大乗論中、付明十二縁起、且三不善根中ニ、説無明円行トノミ、不説貪瞋縁行ト故、如何釈之耶。　答。　進云、無明、為福非福、不動三業為縁故挙之。貪瞋唯為非福、業為縁故不云尓也云々　付之、三不善根者、倶欲界繫也。説唯無明□為不（**七丁表**）動業為縁之耶。　有漏法繫地、各別故也。可等耶、如何。

今年炎旱、甚也。而二日自未明、至于入夜、終日大雨、可謂厳重而已。法座講近、頗有表白。預率尓請之由、東公之忠、不浅。　公家句捨之功云々

東行蔵人右衛門権佐長方兼中宮大進

威儀師　俊治惣在庁代
従儀師　相処公文

今年新制被　宣下了　而僧綱等、肯其旨了、仍被召問於子細之別、末代不及之由、陳申候。者公文有其過怠歟。仍停止出仕了。然而無其罪科之由、諸僧被奏達之間、至御結願日、被召出了。**（七丁裏）**

あとがき

最澄の大乗戒の研究から始まり、中世の戒律復興の研究と次第に関心は移ってきたのであるが、覚盛、良遍、叡尊を中心に戒律復興の研究を進めているときに、気がついたことがあった。それが、古代から中世にかけて法会という場が、日本の仏教にとって、とても大きな意味を持っていたのではないだろうか、ということであった。それが日本の仏教の存在形態を決めていると言っても過言ではあるまい。

では、法会の場において、どのようなことが行われていたのだろうか。そのような関心から、歴史学、国文学、そして仏教学の先行研究を手がかりに研究を進めているうちに、法会の場において経典の講説があり、その資料が一般に唱導資料と呼ばれるものの中に見出だせることを知った。さらには、院政期以降の法勝寺の御八講や宮中の最勝講の記録が南都の寺院に残っていることを、国文学研究資料館で行われた共同研究の中で知ることとなった。経典の講説の後には論義が行われ、その論義が仏教の教理の形成にも大きく関わっていることを感じ、いつかは探求を試みてみたいと思うようになっていた。そして、縁あって愛知学院大学に奉職した後には、学術振興会の科学研究費の助成を得て、まずは東アジア世界に行われた法会の歴史と、経典の講説に関わる資料と言ってよい経釈の研究を行った。その一応の成果は、研究成果報告書『安居院唱導資料における注釈学的研究』（課題番号一一六一〇〇二三、平成一一—一四年度）として公表したのであるが、その内容はまだまだ心許ないものであった。

その後、格式の高い法会であった法勝寺の御八講や宮中、仙洞、閑院などに行われた最勝講の記録をもう一度見直しつつ折りを見ては発表をしてきたのであるが、いつのまにか、私の関心が、再び動き始めてしまった。

それは、中世における戒律の復興に携わった僧侶たちの動向を詳細に見ていくうちに、彼らが三学の復興を目指していたらしいことに気づいたことによる。さらには愛知学院大学でバングラデシュからの留学生であったG.Ratna氏との共同研究から得た刺激も大いに関与したと言ってよい。古代からの南都の仏教者たちが仏教を考える際に行と学という二つの視点を併せ持っていて、しかも中世の時代には三学の復興が目指され、その中心軸に定すなわち瞑想が存在したことを明確に意識するようになったのである。

よく考えてみれば定、すなわち瞑想という要素は、仏教が遥か遠くのインドからアジアの端の日本にまで伝わり、また二四〇〇年以上の歳月を隔てても、変わらずに保ち続けられている部分ではないか。その研究こそ今、本当に必要ではないかと思うようになったのである。ここに至って、日本仏教の存在形態の特徴とも言える法会を中心にした仏教の有り様を、逆に明確に意識する必要を感じたのである。我々は無意識のうちに、仏教のとらえ方において、儀礼を大事にする東アジア世界の文化的影響を受けているのではないだろうか。そのうえに、日本仏教が抱え込んできた歴史と、それに限定された思考のパターンに泥み過ぎてはいないだろうか。このような見通しが私の心の中に芽生えたのである。

格式の高い、華々しい法会で要求される論義を滞りなくこなすことは、まさしく僧侶の面目を躍如とさせるものであったに違いない。そしてそれを可能にするために、日常に開催された寺内法会の場において論義が行われ、また非公式の場にも談義が行われた。つまり、論義や談義を通じて、僧侶たちは教理の研鑽と他宗教学の習得に励んだのである。こうして、いつの間にか仏教を捉える中心的な、言い換えれば基軸となる視座が、論義によって緻密化されていった教理、教学や思想になっていったのではあるまいか。

ところで現実に今、生きている仏教は、祈禱を行っている宗もあり、禅宗のように修行道を大事にしているところもある。仏教が幅広い内実を含んだものとして存在していることは否めない。よって一概には言えないのであるが、少なくとも仏教を学ぶということが教理教学を学ぶことと同値であると捉える傾向が存在することは否定できない事実であろう。そして、それは一つの見方にしか過ぎないことを自覚する必要がある。

しかし、仏教が生きている限り、その中心軸として措定すべきものは体験の部分、すなわち瞑想ではないだろうか。よく考えてみれば、言語化された資料の背景に何らかの体験が存在したであろうことは容易に想像がつくところであり、そうだとすれば、文献資料の解釈にもその体験に思いを馳せる必要がある。今後はそのような体験的な部分、すなわち瞑想とも修行道とも呼ぶことができると思うが、その部分の解明を行いたいと考えている。

本書の内容に関しては、国文学研究資料館における論義の研究会において得たことが最初の出発点となった。寺院に存在する聖教資料にまだまだ多くの未研究の部分のあることを教示してくださった日本女子大学の永村眞先生や国文学資料館の山崎誠先生、立教大学の小峰和明先生、早稲田大学の大久保良峻先生には、そのとき大変お世話になった。また一緒に研究会に参加していた東北大学の曽根原理先生、龍谷大学の楠淳證先生、国学院大学（当時）の松尾恒一先生、東京女子大学助手であった林文子先生など多数の参加者のメンバー（龍谷大学や東北大学から若手の研究者の方も数多く参加していた）との討論は、今思い出しても大きな刺激となるものであった。改めて諸先生方にお礼を申し上げたい。また、唱導の研究に関しては北海道大学の藤井教公先生、創価大学の菅野博史先生、関西大学の大島薫先生に多大なご教示を得た。この場を借りて改めて感謝の気持ちを伝えたい。また、初校の段階で愛知学院大学講師の進藤浩司先生に目を通して頂き、意見を頂戴した。改めてお礼を申し上げたい。

なお、本書の執筆に際してはＳＡＴ大正新脩大蔵経データベース及び台湾のＣＢＥＴＡを活用させて頂いた。この恩恵がなければ本書の論義及び経釈に関する部分は完成しなかったであろう。また東大寺図書館様、石山寺様からは翻刻の許可を頂戴した。深く感謝したい。

最後になったが、本書の完成には大蔵出版の米森俊輔氏の手を大いに煩わせた。氏の協力がなければ、本書は日の目を見ることはなかったであろう。この場を借りて、衷心よりお礼を申し上げたい。また千葉の大多喜の故郷のあじさい寺を守っている母や兄にも、このような勉学への時間を割かせてもらえたことへの感謝の意を表したい。

平成二〇年一一月吉日

著　者　識

索　引

著者略歴
蓑　輪　顕　量（みのわ　けんりょう）

1960年、千葉県生まれ。
東京大学大学院博士課程単位取得退学。博士（文学）。
現在、愛知学院大学教授。
著書『中世初期南都戒律復興の研究』（法藏館、1999年）
　　『仏教瞑想論』（春秋社、2008年）
訳書『日本の宗教』（遊佐道子著、春秋社、2007年）
共著『阿閦仏国経　他』（新国訳大蔵経インド撰述部、大蔵出版、2007年）
その他、論文多数。

日本仏教の教理形成——法会における唱導と論義の研究——

2009年 3 月15日　初版第 1 刷発行

著　者　蓑　輪　顕　量
発行者　青　山　賢　治
発行所　大蔵出版株式会社
〒113-0033　東京都文京区本郷3-24-6　本郷サンハイツ404
TEL. 03-5805-1203　FAX. 03-5805-1204
http//www.daizoshuppan.jp/
印刷所　中央印刷(株)
製本所　(株)難波製本
装　幀　(株)ジー・ワン

　ISBN 978-4-8043-0573-8 C 3015